Etty Hillesum

Das denkende Herz der Baracke

Etty Hillesum

Das denkende Herz der Baracke

Die Tagebücher 1941–1943

Aus dem Niederländischen von Maria Csollány

HERDER

FREIBURG · BASEL · WIEN

Niederländische Originalausgabe:

Het verstoode leven
First published by Uitgeverij Balans, Amsterdam

Deutsche Erstausgabe:
Verlag F. H. Kerle, Freiburg/Heidelberg 1983

MIX
Papier | Fördert gute Waldnutzung
FSC® C014496

www.herder.de

Umschlaggestaltung: Christoph Pittner
Umschlagmotiv und Foto auf Seite 7:
GaHetNa (Nationaal Archief NL),
Gahetna.nl etty hillesum, Gemeinfrei,
(https://commons.wikimedia.org/w/index.php?curid=41354102)
Satz: Barbara Herrmann, Freiburg
Herstellung: GGP Media GmbH, Pößneck
Printed in Germany

ISBN Print 978-3-451-39181-1
ISBN E-Book 978-3-451-82569-9

Inhalt

Anmerkung des Verlags:
Die Tagebücher und Briefe wurden von Etty Hillesum in niederländischer Sprache verfasst. Die dabei von ihr verwendeten deutschen Begriffe und Sätze sind in der deutschen Übersetzung kursiv gesetzt.

Aus den Tagebüchern

O Gott, nimm mich in deine große Hand
und mach mich zu deinem Werkzeug,
lass mich schreiben.

4. Juli 1942

ongrijpbaar. Ja, — [illegible] met het zo [illegible]
maar dit kan ik nog niet goed uitdrukken
[illegible] schrijven [illegible] ja, [illegible]
heel hinderlijk is, dat ik nog in mijn 28-ste
jaar nog zo weinig uitdrukken kan. Maar het
gaat zo [illegible]: [illegible] troebele
beschrijvingen, geen exacte [illegible] intuïties en
vermoedens [illegible] tot in de laatste [illegible]
vatbare realiteit van één begrip uitgebeeld,
dan pas is het rijp om in de irreële sfeer
over te gaan, dan pas kan het tot
symbool, tot gelijkenis worden van
een immateriële en irreële voorstellings-
wereld. Maar dat moet gaan over de
weg van het [illegible] intuïties en exacte en
[illegible] klare en heldere en [illegible]. Anders
wordt het alles vaag en [illegible]:
En beginnen [illegible] toch [illegible]
lichtelijk [illegible] te gaan.

Ik zou diep willen [illegible] met
ernstig en [illegible] woorden.

Werkelijke verfijning en tederheid [illegible]
ik alleen maar [illegible] op een basis
van [illegible] kracht. Anders krijg je perversiteit
en decadentie.

[illegible] 's avonds.

De [illegible] en de [illegible]
[illegible], [illegible] verantwoordelijk-
heid te [illegible], die [illegible] wel eens [illegible]
[illegible] in een [illegible] moment.

Ik [illegible]

Samstag, 9. März. Also dann los! Dies ist ein peinlicher und kaum zu überwindender Augenblick für mich: mein gehemmtes Inneres auf einem unschuldigen Blatt linierten Papiers preiszugeben. Die Gedanken sind manchmal so klar und hell in meinem Kopf und meine Gefühle so tief, aber sie aufzuschreiben will mir noch nicht gelingen. Hauptsächlich liegt es, glaube ich, am Schamgefühl. Große Hemmungen, getraue mich nicht, die Gedanken preiszugeben, frei aus mir herausströmen zu lassen, und doch muss es sein, wenn ich auf die Dauer das Leben rechtschaffen und befriedigend zu Ende bringen will. Wie auch beim Geschlechtsverkehr der letzte befreiende Schrei immer scheu in der Brust stecken bleibt. In erotischer Hinsicht bin ich raffiniert genug, ich würde fast sagen, mit allen Wassern gewaschen, um zu den guten Liebhaberinnen zu gehören, und die Liebe scheint daher auch vollkommen zu sein, bleibt aber doch eine Spielerei um das Wesentliche, und irgendetwas bleibt tief in mir verschlossen. Und so ist es auch mit allem anderen. Intellektuell bin ich so begabt, dass ich alles aufzuspüren, alles in klare Formeln zu fassen vermag; bei vielen Problemen des Lebens mache ich einen sehr überlegenen Eindruck, und dennoch, ganz tief in mir steckt ein geballter Kloß, irgendetwas hält mich fest im Griff, sodass ich manchmal trotz allen klaren Denkens nur ein ängstlicher armer Schlucker bin.

Ich möchte den Augenblick von heute Morgen festhalten, obwohl er mir nun schon fast wieder entglitten ist. Durch klare Gedankenarbeit hatte ich S.[1] für einen Augenblick besiegt.

---

[1] S. ist der deutsche Psychochirologe Julius Spier.

Seine durchsichtigen reinen Augen, sein schwerer sinnlicher Mund, seine stierartig schwere Gestalt mit den federleichten, befreiten Bewegungen. Der Kampf zwischen Materie und Geist, der bei diesem 54-jährigen Mann noch voll im Gange ist. Und wie es scheint, wird mich das Gewicht dieses Streites zermalmen. Ich werde von dieser Persönlichkeit überwältigt und kann mich nicht von ihr befreien; meine eigenen Probleme, die meinem Empfinden nach von fast gleicher Art sind, lasse ich widerstrebend liegen. Es ist natürlich auch wieder ganz anders und lässt sich nicht genau beschreiben; vielleicht ist meine Ehrlichkeit noch nicht unbarmherzig genug, und außerdem fällt es mir nicht leicht, mit Wörtern zum Grund der Dinge vorzudringen.

Erster Eindruck von wenigen Minuten: kein sinnliches Gesicht, unholländisch, ein Typus, der mir dennoch irgendwie vertraut ist, ließ mich an Abrasch denken, war mir trotzdem nicht ganz sympathisch.

Zweiter Eindruck: kluge, unglaublich kluge, uralte graue Augen, die die Aufmerksamkeit eine ganze Zeitlang vom schweren Mund ablenkten, aber doch nicht völlig. Sehr imponierend in seiner Arbeit: das Aufspüren meiner tiefsten Konflikte durch Lesen in meinem zweiten Gesicht: meinen Händen. Irgendwie auch einmal sehr unangenehm berührt: als ich mal nicht aufpasste und glaubte, er spreche über meine Eltern: *»Nein, das alles sind Sie, philosophisch, intuitiv begabt* und noch allerlei Herrlichkeiten, *das alles sind Sie.«* Er sagte es auf die Art, wie man einem kleinen Kind einen Keks in die Hand drückt. Bist du jetzt nicht froh? »Ja, alle diese schönen Eigenschaften besitzen Sie, sind Sie denn nicht froh?« Dann ein kurzer Augenblick des Abscheus, irgendwie erniedrigt, möglicherweise auch nur in meinem ästhetischen Gefühl verletzt, jedenfalls war er mir damals recht zuwider. Aber später waren es wieder die bezaubernden menschlichen Augen, die, aus grauer Tiefe suchend, in mir ruhten, Augen, die ich gern küssen möchte. Da ich nun einmal im Zuge bin: es gab noch einen Augenblick am selben Montagmorgen, nun bereits vor ein paar Wochen, dass er mir zuwider war. Seine Schülerin, Fräulein Holm,[2] kam vor einigen Jahren zu ihm, vom Scheitel bis zu den Zehen von Ekzem befallen. Wurde seine Patientin. Jetzt geheilt. Sie betet ihn auf irgendeine Weise an, auf welche Weise, kann ich noch nicht herausfinden. In einem gewissen Augenblick trat mein Ehrgeiz in den Vordergrund, der darin bestand, dass ich meine eigenen Probleme lösen wollte. Und Fräulein Holm sagte bedeutungsvoll: »Ein Mensch lebt nicht allein auf der Welt.« Das klang nett und überzeugend. Und dann erzählte sie mir von ihrem Ekzem, das ihren ganzen Körper bedeckt hatte, auch ihr Gesicht. Und S. wandte sich ihr zu und sagte, mit einer Gebärde, die ich nicht mehr genau wiedergeben kann, die mich aber sehr unangenehm berührte: *»Und was für einen Teint hat sie jetzt, hm?«* Es klang, als spräche er über eine Kuh auf dem Jahrmarkt. Ich weiß nicht warum, aber ich fand ihn damals widerlich, sinnlich, ein bisschen zynisch, und doch war es auch wieder anders.

Und dann am Ende der Sitzung: *»Und jetzt fragen wir uns, wie können wir diesem Menschen helfen«*, es kann auch sein, dass er sagte: *»Diesem Menschen muss geholfen werden.«* Und durch die Probe seines Könnens, die er mir ge-

[2] Adri Holm.

zeigt hatte, war ich bereits von ihm eingenommen und fühlte mich hilfsbedürftig.

Und dann seine Lesung. Ich ging nur hin, um diesen Menschen aus einem gewissen Abstand zu sehen, um ihn aus der Ferne zu prüfen, ehe ich mich mit Seele und Leib an ihn auslieferte. Guter Eindruck. Lesung auf hohem Niveau.

Charmanter Mann. Charmantes Lachen, trotz der vielen falschen Zähne. Bin dann unter den Eindruck einer Art innerlicher Befreiung geraten, die von ihm ausging, von der Weichheit, der Ruhe und der ganz eigenartigen Anmut dieses schweren Körpers. Sein Gesicht war damals wieder ganz anders, es sieht übrigens jedes Mal anders aus; wenn ich allein zu Hause bin, kann ich es mir nicht in die Erinnerung zurückrufen. Alle Teile, die ich kenne, lege ich wie ein Puzzle zusammen, aber es wird kein Ganzes daraus, es bleibt verschwommen vor lauter Widersprüchen. Manchmal sehe ich das Gesicht einen Moment lang scharf vor mir, aber dann fällt es wieder in seine vielen widersprüchlichen Teile auseinander. Das ist sehr quälend.

Zur Lesung waren viele charmante Frauen und junge Mädchen gekommen. Rührend war die Liebe einiger »arischer« Mädchen, die, wie ich spürte, sozusagen greifbar in der Luft lag, für diesen aus Berlin emigrierten Juden, der aus Deutschland hierherkommen musste, um ihnen zu einer gewissen inneren Ordnung zu verhelfen. Im Flur stand ein junges Mädchen:[3] schmal, zerbrechlich, ein nicht ganz gesundes Gesichtchen. Im Vorbeigehen, es war gerade Pause, wechselte S. ein paar Worte mit ihr, und sie schenkte ihm ein Lächeln so voller Hingabe, so aus tiefster Seele, so in-

---

[3] Liesl Levi; sie hat den Krieg überlebt und zog nach Israel.

tensiv, dass es mich fast schmerzte. Ein vages Gefühl der Unzufriedenheit stieg in mir auf, ob denn das nun ganz richtig sei, ein Gefühl: dieser Mann stiehlt das Lächeln des jungen Mädchens, alle Gefühle, die dieses Kind ihm entgegenbringt, raubt er einem anderen Mann, der später ihr Mann sein wird. Das ist im Grunde gemein und unehrlich, und er ist ein gefährlicher Mann.

Nächster Besuch. *»Ich kann 20 Gulden bezahlen.« »Gut, dann können Sie zwei Monate kommen und ich werde Sie auch später nicht im Stich lassen.«*

Da saß ich nun mit meiner *»seelischen Verstopfung«*. Und er sollte Ordnung in das innere Chaos bringen, die Leitung über die in mir wirkenden widersprüchlichen inneren Kräfte übernehmen. Er nahm mich sozusagen an die Hand und sagte, schau her, so musst du leben. Mein Leben lang hatte ich das Gefühl: Käme doch nur jemand, der mich an die Hand nähme und sich mit mir befasste; ich scheine tüchtig zu sein und mache alles allein, aber ich würde mich so schrecklich gern ausliefern. Und genau das tat nun dieser wildfremde Herr S. mit seinem komplizierten Gesicht und hatte, trotz allem, schon in einer Woche Wunder bei mir bewirkt. Gymnastik, Atemübungen, erhellende, erlösende Worte über meine Depressionen, mein Verhältnis zu anderen usw. Und ich lebte plötzlich anders, befreiter, »fließender«, das Gefühl der Verstopfung verschwand, im Inneren stellte sich eine gewisse Ordnung und Ruhe ein, vorläufig alles noch unter dem Einfluss seiner magischen Persönlichkeit, aber das muss noch psychisch fundiert und bewusstgemacht werden.

Aber jetzt. »Körper und Seele sind eins.« Sicherlich aus diesem Grund begann er in einem Ringkampf meine Körperkräfte zu messen. Wie sich herausstellte, waren sie ziemlich groß. Und dann geschah das Merkwürdige, dass ich diesen großen Kerl zu Boden warf. Meine ganze innere Spannung und zusammengeballte Kraft brach los, und da lag er, körperlich, und wie er mir später erzählte, auch psychisch zu Boden geworfen. Das war ihm noch nie passiert. Er verstand nicht, wie ich das fertiggebracht hatte. Seine Lippe blutete. Ich durfte sie mit Kölnischwasser abtupfen. Eine unheimlich vertrauliche Angelegenheit. Aber er war so »frei«, so arglos, offen und ungekünstelt in seinen Bewegungen, auch als wir zusammen über den Boden rollten, und auch als ich, in seine Arme gezwängt, endlich gezähmt, steif unter ihm lag, blieb er »sachlich«, sauber, wogegen ich mich einen Augenblick lang der körperlichen Anziehung überließ, die er auf mich ausübte. Aber noch war es gut, für mich neu und unerwartet und auch ein wenig befreiend, dieses Ringen, obwohl es später stark auf meine Fantasie einwirkte.

Sonntagabend im Badezimmer. Ich bin jetzt innerlich ganz und gar sauber. Heute Abend hat seine Stimme durch das Telefon meinen Körper noch in völlige Aufruhr versetzt. Aber ich habe wie ein Landsknecht vor mich hin geflucht und mir vorgehalten, dass ich doch kein hysterischer Backfisch mehr sei. Und plötzlich konnte ich die Mönche verstehen, die sich selber geißeln, um das sündige Fleisch zu töten. Es war ein heftiger Kampf gegen mich selbst, ich war wie von Sinnen, danach große Heiterkeit und Ruhe. Und jetzt fühle ich mich herrlich blitzblank im Inneren. S. ist wieder einmal zum soundsovielten Mal besiegt. Wird es lange dauern? Ich bin nicht in ihn verliebt und liebe ihn nicht, aber ich spüre irgendwie seine Persönlichkeit, die noch nicht »fertig«, noch mit sich selbst im Widerstreit ist, schwer auf mir lasten. Mehr nicht im Augenblick. Ich sehe ihn jetzt aus einiger Entfernung: ein lebender, kämpfender Mensch mit Urkräften in sich, und doch auch wieder vergeistigt, mit durchsichtigen Augen und sinnlichem Mund.

Der Tag fing so gut an, mein Kopf war hell und klar, darüber muss ich später noch schreiben, später eine schwere Depression, ein Druck um meinen Schädel, den ich nicht los wurde und schwere Gedanken, viel zu schwer für mein Gefühl, und danach die Leere des Warum, aber auch dagegen muss gekämpft werden.

»Melodisch rollt die Welt aus Gottes Hand«, diese Worte von Verwey gingen mir den ganzen Tag nicht aus dem Sinn. Ich würde gern selbst melodisch aus Gottes Hand rollen. Und jetzt gute Nacht.

Montagmorgen, 9 Uhr. Mädchen, Mädchen, jetzt wird gearbeitet, oder ich schlag dich tot. Und nicht denken, ich habe jetzt ein wenig Kopfschmerzen und mir ist etwas übel und deshalb will es nicht so recht. Das ist höchst ungehörig. Du hast zu arbeiten und damit aus. Und keinerlei Fantasien, »großartige« Gedanken und gewaltige Intuitionen; ein Thema bearbeiten, Wörter suchen ist viel wichtiger. Denn das muss ich noch lernen, dazu muss ich mich noch durchringen: alle Fantasien und Träumereien mit Gewalt aus dem Gehirn verbannen und mich innerlich leerfegen, sodass für die kleinen und großen Dinge des Studiums Platz frei wird. Eigentlich habe ich noch nie gut gearbeitet. Es ist wiederum dasselbe wie mit der Sexualität. Wenn jemand Eindruck auf mich macht, kann ich tage- und nächtelang in erotischen Fantasien schwelgen; ich glaube, dass mir dabei kaum bewusst wird, wie viel Energie dies verschlingt, und wenn es dann tatsächlich zu einem Kontakt kommt, ist die Enttäuschung groß. Meine Vorstellungskraft ist zu ausschweifend, die Realität reicht nicht an sie heran. So war es auch das eine Mal mit S. Ich hatte mir zuvor eine ganz bestimmte Vorstellung von dem Besuch bei ihm gemacht und ging in einer Art Freudenrausch hin, mit einem Turnanzug unter meinem Wollkleid. Aber es kam alles anders. Er war wieder sachlich und sehr weit entfernt, sodass ich sofort erstarrte. Und die Gymnastik taugte auch nichts. Als ich in meinem Turnanzug dastand, sahen wir beide so verlegen drein wie Adam und Eva, nachdem sie den Apfel gegessen hatten. Und er zog die Gardinen zu und schloss die Tür ab, aber die einfache Freiheit seiner Bewegungen war dahin, und ich wäre am liebsten heulend davongerannt, so abscheulich fand ich es, und als wir über den Boden rollten, klammerte ich mich an ihm fest, sinnlich und mich doch dagegen sträubend, und seine Bewegungen waren in einem gewissen Augenblick auch nicht gerade keusch, ich fand alles ekelhaft. Und wenn ich zuvor nicht diese Fantasien gehabt hätte, wäre sicherlich alles anders gekommen. Es gab plötzlich einen gewaltigen Zusammenprall zwischen meiner ausschweifenden Fantasie und der ernüchternden Wirklichkeit, die zu einem verlegenen Mann zusammenschrumpfte, der, nachdem alles vorbei war, ein zerdrücktes Hemd in die Hose stopfte und schwitzte.

Und so ist es auch mit meiner Arbeit. Manchmal kann ich plötzlich einen bestimmten Stoff ganz klar und scharf durchschauen und durchdenken, mit großen, vagen, kaum fassbaren Gedanken, sodass mich auf einmal ein heftiges

Gefühl meiner eigenen Bedeutsamkeit überkommt. Aber wenn ich versuchen wollte, die Gedanken aufzuschreiben, würden sie zu einem Nichts zusammenschrumpfen, und deshalb habe ich nicht den Mut, sie aufzuschreiben, da ich vermutlich zu sehr enttäuscht wäre über den belanglosen Aufsatz, der dabei zustande käme.

Aber eines lass dir jetzt gesagt sein, Mädchen, die Konkretisierung deiner großen vagen Ideen kann dir gestohlen bleiben. Der kleinste, belangloseste Aufsatz, den du aufschreibst, ist wichtiger als die Flut der großartigen Ideen, in denen du schwelgst. Natürlich darfst du deine Ahnungen und deine Intuition behalten, das ist ein Brunnen, aus dem du schöpfst, aber pass auf, dass du nicht in dem Brunnen ersäufst. Organisiere die Sache ein bisschen, treibe ein wenig mentale Hygiene. Deine Fantasie, deine innere Aufregung usw. ist der große Ozean, dem du kleine Stücke Land abringen musst, die später vielleicht wieder überflutet werden. So ein Ozean ist überaus großartig und elementar, aber es geht um die kleinen Landstücke, die du erobern musst. Das Thema, an das du jetzt herangehst, ist wichtiger als die gewaltigen Gedanken über Tolstoi und Napoleon, die dir kürzlich mitten in der Nacht einfielen, und die Stunde, die du am Freitagabend jenem fleißigen Mädchen gibst, ist wichtiger als alle Philosophie, die du ins Blaue betreibst. Halte dir das verdammt gut vor Augen. Überschätze deine innere Erregung nicht, du fühlst dich dadurch leicht zu etwas Höherem auserkoren und hältst dich für mehr als die anderen sog. »alltäglichen« Menschen, von deren Innenleben du im Grunde nichts weißt, aber du bist ein Waschlappen und eine bloße Null, wenn du weiterschwelgst und deine innere Bewegtheit im Nachhinein auskostet.

Halte das Festland vor Augen und plätschere nicht hilflos im Ozean herum! Und jetzt zum Thema!

Mittwochabend. (…) Meine prolongierten Kopfschmerzen: Masochismus; mein ausuferndes Mitleid: Lustgefühl.

Mitleid kann schöpferisch sein, es kann einen aber auch aufzehren. Sich an großen Gefühlen berauschen: Sachlichkeit ist besser. *Ansprüche an die Eltern.* Man muss die Eltern als Menschen mit einem eigenen abgeschlossenen *Schicksal* betrachten. Wunsch, die ekstatischen Augenblicke hinauszuziehen, unrichtig. Natürlich sehr gut begreiflich: Man hat eine Stunde sehr starken geistigen oder seelischen Erlebens durchlebt, danach folgt natürlich eine Depression. Ich pflegte mich über eine solche Depression zu ärgern, fühlte mich müde und wünschte immer wieder den *»gesteigerten«* Augenblick zurück, statt den alltäglichen Dingen nachzugehn. Schreibe *»Ehrgeiz«*. Was auf das Papier kommt, muss sofort vollkommen sein, die tägliche Arbeit daran will ich nicht verrichten. Bin auch nicht überzeugt von meiner eigenen Begabung, das Gefühl ist noch nicht organisch in mir gewachsen, in fast ekstatischen Momenten halte ich mich zu Wunder was imstande, um danach wieder in den tiefsten Schlund der Unsicherheit zu versinken. Das kommt daher, dass ich nicht täglich und regelmäßig an dem arbeite, worin, wie ich glaube, meine Begabung liegt: dem Schreiben.

Theoretisch weiß ich es schon lange; vor einigen Jahren habe ich einmal auf einen Papierfetzen geschrieben: Die Gnade muss bei ihren seltenen Besuchen eine gut vorbereitete Technik vorfinden. Aber das ist ein Satz, der meinem Kopf entsprungen ist und der noch immer nicht in Fleisch und Blut übergegangen ist. Sollte nun wirklich eine neue Phase in meinem Leben begonnen haben? Aber schon das

Fragezeichen ist falsch. Es beginnt eine neue Phase! Der Kampf ist bereits in vollem Gang. Kampf ist in diesem Augenblick auch nicht das richtige Wort, im Augenblick fühle ich mich innerlich so wohl und harmonisch, so durch und durch gesund; besser also: die Bewusstwerdung ist in vollem Gang, und alles, was bis dahin in tadellos ausgearbeiteten theoretischen Formulierungen in meinem Kopf steckte, soll nun auch in mein Herz übergehen und zu Fleisch und Blut werden. Und danach muss noch die übergroße Bewusstheit verschwinden, jetzt genieße ich den Übergangszustand noch zu sehr, alles muss noch selbstverständlicher und einfacher werden, und schließlich wird man womöglich irgendwann noch ein erwachsener Mensch mit der Fähigkeit, anderen Sterblichen auf dieser Erde in ihren Schwierigkeiten beizustehen und durch sein Werk für andere Klarheit zu schaffen, denn darum geht es doch auch.

15. März, morgens halb 10. (…) Gestern Mittag lasen wir zusammen die Aufzeichnungen durch, die er mir mitgegeben hatte. Und als wir zu den Worten kamen: *Es würde aber schon genügen, wenn es nur einen Menschen gäbe, der wert ist, »Mensch« zu heißen, um an den Menschen, an die Menschheit zu glauben*, da schloss ich ihn in einer spontanen Aufwallung kurz in meine Arme. Das ist das Problem unserer Zeit. Der große Hass gegen die Deutschen, der das eigene Gemüt vergiftet. Sollen sie doch alle ersaufen, das Pack, vergasen sollte man sie; solche Äußerungen gehören zur täglichen Konversation und geben einem manchmal das Gefühl, dass es nicht mehr möglich ist, in dieser Zeit zu leben. Bis mir vor einigen Wochen plötzlich der erlösende Gedanke kam, der wie ein zögernder junger Grashalm in

einer Wüste voll Unkraut emporschoss: Und sollte es nur noch einen einzigen anständigen Deutschen geben, dann wäre dieser es wert, in Schutz genommen zu werden gegen die ganze barbarische Horde, und um dieses einen anständigen Deutschen willen dürfe man seinen Hass nicht über ein ganzes Volk ausgießen.

Das heißt nicht, dass man gegenüber gewissen Strömungen gleichgültig ist, man nimmt Stellung, entrüstet sich zu gegebener Zeit über gewisse Dinge, man versucht Einsicht zu gewinnen, aber das schlimmste von allem ist der undifferenzierte Hass. Er ist eine Krankheit der Seele. Hass liegt nicht in meinem Charakter. Sollte ich in dieser Zeit dahin gelangen, dass ich wirklich zu hassen anfange, dann wäre ich in meiner Seele verwundet und müsste danach streben, so rasch wie möglich Genesung zu finden. Früher lag der Konflikt meiner Meinung nach woanders, wenn auch zu sehr an der Oberfläche. Wenn der aufreibende Widerstreit zwischen meinem Hass und meinen anderen Gefühlen erneut ausbrach, glaubte ich, dieser Streit finde statt zwischen meinen Urinstinkten als einer vom Untergang bedrohten Jüdin und meinen angelernten sozialistischen Ideen, die mich gelehrt haben, ein Volk nicht in seiner Gesamtheit zu betrachten, sondern zum überwiegenden Teil als irregeführt durch eine üble Minderheit. Also ein Urinstinkt gegen eine rationale Gewohnheit.

Aber der Konflikt liegt tiefer. Der Sozialismus lässt durch ein Hintertürchen doch wieder den Hass gegen alles ein, was nicht sozialistisch ist. Das ist grob ausgedrückt, aber ich weiß, was ich damit sagen will. Ich habe es mir in letzter Zeit zur Aufgabe gemacht, die Harmonie in dieser Familie, die so widersprüchliche Elemente enthält, zu bewahren: eine deutsche Frau,[4] Christin, von bäurischer Abstammung, die rührend wie eine zweite Mutter für mich sorgt; eine jüdische Studentin aus Amsterdam; ein bedächtiger alter Sozialdemokrat, der Spießbürger Bernard, mit klaren Empfindungen und einer gehörigen Portion Verständnis, aber durch sein *»Spießbürgertum«*, aus dem er hervorgegangen ist, beschränkt, und ein junger Ökonomiestudent, rechtschaffen, ein guter Christ, mit aller Sanftmut und allem Verständnis, aber auch aller Streitbarkeit und dem Anstand der Christen, die man heutzutage kennenlernt. Dies war und ist eine wirbelnde, kleine Welt, von außen bedroht durch die Politik, die sie im Inneren zerstört. Aber es erscheint mir eine Aufgabe, diese kleine Gemeinschaft zu erhalten als Beweis gegen all die krampfhaften und übersteigerten Theorien von Rasse, Volk usw. Als Beweis dafür, dass sich das Leben nicht in ein bestimmtes Schema pressen lässt. Aber es kostet viel innere Kämpfe und Verdruss, viel sich gegenseitig zugefügten Schmerz, Aufregung und Reue usw. Wenn mich beim Zeitunglesen oder bei einer Nachricht von draußen plötzlich der Hass überkommt, dann sprudeln die Schimpfwörter gegen die Deutschen nur so aus mir heraus. Und mir ist klar, dass ich das absichtlich tue, um Käthe zu kränken, um den Hass irgendwie abzureagieren, und sei es nur gegenüber dieser wunderbaren Frau, von der ich weiß, dass sie ihr Geburtsland liebt, was vollkommen natürlich und verständlich ist. Und trotzdem kann ich nicht ertragen, dass sie es in diesem Augenblick nicht so sehr hasst wie ich, ich möchte

[4] Etty wohnte in der Gabriel Metsusstraat 6, ihre Hausgenossen hießen Käthe, Maria, Bernard und Hans.

mich sozusagen mit allen meinen Mitmenschen in diesem Hass einig wissen. Obwohl ich doch weiß, dass sie die neue Mentalität genauso verabscheut wie ich und ebenso schwer unter den Exzessen ihres Volkes leidet. Innerlich ist sie natürlich mit diesem Volk verbunden, das fühle ich, ertrage es aber in dem Augenblick nicht; das ganze Volk soll und muss mit Stumpf und Stiel ausgerottet werden, und dann kann ich so gehässig sagen: Ein Pack ist es, obwohl ich mich dabei zu Tode schäme. Und später fühle ich mich zutiefst unglücklich, kann mich nicht beruhigen und habe das Gefühl, dass alles völlig verkehrt ist. Und dann wiederum ist es wirklich sehr rührend, wenn wir von Zeit zu Zeit ganz freundlich und ermutigend zu Käthe sagen: »Ja, natürlich, es gibt auch anständige Deutsche, die Soldaten können ja schließlich auch nichts dafür, es gibt ganz nette Burschen unter ihnen.« Aber das ist nur eine Theorie, um den Widerwillen mit einigen freundlichen Worten zu bemänteln. Denn wenn wir das wirklich fühlten, hätten wir es nicht nötig, es so ausdrücklich zu formulieren, dann würde das Gefühl uns gemeinsam beseelen, die deutsche Bäuerin ebenso wie die jüdischen Studenten; dann könnten wir uns über das schöne Wetter und die Gemüsesuppe unterhalten, statt uns mit politischen Gesprächen abzuquälen, die einzig und allein dazu dienen, unseren Hass loszuwerden. Denn das Nachdenken über die Politik, der Versuch, sie in großen Linien zu erkennen und zu ergründen, was dahinter steckt, kommt in den Gesprächen kaum mehr zum Ausdruck, es bleibt alles sehr oberflächlich, und deshalb hat man kaum noch Spaß an der Unterhaltung mit seinen Mitmenschen, und deshalb ist S. die Oase in einer Wüste, und deshalb schloss ich ihn so plötzlich in meine Arme.

Hierüber wäre noch viel zu sagen, doch jetzt muss ich wieder an meine Arbeit denken, zuerst aber mal kurz an die frische Luft.

Sonntag, 11 Uhr. (...) Die Hierarchie in meinem Leben hat sich ein wenig verändert. »Früher« begann ich auf nüchternen Magen am liebsten mit Dostojewski oder Hegel, und in einem verlorenen, nervösen Augenblick stopfte ich hie und da auch mal einen Strumpf, wenn es gar nicht anders ging. Jetzt beginne ich den Tag im wahrsten Sinn des Wortes mit den Strümpfen und hangele mich allmählich über die anderen notwendigen Tagesverrichtungen zum Gipfel, wo ich den Dichtern und Denkern wieder begegne. Das Pathetische in meiner Ausdrucksweise werde ich mir noch mühsam abgewöhnen müssen, wenn ich irgendwann etwas Ordentliches veröffentlichen will, aber der eigentliche Grund ist meine Faulheit, nach den passenden Wörtern zu suchen.

Halb 1, nach dem Spaziergang, der bereits zur schönen Tradition geworden ist. Dienstagmorgen, während des Studiums von Lermontow, habe ich geschrieben, dass der Kopf von S. immer hinter Lermontow auftauchte und dass ich zu diesem teuren Gesicht sprechen, es streicheln möchte und deshalb nicht arbeiten konnte. Das ist nun schon sehr lange her. Es ist alles wieder ein bisschen anders geworden. Auch jetzt ist sein Kopf immer da, wenn ich arbeite, aber er lenkt mich nicht mehr ab, er ist zu einer vertrauten, teuren Landschaft im Hintergrund geworden; die Züge sind verschwommen, ich sehe das Gesicht nicht mehr deutlich, es hat sich zur Erscheinung, zu Geist oder wie immer man es nennen will, aufgelöst. Und hier bin ich auf etwas Wesentliches gestoßen.

Wenn ich eine Blume schön fand, so hätte ich sie am liebsten an mich gedrückt oder aufgegessen. Wenn das schöne Stück Natur größer war, war es schwieriger, aber das Gefühl war dasselbe. Ich war zu sinnlich, ich möchte fast sagen, zu sehr aufs »Habenwollen« eingestellt. Nach dem, was ich schön fand, hatte ich ein zu großes körperliches Verlangen, ich wollte es besitzen. Darum immer das schmerzliche Gefühl der Sehnsucht, die nie zu befriedigen war, das Heimweh nach etwas, das mir unerreichbar erschien, und das nannte ich dann Schöpfungsdrang. Ich glaube, diese starken Gefühle waren es, die mich auf den Gedanken brachten, ich sei geboren, um Kunstwerke zu schaffen. Das hat sich plötzlich geändert, ich weiß nicht durch was für einen inneren Prozess, aber es ist anders geworden. Das wurde mir erst heute Morgen klar, als ich an den Spaziergang um das Eisklubfeld vor ein paar Abenden zurückdachte. Ich spazierte durch die Dämmerung: zarte Farbtöne in der Luft, geheimnisvolle Silhouetten von Häusern, von lebenden Bäumen mit ihrem durchsichtigen Geäst, mit einem Wort herrlich. Und ich weiß genau, wie mir »früher« zumute war. Damals fand ich es so schön, dass mein Herz zu schmerzen begann. Damals litt ich unter der Schönheit und wusste nicht, was ich damit anfangen sollte. Dann überkam mich das Bedürfnis zu schreiben, zu dichten, aber die Wörter wollten sich doch nie einstellen, und ich fühlte mich todunglücklich. Ich schwelgte geradezu in einer solchen Landschaft und erschöpfte mich dadurch. Es kostete mich unendlich viel Energie. Ich würde das jetzt als Onanie bezeichnen.

Aber neulich an dem Abend reagierte ich anders. Ich gewahrte mit Freude, wie schön Gottes Welt trotz allem ist. Ich genoss die geheimnisvolle, stille Landschaft in der

Dämmerung zwar intensiv, aber sozusagen sachlicher. Ich wollte sie nicht mehr »haben«. Und gestärkt ging ich wieder nach Hause und an die Arbeit. Die Landschaft blieb da, im Hintergrund, wie ein Kleid meiner Seele, um mich einmal bildschön auszudrücken, aber sie störte mich nicht, d. h., ich trieb keine »Onanie« mehr mit ihr. Und so ist es auch mit S., übrigens mit allen Menschen. Während jener Krise an dem Nachmittag, als ich ihn so erstarrt und verkrampft anblickte und kein Wort herausbrachte, handelte es sich vermutlich auch um ein Gefühl des »Habenwollens«. Er hatte mir an dem Nachmittag das eine und andere aus seinem Privatleben erzählt. Von seiner geschiedenen Frau, mit der er immer noch korrespondiert, von seiner Freundin in London, die er heiraten will, die aber nun in London *»einsam ist und leidet«*, von einer früheren Freundin, einer bildschönen Sängerin, mit der er ebenfalls korrespondiert. Danach hatten wir wieder miteinander gerungen, und ich hatte ganz stark den Einfluss seines großen, anziehenden Körpers gespürt.

Und als ich ihm wieder gegenübersaß und verstummte, ging vielleicht etwas Ähnliches in mir vor, wie wenn ich durch eine Landschaft wandere, die mich beeindruckt. Ich wollte ihn »haben«. Ich wollte, dass er auch mir gehöre. Obwohl ich kein Verlangen nach ihm als Mann hatte, sexuell zieht er mich im Grunde kaum an, wenn auch immer Spannungen im Hintergrund vorhanden sind, aber er hat mich tief in meinem Wesen berührt, und das ist wichtiger. Ich wollte ihn also auf die eine oder andere Weise besitzen und hasste alle Frauen, von denen er mir erzählt hatte, und war eifersüchtig auf sie, und ich dachte, wenn auch nicht bewusst, vielleicht bin jetzt ich an der Reihe und fühlte dabei doch, dass er sich mir entzog. Es waren eigentlich durchaus kleinbürgerliche Gefühle, keineswegs auf hohem Niveau. Aber das wird mir erst jetzt bewusst. Damals war ich todunglücklich und einsam, ein für mich jetzt auch sehr verständliches Gefühl, und ich hatte wieder den Wunsch, ihn sofort zu verlassen und zu schreiben. Das »Schreiben« verstehe ich, glaube ich, jetzt auch. Es ist eine andere Art von »Besitzen«, es bedeutet, die Dinge mit Wörtern und Bildern an sich heranzuholen und sie auf diese Weise dennoch zu besitzen. Und das war, glaube ich, bis jetzt das Wesentliche in meinem Drang zu schreiben: mich still vor der Welt zu verkriechen mit allen Schätzen, die ich gesammelt habe, und alles aufzuschreiben, für mich selbst festzuhalten und es auf diese Weise zu genießen. Und dieses Habenwollen, so kann ich es mir selbst noch am besten deutlich machen, ist plötzlich von mir abgefallen. Tausend beengende Fesseln sind zerrissen, und ich atme befreit, ich fühle mich stark und schaue mich mit strahlenden Augen um. Und jetzt, da ich nichts mehr besitzen will und frei bin, jetzt besitze ich alles, jetzt ist mein innerer Reichtum unermesslich.

S. gehört mir nun ganz, und sollte er morgen nach China reisen; ich fühle seine Nähe und lebe in seiner Sphäre, und wenn ich ihn am Mittwoch sehe, so freue ich mich, aber ich zähle nicht so verbissen die Tage wie vorige Woche. Und ich frage Han[5] nicht mehr hundertmal am Tag: »Hast du mich noch lieb?« »Hast du mich noch wirklich lieb?« und »Finden mich denn nicht alle Menschen liebenswert?« Das war auch wieder eine Art Festklammern, ein körperliches

[5] Han Wegerif, der Besitzer des Hauses, in dem Etty wohnte.

Festklammern an nichtkörperlichen Dingen. Und jetzt lebe und atme ich gleichsam durch meine »Seele«, wenn ich dieses in Misskredit geratene Wort überhaupt gebrauchen darf.

Und jetzt werden mir die Worte von S. während meines ersten Besuches bei ihm klar. »*Was hier sitzt* (und er zeigte auf seinen Kopf), *muss von da kommen* (und dabei zeigte er auf sein Herz).« Es war mir damals nicht so recht klar, wie der Prozess vor sich gehen sollte, aber es ist geschehen, wie, kann ich nicht wiedergeben. Er hat auch jene Dinge an den richtigen Platz gerückt, die bereits in meinem Wesen vorhanden waren. Es ist wie bei einem Puzzle, die Teilchen lagen alle durcheinander, und er hat sie zu einem sinnvollen Ganzen zusammengefügt; wie er das gemacht hat, weiß ich nicht, das ist seine Sache, es ist sozusagen sein Beruf, und man spricht nicht umsonst von ihm als von einer »magischen Persönlichkeit«.

Mittwoch. (…) Ich ertappe mich dabei, dass ich ein Bedürfnis nach Musik habe. Ich scheine nicht unmusikalisch zu sein, bin immer sehr ergriffen, wenn ich gelegentlich Musik höre, habe aber nie die Geduld aufgebracht, mich extra dazu hinzusetzen. Mein Interesse hat sich bisher immer der Literatur und dem Theater zugewandt, also Gebieten, wo ich selber mitdenken kann, und jetzt beginnt in dieser Phase meines Lebens die Musik ihr Recht zu fordern; ich werde demnach wieder fähig, mich einer Sache hinzugeben und mich selbst auszuschalten. Und es sind vor allem die klaren und ernsthaften Klassiker, nach denen es mich verlangt, und nicht die Zerrissenheit der Modernen.

Abends 9 Uhr. Gott, stehe mir bei und gib mir Kraft, denn der Kampf wird schwer werden. Sein Mund und sein Körper waren mir heute Nachmittag so nahe, dass ich sie nicht vergessen kann. Und ich will kein Verhältnis mit ihm. Es läuft zwar sehr darauf hinaus, aber ich will es nicht. Seine zukünftige Frau lebt in London, ist einsam und wartet auf ihn. Und die Bande, die mich binden, sind mir gleichfalls teuer. Nun, da ich allmählich *»gesammelt«* werde, fühle ich, dass ich eigentlich ein sehr ernsthafter Mensch bin, der auf dem Gebiet der Liebe keinen Spaß versteht. Was ich will, ist ein einziger Mann fürs ganze Leben, mit ihm zusammen etwas aufbauen. Und all die vielen Abenteuer und Affären haben mich im Grunde nur unglücklich gemacht und innerlich zerrissen. Die Kraft jedoch, mich dagegen zu wehren, war nie bewusst und niemals groß genug; die Neugier war immer größer. Aber nun, da die Kräfte sich in mir konzentriert haben, beginnen sie auch meine Abenteuerlust und meine erotische Neugier, die sich vielen zuwendet, zu bekämpfen. Es ist eigentlich doch nur eine Spielerei, und man vermag intuitiv zu fühlen, wie jemand innerlich beschaffen ist, auch ohne ein Verhältnis mit ihm zu haben. Aber Himmel! jetzt wird es schwierig. Sein Mund war so vertraut und lieb und mir heute Nachmittag so nahe, dass ich ihn zart mit meinen Lippen berühren musste. Und das sachlich begonnene Ringen endete damit, dass wir einer in des andern Armen ausruhten. Er hat mich nicht geküsst, nur einmal kurz kräftig in die Wange gebissen, aber am unvergesslichsten war für mich, als er sich plötzlich besann und ganz schüchtern, fast peinlich schüchtern und mit ängstlicher Erwartung fragte: *»Und der Mund, fanden Sie den Mund nicht unangenehm?«* Das also ist sein schwacher

Punkt. Der Kampf gegen seine Sinnlichkeit, die sich in dem schweren, wunderbar ausdrucksvollen Mund manifestiert. Und die Furcht, anderen mit diesem Mund Angst einzujagen. Ein rührender Bursche. Aber meine Ruhe ist hin. Und dann sagte er auch noch: *»Aber der Mund muss immer noch kleiner werden.«* Und er zeigte auf die rechte Seite seiner Unterlippe, die sehr merkwürdig aus dem Mundwinkel hervorspringt und einen großen Bogen beschreibt; ein Stückchen Lippe, das aus dem Zusammenhang geraten ist: *»Haben Sie schon mal so etwas Eigensinniges gesehen, das findet man fast nie.«* Ich habe mir seine Worte nicht genau gemerkt. Danach habe ich wieder sehr sanft mit meinen Lippen das eigensinnige Stückchen seines Mundes gestreift. Richtig geküsst habe ich ihn noch nicht. Es ist meinerseits noch keine richtige Leidenschaft, obwohl er mir unendlich teuer ist, und das tiefe menschliche Gefühl, das ich für ihn empfinde, möchte ich nicht durch ein Verhältnis trüben.

Freitag, 21. März, morgens halb 9. Eigentlich möchte ich jetzt überhaupt nicht schreiben, denn ich fühle mich so leicht und strahlend und innerlich froh, dass jedes Wort, verglichen damit, bleischwer erscheint. Und doch habe ich heute Morgen die innere Fröhlichkeit einem gejagten, unruhig schlagenden Herzen abringen müssen. Nachdem ich mich ganz mit eiskaltem Wasser abgewaschen hatte, bin ich so lange auf dem Boden im Badezimmer liegen geblieben, bis ich ganz ruhig wurde. Ich bin geworden, was man als *»kampfbereit«* bezeichnet, und finde ein gewisses sportliches und aufregendes Vergnügen an diesem *»Kampf«*. (…)

Das ungewisse, beängstigende Gefühl in mir muss ich noch niederzwingen. Das Leben ist in der Tat schwer, ein

Kampf von Minute zu Minute (jetzt nicht übertreiben, Liebste!), aber der Kampf ist verlockend. Früher blickte ich in eine chaotische Zukunft, da ich den Augenblick unmittelbar vor mir nicht wahrhaben wollte. Ich wollte alles geschenkt bekommen wie ein verwöhntes Kind. Manchmal hatte ich ein gewisses, wenn auch sehr vages Gefühl, dass ich in der Zukunft »etwas werden könne«, etwas »Gewaltiges« vollbringen werde, und hin und wieder die chaotische Angst, dass ich »doch wohl vor die Hunde gehen werde«. Ich begreife allmählich, woher das kommt. Ich weigerte mich, die unmittelbar vor mir liegenden Aufgaben anzugehen, ich weigerte mich, stufenweise in die Zukunft hinaufzusteigen. Und jetzt, da jede Minute voll ist, randvoll mit Leben und Erleben, mit Kampf und Sieg und Niederlage, und dann nochmals Kampf und selten Ruhe, jetzt denke ich nicht mehr an die Zukunft, das heißt, es ist mir gleichgültig, ob ich nun etwas Gewaltiges vollbringe oder nicht, weil ich im Inneren sicher bin, dass irgendetwas daraus hervorgehen wird. Früher lebte ich immer in einem Vorbereitungsstadium, ich hatte das Gefühl, dass alles, was ich tat, noch nicht das »Richtige« sei, sondern nur Vorbereitung zu etwas anderem, etwas »Großem«, etwas Richtigem. Aber das ist nun völlig von mir abgefallen. Ich lebe jetzt, heute, in dieser Minute, ich lebe voll und ganz, und das Leben ist es wert, gelebt zu werden; und wenn ich wüsste, dass ich morgen sterben müsste, würde ich sagen: Das ist zwar sehr schade, aber es war gut, so wie es gewesen ist. Das habe ich zwar schon einmal theoretisch verkündet, ich weiß noch, es war an einem Sommerabend mit Frans auf der Terrasse bei Reijnders. Aber damals sagte ich es mehr aus Resignation. So in dem Sinn: Ach, weißt du, wenn morgen alles vorbei wäre, würde ich mich kaum aufregen, denn wir wissen doch nun, worauf alles hinausläuft. Wir kennen das Leben, wir haben alles erlebt, und sei es auch nur in der Vorstellung, und klammern uns nicht mehr krampfhaft an dieses Leben. In dem Tonfall etwa, glaube ich. Wir waren sehr alte, weise und erschöpfte Menschen. Aber das hat sich jetzt geändert. Und nun an die Arbeit.

Samstag, abends 8 Uhr. (…) Ich muss darauf achten, dass ich mit diesem Heft in Kontakt bleibe, d. h. mit mir selbst, sonst ergeht es mir übel, ich bin jeden Augenblick in Gefahr, mich ganz zu verlieren und zu verirren, so kommt es mir jetzt wenigstens vor, aber das kann auch von der Ermüdung herrühren.

Sonntag, 23. März, 4 Uhr. Es ist alles wieder verworren. Ich will etwas und weiß nicht, was. Alles in meinem Inneren ist wieder fragwürdig, unruhig und aufgewühlt. Und der Kopf straff gespannt vor Schmerzen. Mit einem gewissen Neid erinnere ich mich an die beiden vorigen Sonntage: Die Tage lagen wie offene, weite Ebenen vor mir, ich konnte frei über die Ebenen schreiten, durch weite Tage mit ungehinderter Aussicht. Und jetzt sitze ich wieder mitten im Gebüsch.

Es begann schon gestern Abend; die Unruhe fing an, aus mir aufzusteigen wie Dünste aus einem Sumpf.

Ich wollte mich zuerst mit Philosophie beschäftigen, oder nein, doch lieber mit dem Essay über »Krieg und Frieden«, oder nein, Alfred Adler passt besser zu meiner Stimmung. Und so bin ich schließlich bei der Hinduistischen Liebesgeschichte gelandet. Es war jedoch eher ein Ankämpfen gegen eine natürliche Müdigkeit, der ich mich schließlich mit weiser Einsicht überlassen habe. Und heute Morgen ließ sich zunächst alles gut an. Aber als ich dann über den Apollolaan radelte, war wieder das Suchende, das Unzufriedene da, das Gefühl der Leere hinter den Dingen, das Nichterfülltsein vom Leben und das Grübeln ohne Ziel und Zweck. Im Augenblick stecke ich im Sumpf. Und dabei dennoch die Überlegung: Na ja, das geht auch vorbei, auch wenn es für diesmal keine Ruhe bringt.

Montagmorgen, halb 10. Etwas später, nur rasch eine Anmerkung zwischen zwei Sätzen meines Themas. (…) Es ist komisch, aber er bleibt für mich doch irgendwie ein Fremder. Wenn er mal kurz mit seiner großen, warmen Hand mein Gesicht streichelt oder ab und zu mit einer unnachahmlichen Gebärde meine Augenwimpern mit den Fingerspitzen berührt, dann entsteht in mir hinterher eine aufsässige Reaktion: Wer sagt dir, dass du das so einfach tun darfst, wer gibt dir das Recht, meinen Körper zu berühren? Ich glaube, ich kenne jetzt die Ursache. Als wir das erste Mal miteinander rangen, empfand ich das als lustig, sportlich, wenn auch etwas überraschend, ich war gleich *»im Bilde«* und dachte: Oh, das gehört sicher zur Behandlung. Und so war es auch, als er hinterher ganz nüchtern feststellte: *»Körper und Seele sind eins.«* Ich fühlte mich damals zwar erotisch angezogen, aber er blieb so sachlich, dass ich mich rasch wieder fasste. Und als wir hinterher einander gegenübersaßen, fragte er: »Hören Sie, das regt Sie doch hoffentlich nicht auf, denn letzten Endes werde ich Sie doch überall berühren«, und zur Verdeutlichung berührte er mit den Händen kurz meine Brust, meine Arme und

Schultern. Ich dachte damals so etwas wie: Ja, Bürschchen, du musst doch verdammt gut wissen, wie erotisch erregbar ich bin, das hast du mir selbst erzählt, aber gut, es ist anständig, dass du so offen mit mir darüber sprichst, und ich werde meine Fassung schon wiedergewinnen. Er sagte damals auch, dass ich mich nicht in ihn verlieben dürfe und dass er das am Anfang immer sage, immerhin zeigte er Verantwortung, obwohl ich mich darüber etwas ärgerte.

Aber als wir zum zweiten Mal rangen, war es ganz anders. Da wurde er auch erotisch erregt. Und als er einen Augenblick lang auf mir lag und stöhnte, ganz kurz nur, und sich mit den ältesten Zuckungen der Welt bewegte, stiegen in mir urgemeine Gedanken wie giftige Dünste aus einem Sumpf auf, etwa in der Art: Du hast eine schöne Methode, Patienten zu behandeln, so hast du selbst auch dein Vergnügen daran und wirst obendrein noch dafür bezahlt, wenn auch nicht besonders hoch.

Aber die Art, wie seine Hände während des Kampfes nach mir griffen, wie er in mein Ohr biss und während des Ringens mein Gesicht mit seinen großen Händen umspannte, all das machte mich total verrückt, ich spürte den erfahrenen und verführerischen Liebhaber, der sich hinter diesen Gebärden verbarg. Aber gleichzeitig fand ich es auch überaus gemein, dass er die Situation missbrauchte. Aber das Gefühl der Aufsässigkeit versank wieder in die Tiefe, und hinterher gab es eine Vertrautheit und einen persönlichen Kontakt zwischen uns, wie später niemals mehr. Noch als wir zusammen auf dem Boden lagen, sagte er: *»Ich will kein Verhältnis mit Ihnen.«* Und er sagte auch: *»Ich muss es Ihnen ehrlich gestehen, Sie gefallen mir sehr.«* Und er sagte noch etwas von übereinstimmenden Temperamenten.

Und etwas später sagte er auch: *»Und geben Sie mir jetzt einen kleinen Freundschaftskuss«*, aber damals war ich noch keineswegs dazu bereit und wandte scheu den Kopf ab. Er war danach wieder völlig unbefangen, gab sich natürlich und sagte gleichsam über sich selbst nachsinnend: *»Es ist eigentlich alles so logisch, wissen Sie, ich war ein ganz verträumter Junge«*, und dann folgte eine Episode aus seinem Leben. Er erzählte, und ich hörte voller Hingabe zu, und dabei nahm er hin und wieder ganz zart mein Gesicht in seine Hände. Und so ging ich mit den widersprüchlichsten Gefühlen nach Hause: voll Aufsässigkeit, weil ich ihn gemein fand, aber auch mit einem zärtlichen, tiefen, menschlichen Gefühl der Freundschaft und außerdem mit einer heftig erregten erotischen Fantasie, die seine raffinierten Gebärden wachgerufen hatten. Ein paar Tage lang war ich zu nichts anderem fähig, als an ihn zu denken, obwohl man das eigentlich nicht als denken bezeichnen kann, ich war ihm eher körperlich verfallen. Sein großer, weicher Körper bedrohte mich von allen Seiten, er war über mir, unter mir, überall, drohte mich zu zermalmen; ich konnte nicht mehr arbeiten und dachte entsetzt, mein Gott, worauf habe ich mich eingelassen, ich bin zu einer psychologischen Behandlung gegangen, um mit mir selbst ins Reine zu kommen, und jetzt das, schlimmer, als ich es je erlebt habe. Und ich lebte ganz in Erwartung meines nächsten Besuches, über den ich mir ganz bestimmte erotische Vorstellungen machte, und daraus wurde dann die miese Sache, als ich die Turnhose unter meinem Wollkleid trug und meine wilden Fantasien und sein sachliches Verhalten in heftigsten Widerstreit gerieten. Hinterher konnte ich es verstehen. Er blieb gelassen und verhielt sich bewusst sachlich, weil er auch einen Kampf mit sich ausgetragen hatte. Er fragte mich: *»Haben Sie an mich gedacht diese Woche?«*, worauf ich etwas Unverbindliches erwiderte und den Kopf senkte, und er sagte ganz offen: *»Ehrlich gesagt, habe ich die ersten Tage der Woche sehr viel an Sie gedacht.«* Nun ja, und dann wieder eine Ringpartie, aber darüber habe ich schon viel geschrieben, es war widerlich und löste in mir eine Krise aus. Er weiß bis heute nicht, warum ich mich so verstört und sonderbar benahm und glaubt, das käme daher, weil er mich so stark erotisch erregt hätte. Aber auch sein Widerstreit mit sich selbst kam zum Vorschein. Er sagte: *»Sie sind für mich auch eine Aufgabe«*, und erzählte mir, dass er trotz seines Temperamentes nun schon seit zwei Jahren seiner Freundin treu sei. Aber dass ich eine *»Aufgabe«* für ihn sei, war mir zu neutral und sachlich, ich wollte »ich« für ihn sein, ich war das verwöhnte Kind, das diesen Mann »haben« wollte, obwohl er mir innerlich zuwider war, aber ich hatte mir nun einmal in meiner Fantasie ausgedacht, dass er mein Mann werden müsse und dass ich ihn als Liebhaber kennenlernen wolle und damit Schluss. Sehr hoch war mein Niveau damals gerade nicht, aber das habe ich bereits alles geschrieben.

Und jetzt fühle ich, dass ich ihm *»gewachsen«* bin, dass mein Kampf dem seinen gleichwertig ist und dass die unsauberen und edleren Gefühle auch in mir einen heftigen Kampf austragen. Aber dadurch, dass er sich damals so überrumpelnd und plötzlich als Mann entpuppte und ungebeten die Maske des Psychologen fallen ließ und zum Menschen wurde, hat er an Autorität verloren, er hat mich bereichert, aber mir irgendwie auch einen kleinen Schock versetzt, mir eine Wunde zugefügt, die noch nicht ganz verheilt ist und die mir immer noch das Gefühl gibt, dass er ein Fremder ist: Wer bist du eigentlich und wer sagt dir, dass du dich um mich kümmern sollst? Von Rilke gibt es ein herrliches Gedicht über diese Stimmung, hoffentlich finde ich es wieder.

Ich habe das Gedicht von Rilke, an das ich mich erinnerte, nach einigem Suchen gefunden. Abrascha hat es mir vor Jahren an einem Sommerabend auf dem Zuidelijke Wandelweg vorgelesen, weil er aus dem einen oder anderen undurchsichtigen Grund fand, dass es auf mich passte; vielleicht weil ich trotz aller Intimität immer irgendwie fremd blieb. Dieses ambivalente Gefühl beginne ich jetzt zu begreifen, wiederum dank meiner Reiberei mit S. und der Art, wie ich damit fertigwerde. Es handelt sich um die beiden letzten Zeilen.

Und hörte fremd einen Fremden sagen:
Ich bin bei dir.[6]

Dienstag, 25. März, abends 9 Uhr. (…) Und weil ich selbst noch so jung bin, und voll von unverwüstlichem Willen, mich nicht unterkriegen zu lassen, und weil ich fühle, dass auch ich dazu beitragen kann, entstandene Lücken zu füllen, und hierzu auch die Kraft besitze, gelingt es mir kaum zu realisieren, wie verarmt wir Jüngeren zurückbleiben und wie einsam wir dastehen. Oder ist das auch nur eine Art Betäubung? Bonger[7] gestorben, Ter Braak, Du Perron, Marsman, Pos und v. d. Bergh und viele andere im Konzentrationslager usw. Auch Bonger bleibt mir unvergesslich.

---

[6] Aus: Rainer Maria Rilke, »Die Entführung«.
[7] Willem Adriaan Bonger, namhafter Soziologe und Kriminologe.

(Sonderbar, durch den Tod von Van Wijk taucht das alles wieder in mir auf.) Wenige Stunden vor der Kapitulation. Und plötzlich die schwere, plumpe, deutlich erkennbare Gestalt Bongers, die sich drüben am Eisklubfeld entlangschob, mit blauer Brille, den schweren, originellen Kopf seitwärts zu den Rauchwolken gewandt, die in der Ferne über der Stadt hingen und aus dem brennenden Ölhafen aufstiegen. Jenes Bild, die schwerfällige Gestalt mit dem schief zu den Rauchwolken in der Ferne erhobenen Kopf werde ich nie vergessen. In einer spontanen Anwandlung rannte ich ohne Mantel zur Tür hinaus, lief hinter ihm her, holte ihn ein und sagte: »Guten Tag, Herr Prof. Bonger, ich habe in diesen letzten Tagen viel an Sie gedacht, ich möchte Sie ein Stück begleiten.« Und er blickte mich seitlich durch die blaue Brille an und hatte trotz der beiden Examina und meines Jahres im Kolleg keine Ahnung, wer ich war, aber in jenen Tagen waren die Menschen so vertraut miteinander, dass ich freundschaftlich neben ihm herging. An das Gespräch erinnere ich mich nicht genau. An diesem Tag begann die große Fluchtwelle nach England, und ich fragte: »Meinen Sie, dass es einen Sinn hat zu fliehen?« Er antwortete: »Die Jugend muss hierbleiben.« Darauf ich: »Glauben Sie, dass die Demokratie siegen wird?« Und er: »Sie wird mit Sicherheit siegen, aber es wird auf Kosten einiger Generationen geschehen.« Und er, der gestrenge Bonger, war so wehrlos wie ein Kind, fast sanftmütig, und ich fühlte plötzlich das unwiderstehliche Verlangen, meinen Arm um ihn zu legen und ihn wie ein Kind zu führen, und so, meinen Arm um ihn geschlungen, spazierten wir am Eisklubfeld entlang. Er schien irgendwie gebrochen und dennoch zutiefst gütig. Seine Leidenschaftlichkeit, seine Strenge waren wie ausgelöscht.

Mein Herz verkrampft sich, wenn ich daran denke, wie er früher war, er, der Schrecken des Kollegs. Auf dem Jan Willem Brouwersplein verabschiedete ich mich. Ich trat vor ihn hin, nahm seine Hand in beide Hände, und er senkte gütig den schweren Kopf und blickte mich durch die blauen Gläser an, hinter denen ich seine Augen nicht erkennen konnte, und sagte dann mit einer fast komischen Feierlichkeit: »Es war mir ein Vergnügen!«

Und als ich am nächsten Abend zu Becker hineinschaute, hörte ich als Erstes: »Bonger ist tot!« Ich sagte: »Das ist nicht möglich, ich habe noch gestern um 7 Uhr mit ihm gesprochen.« Darauf Becker: »Dann sind Sie eine der Letzten, die mit ihm gesprochen haben. Um 8 Uhr hat er sich eine Kugel durch den Kopf gejagt.«

Eines seiner letzten Worte hatte er demnach zu einer fremden Studentin gesagt, die er gütig durch seine blaue Brille anblickte: »Es war mir ein Vergnügen!«

Bonger ist nicht der Einzige. Eine Welt zerfällt in Trümmer. Aber die Welt geht weiter, und ich gehe vorläufig noch mit, voll guten Mutes und guten Willens. Und doch werden wir um etwas beraubt, auch wenn ich mich innerlich jetzt so reich fühle, dass dieses Beraubtsein noch nicht völlig zu mir durchdringt. Trotzdem muss man mit der derzeitigen wirklichen Welt in engem Kontakt bleiben und versuchen, seinen Platz in ihr zu behaupten, man darf sich nicht ausschließlich mit Ewigkeitswerten beschäftigen, das könnte leicht zu einer Vogelstraußpolitik entarten. Das Leben ausschöpfen, äußerlich und innerlich, nichts von der äußeren Realität um der inneren willen aufopfern, aber auch nicht umgekehrt: darin sehe ich eine schöne Aufgabe. Und jetzt werde ich noch eine anspruchslose Geschichte in der »Libelle«[8] lesen und dann ins Bett. Und morgen wird wieder gearbeitet, in der Wissenschaft, im Haushalt und an mir selbst, nichts darf vernachlässigt werden, aber man darf sich selbst auch nicht für allzu wichtig halten, und nun gute Nacht.

Freitag, 8. Mai, 3 Uhr nachmittags, im Bett. Ich muss mich wieder mal mit mir selbst beschäftigen, mir bleibt nichts anderes übrig. Ein paar Monate lang hatte ich dieses Heft nicht nötig, das Leben war so klar und hell in mir und so intensiv, Kontakte zur Außen- und Innenwelt, Bereicherung des Lebens, Erweiterung der Persönlichkeit; der Kontakt mit den Studenten in Leiden: Wil, Aimé, Jan; das Studium; die Bibel, Jung, und dann wieder S. und immer wieder nur S.

Aber jetzt ist wieder Stillstand, eine etwas wirre Unruhe; es ist eigentlich gar keine Unruhe, dazu bin ich jetzt zu down. Vielleicht ist es nichts weiter als körperliche Ermüdung, unter der jeder in diesem feuchtkalten Frühling sehr leidet, dass die Dinge um mich herum kein Echo in mir wachrufen.

Ich weiß sehr wohl, es ist das ungeklärte, merkwürdige Verhältnis zu S., das mir zu schaffen macht. Ich muss mich selbst wieder bei jedem Schritt genau beobachten.

8 Uhr abends. Der Mensch sucht immer nach der erlösenden Formel, nach einem ordnungsschaffenden Prinzip. Als ich vorhin durch die Kälte radelte, dachte ich plötzlich: Vielleicht mache ich alles viel zu kompliziert und interes-

[8] Frauenzeitschrift.

sant und will den nüchternen Tatsachen nicht ins Auge blicken. Eigentlich ist es so: ich bin überhaupt nicht in ihn verliebt und liebe ihn auch nicht. Er fesselt mich, manchmal fasziniert er mich auch als Mensch, und ich lerne unsäglich viel von ihm. Seit ich ihn kenne, mache ich einen Reifungsprozess durch, von dem ich mir in diesem Alter nie hätte träumen lassen. Mehr ist es eigentlich nicht. Aber jetzt kommt die verdammte Erotik hinzu, von der er randvoll ist, und ich gleichfalls. Dadurch werden wir körperlich unaufhaltsam aufeinander zugetrieben, obwohl keiner von uns beiden das will, wie wir beide schon einmal früher ausdrücklich gesagt haben. Aber dann kam z. B. jener Sonntagabend, ich glaube, es war der 21. April, an dem ich zum ersten Mal einen ganzen Abend bei ihm verbrachte. Wir sprachen, das heißt, er sprach über die Bibel und später las er mir aus Thomas a Kempis vor, während ich auf seinem Schoß saß; das war alles noch in Ordnung, es gab kaum Erotik, sondern nur viel menschliche und freundschaftliche Wärme. Aber später war plötzlich sein Körper über mir, ich lag lange in seinen Armen, und da erst wurde ich traurig und einsam; er küsste meine weißen Schenkel, und ich wurde immer einsamer. Er sagte: *»Es war schön«*, und ich ging nach Hause mit einem bleischweren, traurigen Gefühl der Einsamkeit. Und daraufhin begann ich außerordentlich interessante Theorien über meine Einsamkeit aufzustellen. Ist es nicht einfach so, dass ich mich unserem körperlichen Kontakt nicht aus tiefstem Wesen hingeben kann? Ich liebe ihn ja nicht einmal, und ich weiß, dass es sein Ideal ist, einer Frau treu zu sein. Diese Frau lebt zufällig in London, es geht jedoch um das Prinzip. Wäre ich tatsächlich eine große und bedeutende Frau, so würde ich jegliche körperliche Beziehung zu ihm abbrechen, die mich im innersten Wesen nur unglücklich macht. Aber ich bringe es noch nicht fertig, auf alle Möglichkeiten mit ihm zu verzichten, die mir dadurch verloren gehen. Und vermutlich scheue ich mich auch, ihn in seinem männlichen Ehrgefühl zu verletzen, das er schließlich auch haben muss. Aber unsere Freundschaft würde dadurch wahrscheinlich auf eine viel höhere Ebene gehoben, und letzten Endes wäre er mir wohl dankbar für die Hilfe, seine Treue zu der einen Frau zu bewahren. Ich bin aber nur ein winziges und begieriges Menschenkind. Hin und wieder möchte ich in seinen Armen liegen, obwohl ich doch nur unglücklich bin, wenn ich mich von ihm löse. Wahrscheinlich ist auch kindische Eitelkeit im Spiel. Etwa von der Art: all die Mädchen und Frauen in seiner Umgebung sind verrückt nach ihm, aber ich, obwohl ich ihn erst seit Kurzem kenne, bin die Einzige, die so intim mit ihm ist. Wenn tatsächlich ein solches Gefühl in mir steckt, ist das abscheulich. Eigentlich laufe ich große Gefahr, unsere Freundschaft durch Erotik zu zerstören. (…)

8. Juni, Sonntagmorgen, halb 10. Ich glaube, dass ich das tun sollte: morgens vor Beginn der Arbeit eine halbe Stunde lang »mich nach innen wenden«, horchen nach dem, was in mir ist. *»Sich versenken.«* Man kann es auch als meditieren bezeichnen. Aber vor dem Wort graut es mir noch ein bisschen. Aber warum eigentlich nicht? Eine halbe Stunde mit mir selbst allein. Es genügt nicht, morgens im Badezimmer nur Arme, Beine und alle andern Muskeln zu bewegen. Der Mensch besteht aus Körper und Geist. Und eine halbe Stunde Gymnastik und eine halbe Stunde »Meditation«

können zusammen ein solides Fundament für die Konzentriertheit eines ganzen Tages bilden.

Nur ist das nicht so einfach, so eine *»stille Stunde«*. Das will gelernt sein. Der ganze kleinbürgerliche Kram, alles Überflüssige muss innerlich beiseitegeschoben werden. Zum Schluss bleibt immer viel grundlose Unruhe in dem kleinen Kopf übrig. Es gibt zwar auch bereichernde und befreiende Gefühle und Gedanken, aber immer von überflüssigem Kram durchsetzt. Der Zweck des Meditierens sollte sein: dass man sich innerlich zu einer großen Ebene ausweitet ohne all das heimtückische Gestrüpp, das die Aussicht behindert. Dass etwas von »Gott« in einem erwächst, wie auch in der Neunten von Beethoven etwas von »Gott« enthalten ist. Dass auch eine Art »Liebe« entsteht, keine Luxus-Liebe von einer halben Stunde, in der es sich voller Stolz auf die eigenen erhabenen Gefühle herrlich schwelgen lässt, sondern eine Liebe, mit der man in der kleinen alltäglichen Praxis etwas anfangen kann.

Ich könnte natürlich jeden Morgen in der Bibel lesen, aber dazu bin ich, glaube ich, noch nicht reif genug, dafür ist meine innere Ruhe noch nicht groß genug; ich versuche noch zu sehr die Aussage des Buches mit dem Gehirn zu ergründen, sodass keine Versenkung zustande kommt.

Vielleicht sollte ich jeden Morgen ein wenig in »De Hof der Wijsbegeerte« lesen. Natürlich könnte ich mich auch auf ein paar Wörter auf diesen blauen Linien beschränken. Oder mit ein wenig Geduld einzelne Gedanken gründlicher durchdenken, auch wenn es keine sonderlich wichtigen Gedanken sind. Früher konntest du vor lauter Ehrgeiz überhaupt nichts schreiben. Es musste und sollte sofort etwas Gewaltiges, Vollkommenes sein, und du erlaubtest dir nicht, einfach etwas hinzuschreiben, obwohl du vor Verlangen danach fast zerplatztest.

Ich möchte dich auch bitten, nicht so oft in den Spiegel zu schauen, alberne Trine. Es muss schrecklich sein, wenn man sehr schön ist, man kommt gar nicht an sein Inneres heran, weil man durch sein blendendes Aussehen zu sehr beansprucht wird. Die Mitmenschen reagieren auch nur auf das schöne Äußere, sodass man möglicherweise innerlich völlig verdorrt. Die Zeit, die ich vor dem Spiegel verbringe, weil mich plötzlich ein komischer, fesselnder oder interessanter Ausdruck auf meinem gar nicht so sonderlich schönen Gesicht fesselt, diese Zeit könnte ich besser nutzen. Die ständige Selbstbetrachtung ärgert mich mächtig. Hin und wieder finde ich mich zwar schön, aber das liegt dann auch an der schummrigen Beleuchtung im Badezimmer. In solchen Augenblicken, in denen ich mich schön finde, kann ich mich von meinem Bild nicht losreißen, ich schneide mir selber Gesichter im Spiegel, biete meinen Kopf in verschiedenen Haltungen meinen entzückten Blicken dar und denke mir dabei am liebsten in meiner Fantasie aus, dass ich an einem Tisch in einem Saal sitze, das Gesicht dem Publikum zugewandt, und dass jedermann mich anschaut und mich schön findet. Du behauptest zwar immer, dass du dich selbst völlig vergessen willst, aber solange du noch dermaßen voll Eitelkeit und Fantasien steckst, hast du es im Vergessen deines Selbst noch nicht sehr weit gebracht.

Auch wenn ich an der Arbeit sitze, überkommt mich manchmal plötzlich das Verlangen, mein Gesicht zu betrachten, ich setze dann die Brille ab und schaue in die Brillengläser. Manchmal ist das eine richtige Zwangshandlung. Und ich bin dabei sehr unglücklich, weil ich fühle, wie sehr ich mir noch selber im Weg bin. Es hilft nicht, wenn ich mich gleichsam von außen her zwinge, mich im Spiegel nicht an meinem Angesicht zu ergötzen. Die Gleichgültigkeit für mein Äußeres müsste von innen kommen, es dürfte mir nichts ausmachen, wie ich aussehe, ich müsste noch viel »innerlicher« leben. Auch bei den anderen achtet man oft zu sehr auf das Äußere, ob jemand hübsch ist oder nicht. Letzten Endes geht es um die Seele oder das Wesen des Menschen, oder wie immer man das nennen will, was er ausstrahlt.

Samstag, 14. Juni, 7 Uhr abends. Wieder Verhaftungen, Terror, Konzentrationslager, willkürliches Abholen von Vätern, Brüdern, Schwestern. Man sucht nach dem Sinn des Lebens und fragt sich, ob es überhaupt noch einen Sinn hat. Aber das ist eine Sache, die jeder mit sich allein und mit Gott ausmachen muss. Vielleicht hat jedes Leben seinen eigenen Sinn, und es bedarf eines ganzen Lebens, um diesen Sinn herauszufinden. Jedenfalls habe ich zurzeit allen Zusammenhang mit dem Leben und den Dingen verloren und habe das Gefühl, dass alles zufällig ist und dass man sich innerlich von allen Menschen lösen und von allen Dingen Abstand nehmen muss. Alles erscheint so drohend und unheilverkündend, und dazu die große Machtlosigkeit.

Samstagmittag, 12 Uhr. Wir sind nur hohle Gefäße, von der Weltgeschichte durchspült.

Alles ist Zufall, oder nichts ist Zufall. Wenn ich an das erste glaubte, könnte ich nicht leben, aber vom Letzteren bin ich noch nicht überzeugt.

Ich bin wieder ein kleines bisschen stärker geworden. Ich kann in mir selbst mit den Dingen fertig werden. Zuerst besteht zwar die Neigung, bei anderen Hilfe zu suchen, zu denken, man schafft es nicht, aber dann merkt man, dass man wieder etwas durchgefochten hat und es allein fertiggebracht hat, und das macht einen wieder stärker. Vorigen Sonntag (es ist schon eine Woche her), hatte ich das verzweifelte Gefühl, dass ich an ihn gefesselt bin und dass für mich deshalb eine todunglückliche Zeit anbricht. Aber ich habe mich losgerissen, ich begreife selbst nicht, wie. Nicht, dass ich mir selber Vorhaltungen gemacht hätte. Ich zog vielmehr mit allen psychischen Kräften an einem eingebildeten Strick, ich tobte und wehrte mich, und plötzlich fühlte ich, dass ich wieder frei war. Danach gab es ein paar kurze Begegnungen (abends auf der Bank am Stadionkade, ein Einkaufsbummel in der Stadt) von einer Intensität, die, zumindest für mich, stärker war als je zuvor. Das kam durch mein befreites Gefühl; meine Liebe und mein Verständnis, mein Interesse und meine Fröhlichkeit wandten sich ihm ganz zu, aber ich stellte keine Forderungen an ihn, ich wollte nichts von ihm, ich nahm ihn hin, wie er war, und genoss seine Gegenwart. Ich möchte nur gern wissen, wie ich es fertiggebracht habe, mich loszureißen. Es ist ein Prozess, der mir noch nicht klar ist. Ich sollte mir deshalb klar darüber werden, weil ich vielleicht später anderen helfen kann, die dieselben Schwierigkeiten haben. Vielleicht ist es in der Tat am besten vergleichbar mit jemand, der mit einem Strick an einen anderen gefesselt ist und so lange zerrt und zieht, bis er sich losgerissen hat. Er selbst wird später vielleicht nicht mehr erklären können, wie er sich losgemacht hat, er weiß nur, dass er den W i l l e n hatte loszukommen und dass er alle Kräfte dazu aufgewandt hat. So dürfte es mir in psychischer Hinsicht ergangen sein. Auch das habe ich daraus gelernt: Vorhaltungen machen hilft nicht, man muss sich selber klar darüber werden, wie alles zusammenhängt, und nach der Ursache suchen; man muss einfach psychisch etwas tun und Energie aufbringen, um zu einem Ergebnis zu gelangen.

Gestern habe ich einen Augenblick lang gedacht, ich könnte nicht weiterleben und hätte Hilfe nötig. Ich konnte den Sinn des Lebens und den Sinn des Leidens nicht mehr erkennen, ich hatte das Gefühl, unter einem gewaltigen Gewicht *zusammenzubrechen,* aber auch dadurch habe ich einen Kampf durchgefochten, der mich weitergebracht hat, durch den ich stärker bin als vorher. Ich habe versucht, dem Leid der Menschheit gerade und ehrlich in die Augen zu schauen, ich habe mich damit auseinandergesetzt, oder besser: Irgendwas in mir hat sich damit auseinandergesetzt. Auf viele verzweifelte Fragen bekam ich Antwort, die große Sinnlosigkeit hat wieder einer gewissen Ordnung und Regelmäßigkeit Platz gemacht, und ich kann wieder weitermachen. Es war wiederum nur eine kurze, aber heftige Schlacht, aus der ich ein winzig kleines bisschen reifer hervorgegangen bin.

Ich sagte, ich hätte mich mit dem »Leid der Menschheit« auseinandergesetzt (mir graut immer noch vor großen Worten), aber so war es eigentlich nicht. Ich habe eher das Gefühl, ein kleines Schlachtfeld zu sein, auf dem die Probleme und Kämpfe dieser Zeit ausgetragen werden. Das Einzige, was man tun kann, ist, sich demütig zur Verfügung zu stellen und sich zum Schlachtfeld machen zu lassen. Die Probleme müssen ja eine Unterkunft haben, sie müssen einen Ort finden, wo sie kämpfen und zur Ruhe kommen können, und wir armen, kleinen Menschen müssen unseren inneren Raum für sie öffnen und dürfen nicht davonlaufen. Vielleicht bin ich in dieser Hinsicht allzu gastfrei, das Schlachtfeld in mir ist manchmal sehr blutig, und der Preis dafür sind dann gelegentlich eine übergroße Ermüdung und schwere Kopfschmerzen. Aber jetzt bin ich wieder ganz ich selbst, Etty Hillesum, eine fleißige Studentin in einem freundlichen Zimmer mit Büchern und einer Vase voll Margeriten. Ich ziehe wieder meine eigene enge Bahn, und der Kontakt mit der »Menschheit«, der »Weltgeschichte« und dem »Leiden« ist wieder abgebrochen. Das muss so sein, sonst würde man völlig verrückt. Man darf sich nicht immer in großen Fragen verlieren, man kann nicht immer Schlachtfeld sein, man muss jedes Mal wieder die eigenen engen Grenzen um sich spüren, innerhalb deren man sein kleines Leben gewissenhaft und bewusst weiterlebt, immer wieder gereift und vertieft durch Erfahrungen, die man in den fast unpersönlichen Momenten des Kontaktes mit der ganzen Menschheit gewinnt. Später werde ich es vielleicht besser formulieren können, oder ich werde eine Figur in einer Novelle oder in einem Roman diese Dinge sagen lassen, aber das wird erst viel später geschehen.

Dienstagmorgen, 17. Juni. (...) Wenn jemand sich den Magen verdorben hat, sollte er eine vernünftige Diät einhalten, statt in kindischer Wut auf die Herrlichkeiten zu schimpfen, denen er seine Übelkeit zu verdanken glaubt; er sollte sich lieber seine eigene Unbeherrschtheit vor Augen halten.

Das ist die Weisheit, die ich heute an mir selbst gewonnen habe und mit der ich recht zufrieden bin. Die ständige

Traurigkeit, die in den letzten Tagen innerlich an mir genagt hat, verschwindet nun auch allmählich.

Mittwochmorgen, 18. Juni, halb 10. Ich muss wieder eine alte Weisheit hervorkramen: *Der in sich ruhende Mensch rechnet nicht mit Zeit; Entwicklung darf nicht mit Zeiten rechnen.*

Das Leben selbst muss immer die Urquelle ein, niemals ein anderer Mensch. Viele Menschen, vor allem Frauen, schöpfen ihre Kraft aus einem anderen Menschen, statt selbst wirklich zu leben; jener Mensch und nicht das Leben ist ihre Quelle. Das ist so verdreht und unnatürlich wie nur möglich.

4. Juli. In mir ist eine Unruhe, eine bizarre, teuflische Unruhe, die produktiv sein könnte, wenn ich etwas damit anzufangen wüsste. Eine *»schöpferische«* Unruhe. Es ist keine Unruhe des Körpers, nicht einmal ein Dutzend aufregender Liebesnächte könnten ihr ein Ende bereiten. Es ist beinahe eine *»heilige«* Unruhe. O Gott, nimm mich in deine große Hand und mach mich zu deinem Werkzeug, lass mich schreiben. Das alles ist durch die rothaarige Lenie und den philosophischen Joop gekommen. S. traf sie zwar mit seiner Analyse mitten ins Herz, aber ich fühlte dennoch, dass sich der Mensch nicht durch eine einzige psychologische Formulierung erfassen lässt, nur der Künstler kann dem letzten irrationalen Rest eines Menschen Ausdruck geben.

Ich weiß nicht, wie es mit dem »Schreiben« bei mir weitergehen soll. Dazu ist alles noch zu chaotisch, Selbstvertrauen ist auch keines da, oder besser gesagt, die zwingende Notwendigkeit, etwas aussagen zu müssen. Ich warte lieber ab, bis alles von selbst aus mir herausbricht und Form annimmt. Aber zunächst muss ich die Form, meine eigene Form, noch finden.

In Deventer[9] waren die Tage sonnige Ebenen, jeder Tag war ein großes, ungebrochenes Ganzes, es bestand Kontakt zu Gott und zu allen Menschen, vermutlich weil ich kaum Menschen sah. Es gab dort Kornfelder, die ich nie vergessen werde und vor denen ich fast niedergekniet wäre, es gab die Ijssel mit den farbigen Sonnenschirmen, das Schilfdach und die geduldigen Pferde. Und die Sonne, die ich durch alle Poren eindringen ließ. Hier dagegen besteht der Tag aus tausend Bruchstücken, die große Ebene ist wieder fort, und Gott ist auch wieder abhandengekommen; wenn das noch lange so weitergeht, beginne ich wieder nach dem Sinn von allem zu fragen, und das nicht etwa tief-philosophisch, sondern als Beweis dafür, dass es mir schlecht geht. Und dann diese seltsame Unruhe, von der ich nicht weiß, woher sie stammt. Aber ich könnte mir vorstellen, dass dies eine Unruhe ist, aus der später, wenn ich sie in Bahnen zu leiten weiß, gute Arbeit geboren werden könnte. So weit ist es noch lang nicht, Kleine, vorher muss den wütenden Wellen noch viel Festland entrissen werden, muss noch viel Ordnung ins Chaos gebracht werden. Ich muss an die Bemerkung von S. neulich denken:

»Sie sind ja gar nicht so chaotisch, Sie haben noch die Erinnerung an früher, wo Sie meinten, dass es genialer sei, chaotisch als diszipliniert zu sein. Ich finde Sie immer sehr konzentriert.«

---

[9] In Deventer wohnten Ettys Eltern.

Montag, 4. August 1941, nachmittags halb 3. Er sagt, dass die Liebe zu allen Menschen mehr sei als die Liebe zu einem Menschen. Denn die Liebe zu einem Menschen ist eigentlich doch nur die Liebe zu sich selbst.

Er ist ein reifer Mann von 54 Jahren und hat das Stadium der Liebe zu allen Menschen erreicht, nachdem er während eines langen Lebens zunächst viele Einzelne geliebt hat. Ich bin eine kleine Frau von 27 Jahren und trage auch eine ganz starke Liebe zur gesamten Menschheit in mir, und dennoch frage ich mich, ob ich nicht immer nach einem einzigen Mann suchen werde. Und ich frage mich, wie weit das eine Beschränkung, eine Eingrenzung der Frau bedeutet. Inwiefern das eine jahrhundertealte Tradition ist, aus der sie sich lösen muss, oder ob es so sehr zum Wesen der Frau gehört, dass sie sich selbst vergewaltigt, wenn sie ihre Liebe der gesamten Menschheit schenkt statt nur einem einzigen Mann. (Zu einer Synthese bin ich noch nicht gelangt.) Vielleicht gibt es deswegen so wenig bedeutende Frauen auf dem Gebiet der Wissenschaft und der Kunst, weil die Frau immer nach dem einen Mann sucht, dem sie ihr ganzes Wissen, ihre Wärme, Liebe und schöpferische Kraft darbringen kann. Sie sucht den Mann und nicht die Menschheit.

Die Frauenfrage ist nicht so einfach. Manchmal, wenn ich auf der Straße eine Frau sehe, eine schöne, behütete, ganz und gar weibliche, etwas dumme Frau, dann kann ich völlig aus dem Gleichgewicht geraten. Dann fühle ich meinen Verstand, mein Ringen, mein Leiden als etwas Bedrückendes, Hässliches, Unweibliches, dann möchte ich gern nur schön und dumm sein, ein Spielzeug, das von einem Mann begehrt wird. Es ist typisch, dass ich immer wieder von einem Mann begehrt sein möchte, dass es immer wieder die höchste Bestätigung für uns Frauen ist, eine Frau zu sein, obwohl das an sich völlig primitiv ist. Die Gefühle der Freundschaft, Hochachtung, Liebe für uns als Menschen sind zwar eine wunderbare Sache, aber wünschen wir uns letzten Endes nicht doch, dass der Mann uns in unserer Eigenschaft als Frau begehrt? Es ist fast noch zu schwierig für mich, alles niederzuschreiben, was ich dazu sagen will, es ist unendlich kompliziert, aber es ist etwas Wesentliches, und es ist wichtig, dass ich es herausfinde.

Vielleicht muss die echte, die wirkliche Emanzipation der Frau erst noch beginnen. Wir sind noch keine richtigen Menschen, wir sind Weibchen. Wir sind noch gefesselt und umstrickt von jahrhundertealten Traditionen. Als Menschen müssen wir noch geboren werden, hier wartet noch eine große Aufgabe auf die Frau.

Wie ist das nun mit S. und mir? Wenn ich auf die Dauer Klarheit in dieser Beziehung schaffen kann, wird auch in meinen Beziehungen zu allen Männern und der gesamten Menschheit Klarheit kommen, um es einmal mit großen Worten auszudrücken. Lass mich ruhig pathetisch sein, alles genau so aufschreiben, wie es in mir vorhanden ist, und wenn ich das Pathetische und Übertriebene aus mir herausgeschrieben habe, finde ich möglicherweise einmal auch zu mir selbst.

Liebe ich S.? Ja, irrsinnig.

Als Mann? Nein, nicht als Mann, sondern als Menschen. Oder vielleicht zieht mich mehr die Wärme, die Liebe, das Streben nach Güte an, das von ihm ausgeht. Nein, so komme ich nicht weiter, so komme ich wirklich nicht weiter. Dies ist eine Art Kladde, in der ich ab und zu etwas ausprobiere, etwas aufs Papier werfe, dass vielleicht aus all dem Stückwerk noch mal ein Ganzes wird. Aber ich darf mich vor mir selbst und vor den schwierigen Problemen nicht drücken; davor drücke ich mich auch nicht, sondern nur vor der Schwierigkeit des Aufschreibens. Es kommt mir alles so unbeholfen vor. Aber du suchst hier auf dem Papier ja nur nach Klarheit für dich selbst, du willst doch keine Meisterwerke produzieren? Du genierst dich noch vor dir selbst. Du traust dich nicht, dich hinzugeben, du traust dich nicht, die Dinge aus dir herauszulassen, denn du bist noch schrecklich gehemmt, und zwar deswegen, weil du dich nicht akzeptierst, so wie du bist.

Es ist schwierig, mit Gott und mit dem Unterleib in gleicher Weise zurechtzukommen. Mit diesem Gedanken beschäftigte ich mich ziemlich verzweifelt vor einiger Zeit an einem Musikabend, an dem Bach und S. beide zugegen waren. Es ist eine komplizierte Sache mit S. Er sitzt dort und strahlt viel Wärme und menschliche Herzlichkeit aus, der man sich ohne Hintergedanken überlässt. Aber zugleich sitzt dort ein großer Kerl mit einem ausdrucksvollen Kopf, mit großen, empfindsamen Händen, die er ab und zu nach einem ausstreckt, und mit Augen, die einen wirklich herzbewegend streicheln können. Unpersönlich streicheln, wohlverstanden. Er streichelt den Menschen, nicht die Frau. Und die Frau möchte doch als Frau gestreichelt werden und nicht als Mensch. So ergeht es mir zumindest ab und zu. Aber er stellt mich vor eine große Aufgabe, die hart erkämpft werden muss. Ich sei für ihn eine *Aufgabe,* hat er bei einer der ersten Begegnungen gesagt, aber das ist er auch für mich. Ich höre auf, mir wird immer elender zumute, während ich dieses schreibe, ein Anzeichen dafür, dass ich nicht genau wiedergeben kann, wie es eigentlich in mir aussieht.

Es geht nicht anders, ich werde meine Probleme lösen müssen. Dabei habe ich immer das Gefühl, dass ich damit, dass ich sie für mich selbst löse, sie auch für tausend andere Frauen löse. Und deshalb muss ich mich damit *auseinandersetzen.* Aber das Leben ist schon recht schwierig, vor allem wenn man die rechten Worte nicht finden kann.

Das ständige Bücherverschlingen von Kindheit an ist nichts weiter als Faulheit bei mir. Ich lasse andere formulieren, was ich selbst sagen müsste. Ich suche überall nach einer Bestätigung dafür, was in mir wühlt und arbeitet, aber ich müsste mir mit meinen eigenen Worten Klarheit verschaffen. Ich muss eine ganze Menge Faulheit und vor allem die Hemmungen und die Unsicherheit über Bord werfen, um auf die Dauer zu mir selbst zu finden. Und von mir selbst zu den andern. Ich muss Klarheit erlangen, und ich muss mich selbst akzeptieren. Alles ist so schwer in mir, und ich möchte so gern leicht sein. Ich nehme alles in mich auf, seit Jahren schon, in meinem Inneren häuft sich alles an, aber es muss doch irgendwann wieder heraus, sonst kommt es mir vor, als hätte ich umsonst gelebt oder ich hätte die Menschheit nur beraubt und ihr nichts zurückgegeben. Manchmal habe ich das Gefühl zu schmarotzen, daher oft auch die tiefe Niedergeschlagenheit und die Frage, ob ich eigentlich ein nützliches Leben führe. Vielleicht ist es meine Aufgabe, mich auseinanderzusetzen, mich gründlich auseinanderzusetzen mit allem, was mich bestürmt und quält, und was in mir nach Lösung und Formulierung schreit. Und das dürften nicht nur meine eigenen Probleme sein, sondern auch die Probleme von vielen anderen Menschen. Und wenn es mir am Ende eines langen Lebens gelingt, eine Form zu finden für das, was jetzt nur chaotisch in mir vorhanden ist, dann habe ich vielleicht meine eigene kleine Aufgabe erfüllt. Während ich dies schreibe, kommt irgendwo in meinem Unterbewusstsein ein ungutes Gefühl auf. Wegen der Wörter: »Lebensaufgabe«, »Menschheit« und »Lösung der Probleme«. Ich finde diese Wörter zu prätentiös und komme mir dabei vor wie eine einfältige, unbedeutende Jungfer, aber das rührt daher, dass ich nicht genügend Mut habe. Nein, Mädchen, du bist noch lang nicht so weit, ich sollte dir eigentlich verbieten, irgendeinen tiefsinnigen Philosophen auch nur anzurühren, ehe du dich selbst nicht ernster nimmst.

Ich glaube, ich werde doch zuerst die Melone kaufen gehen, die ich heute Abend den Nethes[10] vorsetzen will. Auch das gehört zum Leben.

Ich komme mir manchmal wie ein Abfalleimer vor, in mir ist so viel Verwirrung und Eitelkeit und Halbheit und Minderwertigkeit. Aber auch eine tiefe Ehrlichkeit und eine fast elementare Sehnsucht nach Reinheit und Harmonie zwischen dem Äußeren und dem Inneren. Manchmal sehne ich mich nach einer Klosterzelle mit der sublimierten Weisheit von Jahrhunderten auf den Bücherregalen an den Wänden und mit einer Aussicht auf Kornfelder – es müssen unbedingt Kornfelder sein, und sie müssen wogen –, dort möchte ich mich in die Jahrhunderte und in mich selbst versenken. Und mit der Zeit würden sich dann wohl auch Ruhe und Klarheit einfinden. Aber das ist keine Kunst.

---

[10] Spier wohnte im Haus der Familie Nethe in der Courbetstraat 27.

Hier, an diesem Ort, in dieser Welt und jetzt muss ich zu Klarheit und Ruhe und ins Gleichgewicht kommen. Ich muss mich selbst jedes Mal erneut der Realität stellen, mich auseinandersetzen mit allem, was mir auf meinem Weg begegnet, die Außenwelt als Nahrung meiner Innenwelt aufnehmen und umgekehrt, aber es ist so schrecklich mühsam; warum habe ich innerlich nur so ein beklommenes Gefühl. Jener Nachmittag in der Heide. Er mit seinem eindrucksvollen guten Kopf, in die Ferne starrend, und ich: *»Woran denken Sie jetzt?«* Und er: *»An die Dämonien, die die Menschheit quälen.«* (Das war, nachdem ich ihm erzählt hatte, dass Klaas seine Tochter halb totgeschlagen hatte, weil sie kein Gift für ihn mitgebracht hatte.) Er saß unter einem überhängenden Baum, mein Kopf lag in seinem Schoß, und dann sagte ich plötzlich, d. h., ich sagte es gar nicht, es brach plötzlich aus mir heraus: *»Und jetzt möchte ich so gern einen undämonischen Kuss bekommen.«* Und dann sagte er: *»Den müssen Sie sich dann selber holen.«* Darauf stand ich brüsk auf und wollte tun, als hätte ich nichts gesagt, aber auf einmal lagen wir in der Heide, Mund an Mund. Und danach fragte er: *»Das nennen Sie undämonisch?«* Aber was hat dieser Kuss für unsere Beziehung zu bedeuten? Er schwebt nur in der Luft. Er bringt mich dazu, nach dem ganzen Mann zu verlangen, und doch will ich den ganzen Mann nicht. Ich liebe ihn überhaupt nicht als Mann, das ist das Verrückte, oder ist das nur der verdammte Geltungsdrang, jemand besitzen zu wollen? Körperlich besitzen zu wollen, obwohl ich ihn geistig besitze, was ja viel wichtiger ist. Ist es die verdammte unhygienische Tradition, dass wenn zwei Menschen verschiedenen Geschlechtes in engen Kontakt zueinander geraten, sie zu einem gegebenen

Augenblick glauben, sich auch körperlich auf den Leib rücken zu müssen? Ich neige sehr dazu. Ich suche in einem Mann immer sofort die sexuellen Möglichkeiten in Bezug auf mich selbst. Ich glaube, das ist eine schlechte Gewohnheit, die ich ausrotten muss. Er ist darin wohl weiter fortgeschritten, und dennoch: er muss, was mich betrifft, auch gegen seine erotischen Anwandlungen kämpfen. Wir sind eine Aufgabe füreinander; manchmal erscheint es töricht, dass wir einander gleichsam absichtlich solche Schwierigkeiten machen, obwohl es doch so einfach sein könnte.

Die Melonen werden unterdessen wohl ausverkauft sein. Ich fühle mich innerlich angefault, in mir sitzt ein Kloß, und auch körperlich geht es mir abscheulich. Aber lass dir nichts weismachen, Mädchen, das ist nicht dein Körper, es ist dein gepeinigtes Seelchen, das in dir spukt.

Nach einer Weile werde ich wohl wieder schreiben: Wie ist das Leben doch schön, und wie glücklich bin ich doch, aber jetzt kann ich mir überhaupt nicht vorstellen, wie mir dann zumute sein wird.

Ich habe noch keine Grundmelodie. Es ist noch keine beständige Tiefenströmung vorhanden, die mich nährende innere Quelle versiegt immerzu, und außerdem denke ich zu viel.

Meine Ideen hängen noch immer an mir wie viel zu weite Kleider, in die ich noch hineinwachsen muss. Mein Geist läuft hinter meiner Intuition her, was natürlich auch wiederum gut ist. Aber deshalb muss mein Geist oder Verstand oder wie man das nennen will, sich oft so furchtbar anstrengen, um meine verschiedenen *Ahnungen* am Rockzipfel zu fassen. Allerlei unbestimmte Ideen verlangen dann und wann nach einer konkreten Formulierung, aber vielleicht sind sie dafür noch lange nicht reif genug. Ich muss mir weiterhin zuhören, in mich *hineinhorchen,* und dabei gut essen und schlafen, um mein Gleichgewicht zu bewahren, sonst ergibt das etwas Dostojewskiartiges, obwohl der Akzent in unserer Zeit wieder ganz woanders liegt.

Deventer, Freitagmorgen, Viertel nach 10. (…) Noch kein Brief von S., dem Schurken. Ich würde ihn gern mal dort in Wageningen sehen, in dem unordentlichen Haushalt mit den vielen frommen Töchtern.

Als ich herunterkam, waren Mutters erste Worte: »Ich fühle mich so elend.« Es ist sonderbar: Wenn Vater den kleinsten Seufzer tut, will mir das Herz schier brechen, aber wenn Mutter pathetisch verkündet: Ich fühle mich so elend, ich habe wieder kein Auge zugetan usw., dann berührt mich das innerlich nicht. Wenn ich früher spät aufstand, war ich völlig mutlos und dachte: Nun ja, der Tag ist ohnehin verloren, ich tue nichts mehr. Auch jetzt ist es ein unbehagliches Gefühl, als ob man etwas nicht mehr einholen könnte. Psychologisch könnte ich eine ganze Abhandlung darüber schreiben, aber ich nehme mir vor, jetzt nicht über »schwierige« Dinge zu schreiben, sondern erst dann, wenn sie einfacher geworden sind. Keine Ahnung, was ich heute tun soll. Ich kann in diesem Haus nicht arbeiten, ich habe keine Ecke für mich allein und kriege nicht den richtigen Dreh. Ich will versuchen, mich so gut wie möglich auszuruhen.

Klatschbase, Weibsstück, jammere doch nicht andauernd, ja, schwatze meinetwegen nur. So reagiere ich innerlich, wenn Mutter zu mir spricht. Mutter gehört zu den Leuten, die einem das Blut unter den Nägeln aussaugen können. Ich versuche sie objektiv zu sehen und sie ein wenig lieb zu haben, aber plötzlich denke ich dann wieder aus tiefster Überzeugung: Was bist du doch für ein lächerlicher und törichter Mensch. Das ist zwar hässlich von mir, ich brauche hier nicht zu leben, aber lasst mich leben, wie ich will. Ich unterbreche mein Leben so lange, bis ich wieder fort von hier bin. Hier fehlt mir jede Energie zu ernsthaftem Arbeiten, als ob einem hier jede Energie ausgesogen würde. Es ist jetzt 11 Uhr, und ich habe bloß auf der kalten Fensterbank vor dem unordentlichen Frühstückstisch herumgesessen und mir die pathetischen Aussprüche meiner Mutter über Buttermarken, ihre Gesundheit und dergleichen angehört. Und doch ist sie keine unbedeutende Frau. Das ist hier immer die Tragik. Man steckt bis zum Hals in ungelösten Problemen und rasch wechselnden Stimmungen, es herrscht ein chaotischer, trauriger Zustand, der sich im äußeren Chaos des Haushalts widerspiegelt. Und Mutter ist davon überzeugt, sie sei eine vortreffliche Hausfrau. Aber sie vergrault jeden mit ihren ewigen Haushaltssorgen. Hier bekomme ich immer einen schweren Kopf. Nun ja, also dann weiter. Das Leben in diesem Haus scheitert an Kleinigkeiten. Man wird von den Kleinigkeiten aufgefressen und kommt nicht zum Wesentlichen. Ich würde zur berufsmäßigen Melancholikerin, wenn ich länger hierbleiben müsste. Man kann auch nichts tun, weder helfen noch eingreifen. Hier ist alles so unbeständig. An dem Abend, als ich ein glühendes Referat über S. und seine Arbeit hielt, reagierten sie alle wunderbar, waren begeistert, voller Fantasie und Humor. Danach ging ich mit einem frohen Gefühl zu Bett und dachte: Eigentlich sind es doch nette Menschen. Aber am nächsten Tag gab es wieder nichts als

Skepsis und dumme Witze. Als ob sie ihrer Begeisterung vom Vorabend selber nicht mehr trauten. Und so wurstelt man halt weiter. Nun Etty, reiß dich zusammen. Die Bauchschmerzen stimmten mich natürlich auch nicht gerade heiter. Ich glaube, ich werde heute Nachmittag ein Stündchen schlafen und dann in die Bibliothek gehen, um den Dr. Pfister weiterzustudieren. Ich muss doch dankbar sein, dass ich die ganze Zeit für mich habe. Also nutze sie in Gottesnamen auch aus, du Kaffer. Und jetzt Schluss mit dem albernen Geschwätz.

Abends 11 Uhr. Allmählich glaube ich, dass eine wirklich ernsthafte Freundschaft entsteht. Das Wort Freundschaft in der ganzen Schwere seiner Bedeutung. Innerlich fühle ich mich sehr ernst. Es ist kein Ernst, der über der Wirklichkeit schwebt und der mir später wieder unnatürlich und übertrieben vorkommen wird. Ich glaube es zumindest nicht. Als sein Brief heute Nachmittag um 6 Uhr eintraf – ich kam gerade, vom Regen durchweicht, aus Gorssel zurück –, hatte ich überhaupt keine innere Beziehung zu dem Brief. Ich war todmüde, geistig wie körperlich, und wusste eigentlich nicht recht, was ich mit dem Brief anfangen sollte. Und dann habe ich mich auf mein Bett gelegt und die bekannte Handschrift noch einmal aufmerksam durchstudiert, wobei ich in mir ein starkes Gefühl der Zugehörigkeit für diesen Menschen empfand. Und ich fühlte, wie wichtig er für meine weitere geistige Entwicklung sein kann, wenn ich mich nur immer ernsthaft und ehrlich mit ihm, mit mir selbst und den vielen Problemen *auseinandersetze,* die in Verbindung mit dieser Beziehung immer wieder vor mir auftauchen. *Bedeutungsschwer.* Ich muss es wagen, ein Leben voll jener *»Bedeutungsschwere«* zu leben, die von mir gefordert wird, ohne dass ich mir selbst dabei wichtigtuerisch, sentimental oder unnatürlich vorkomme. Und ich darf ihn nicht als Ziel betrachten, sondern als Mittel, um weiter zu wachsen und zu reifen. Ich darf ihn nicht besitzen wollen. Es ist wahr, dass die Frau die Konkretheit des Körpers sucht und nicht die Abstraktion des Geistes. Der Schwerpunkt der Frau liegt in einem einzigen Mann, der Schwerpunkt des Mannes liegt in der Welt. Kann die Frau ihren Schwerpunkt verlagern, ohne sich selbst sozusagen zu vergewaltigen, ohne ihrem Wesen Gewalt anzutun? Diese und noch viele andere Fragen wurden durch seinen Brief wachgerufen, der sehr belebend auf mich wirkte.

Zu einem anderen Menschen stehen. Freundschaft will auch ein Ziel haben.

Hier im Hause das sonderbare Gemisch aus Barbarei und Hochkultur. Das geistige Kapital liegt zum Greifen nahe, aber es liegt ungenutzt und unbewacht da, unordentlich auf einen Haufen geworfen. Es ist deprimierend, tragikomisch, weiß der Himmel, was für ein verrückter Haushalt das ist, hier kann ein Mensch nicht gedeihen.

Es gelingt mir nicht, die alltäglichen Dinge aufzuschreiben. Aber darum geht es mir auch gar nicht.

Mittwoch. (…) Eine kaltblütige eiskalte Objektivität werde ich mit meiner Veranlagung natürlich nie erlangen. Dazu habe ich zu viel Gemüt. Aber mein Gemüt macht mich auch nicht mehr so kaputt wie früher. Daan ist aus einem Flugzeug gestürzt. Tag und Nacht sterben so viele lebhafte, vielversprechende junge Männer. Ich weiß nicht, wie ich mich verhalten soll. Das große Leid überall treibt einen dazu, sich zu schämen, dass man sich selbst mit all seinen Stimmungen so ernst nimmt. Aber man muss sich selbst weiterhin ernst nehmen, man muss selbst im Mittelpunkt bleiben und versuchen, mit allem, was in der Welt geschieht, fertigzuwerden. Man darf die Augen vor nichts verschließen, man muss sich mit dieser schrecklichen Zeit *auseinandersetzen* und versuchen, eine Antwort zu finden auf die vielen Fragen von Leben und Tod, die diese Zeit einem stellt. Und vielleicht findet man die Antwort auf einige dieser Fragen nicht nur für sich selbst, sondern auch für andere. Ich lebe nur einmal. Ich muss allem ins Auge blicken. Manchmal komme ich mir vor wie ein Pfahl in einer stürmischen See, an allen Seiten von den Wellen gepeitscht. Aber ich bleibe stehen und verwittere im Laufe der Jahre. Ich will alles voll erleben. Ich will die Chronistin für viele Dinge dieser Zeit sein (unten gibt es Mord und Totschlag, Vater brüllt: »Dann geh nur«, und schlägt die Türen zu; auch das muss verarbeitet werden, und jetzt beginne ich auch noch zu weinen, so objektiv bin ich also doch nicht; eigentlich kann man in diesem Haus gar nicht leben, also los, wieder weiter); ja, Chronistin, da war ich stehen geblieben. Ich beobachte an mir selber, dass sich neben all dem subjektiven Leid, das ich erfahre, eine gewisse objektive Neugier einstellt, ein leidenschaftliches Interesse für alles, was diese Welt, die Menschen und meine eigenen Seelenregungen betrifft. Ich glaube manchmal, darin besteht meine Aufgabe. Über alles, was um mich herum geschieht, muss ich mir in meinem Kopf Klarheit verschaffen und es später beschreiben. Armer Kopf und armes Herz, was werdet ihr noch alles verarbeiten müssen. Reicher Kopf und reiches Herz, denn ihr habt auch ein schönes Leben. Ich weine jetzt nicht mehr. Aber in meinem Kopf spannt es fürchterlich. Hier ist das Inferno. Ich müsste schon sehr gut schreiben können, wenn ich das zu Papier bringen wollte. Jedenfalls bin ich aus diesem Chaos hervorgegangen und habe die Aufgabe, mich selbst in eine höhere Ordnung einzufügen. S. nennt das »Bauen mit edlem Material«.

Oft wird man durch die schockierenden Ereignisse in seiner Umgebung so abgelenkt, dass man später nur mühsam den Weg zu sich selbst zurückfindet. Und doch ist das nötig. Man darf sich nicht aus einer Art Schuldgefühl in den Dingen um sich herum verlieren. Das Geschehen muss in dir Klarheit erlangen, du darfst nicht in den Dingen untergehen.

Ein Gedicht von Rilke ist ebenso reell und wichtig wie ein junger Mann, der aus einem Flugzeug stürzt, das lass dir nochmals mit Nachdruck gesagt sein. Alles das gibt es nun einmal in dieser Welt, und du darfst nicht das eine um des anderen willen verleugnen. Geh jetzt schlafen. Die vielen Widersprüche musst du akzeptieren, du möchtest zwar alles zu einer Ganzheit zusammenschmelzen und auf die eine oder andere Weise in deinem Geist vereinfachen, weil für dich das Leben dadurch einfacher würde. Aber das Leben besteht nun einmal aus Widersprüchlichkeiten, die alle zum Leben gehören und als solche akzeptiert werden müssen, wobei man dem einen nicht auf Kosten eines anderen einen höheren Wert beimessen darf. Lass einfach alles laufen, vielleicht wird doch noch ein Ganzes draus. Ich habe dir doch gesagt, du sollst schlafen gehen, anstatt Dinge aufzuschreiben, die du noch gar nicht formulieren kannst.

Abends 11 Uhr. So, endlich ein Augenblick der Ruhe, der Windstille. Ich brauche an nichts mehr zu denken. Das kann natürlich auch von den vier Aspirin-Tabletten kommen.

Aus einem Dialog zwischen Vater und mir während eines Spaziergangs am Singel:

Ich: »Ich bedaure jede Frau, die es mit Mischa[11] zu tun bekommt.« Vater: »Der Junge ist nun mal in Mode, was kann man da machen.«

23. August 1941, Samstagabend. Ich muss meine Stimmungen wieder einmal genau kontrollieren, es wird wieder zu schlimm. Und dass eine alberne Erkältung meine ganze Lebensanschauung wieder mal pechschwarz färbt, ist auch übertrieben. Wie war das denn nur? Donnerstagabend im Zug von Arnhem hierher war alles gut.

Draußen hinter den Abteilfenstern stieg die Nacht auf, still, weit und majestätisch. Drinnen im Bummelzug saßen viele Arbeiter, dichtgedrängt, beweglich, voller Leben. Und ich drückte mich in meine dämmrige Ecke, schaute mit dem rechten Auge in die stille Natur hinaus und mit dem linken beobachtete ich die ausdrucksvollen Köpfe und die lebhaften Gebärden der Menschen. Und ich fand alles gut, das Leben und die Menschen. Dann der lange Weg von der Amstelstation durch die fast ganz dunkle, wie verzauberte Stadt. Und während ich ging, hatte ich plötzlich das Gefühl, als sei ich nicht allein, sondern »zu zweit«. Ich war allein, und doch war mir, als bestünde ich aus zwei Personen, die sich innig aneinander schmiegten und sich wohltuend wärmten.

---

[11] Mischa ist ein Bruder von Etty, ein genialer Pianist.

Sehr enger Kontakt mit mir selbst und dadurch große Wärme in mir. Und völliges Selbstgenügen. Dabei unterhielt ich mich angeregt mit mir selbst und spazierte vergnügt die Amstelallee entlang, ganz in mich versunken. Und mit einer gewissen Genugtuung stellte ich fest, dass ich allein mit mir selbst in guter Gesellschaft bin und sehr gut mit mir auskomme. Auch am nächsten Tag blieb das Gefühl bestehen. Und als ich gestern Mittag den Käse für S. abholte und durch den schönen Stadtteil Zuid ging, kam ich mir wie ein alter, von einer Wolke umgebener Jude vor. Das Bild muss irgendwo in der Mythologie vorkommen: ein wandernder Jude, umgeben von einer Wolke. Es war die Wolke meiner eigenen Gedanken und Gefühle, die mich einhüllte und begleitete, und ich fühlte mich in der Wolke so warm und umschlossen und sicher. Und jetzt habe ich eine Erkältung im Kopf, und in mir gibt es nichts als das Gefühl von Unlust, Unbehaglichkeit und Widerwillen. Unbegreiflich ist der Widerwille gegen Menschen, die ich eigentlich sonst mag. Eine negative Einstellung gegen alles, Missfallen, Kritik. Es ist schon ziemlich sonderbar, dass all dies durch eine verstopfte Nase verursacht wird. Eigentlich ist das nichts für mich: der Widerwille gegen meine Mitmenschen. Wenn mir körperlich unbehaglich zumute ist, sollte ich meine Denkmaschine am besten abschalten, aber meist gerade dann beginnt sie besonders rasch zu arbeiten und bringt alles zu Tage, was sich überhaupt zu Tage bringen lässt. Jedenfalls wäre es vernünftig, jetzt ins Bett zu gehen, ich fühle mich wirklich etwas angegriffen. Möglicherweise ist es gut, wenn die Taten den Gedanken nicht entsprechen. Der Gedanke, dass Hans heute Abend nach Hause kommt, irritierte mich sehr. Sobald in mir der Widerwille gegen die Menschen ausbricht, ist er als Erster betroffen, vermutlich weil er zu meiner engsten Umgebung gehört. Mir grauste vor seinem Kommen, und ich erwartete, einen stinklangweiligen, trägen, verdrossenen Burschen anzutreffen. Und dann kam er herein, frisch und gesund nach dem Segelkurs, und plötzlich ertappte ich mich dabei, dass ich sehr lebhaft und vergnügt mit ihm redete, dass ich, freudig interessiert, sein sonnenverbranntes Gesicht mit den treuherzigen, etwas unsteten blauen Augen betrachtete und dann aufsprang, Suppe für ihn kochte, mich angeregt mit ihm unterhielt und ihn im Grunde doch sehr gern hatte, wie ich jedes Geschöpf Gottes gern habe. Ich glaube nicht, dass etwas Erzwungenes in meinem Verhalten war, sondern dass vielmehr die innere Gereiztheit für mich unnatürlich ist. Sie passt nicht recht zu mir. Also muss ich mich besser beherrschen. Was für heute Abend darin bestehen könnte, dass ich, wenn ich ohnehin weder arbeiten noch lesen kann, lieber schlafen gehe.

26. August, Dienstagabend. In mir gibt es einen ganz tiefen Brunnen. Und darin ist Gott. Manchmal ist er für mich erreichbar. Aber oft liegen Steine und Geröll auf dem Brunnen und dann ist Gott begraben. Dann muss er wieder ausgegraben werden. Ich stelle mir vor, dass es Menschen gibt, die beim Beten die Augen zum Himmel erheben. Sie suchen Gott außerhalb ihrer selbst. Es gibt auch andere, die den Kopf senken und in den Händen verbergen; ich glaube, diese Menschen suchen Gott in sich selbst.

4. September, Donnerstagabend, halb 11. Das Leben besteht aus Geschichten, die durch mich nacherzählt werden wollen. Ach, Unsinn. Ich weiß es eigentlich nicht. Ich bin wieder

einmal unglücklich. Und ich kann mir so schrecklich gut vorstellen, dass Menschen dem Trunk verfallen oder mit einem Wildfremden ins Bett gehen. Aber das ist nun mal nicht meine Sache. Ich muss nüchtern und mit klarem Kopf hindurch. Und allein. Nur gut, dass der Kerl heute Abend nicht zu Hause war. Sonst wäre ich wieder hingerannt. Hilf mir doch, ich bin so unglücklich, ich vergehe vor Kummer. Und von anderen fordere ich, dass sie allein mit ihrem Kram fertig werden. In sich *hineinhorchen.* Jawohl. Nun, und dann habe ich mich in der hintersten Zimmerecke auf den Boden gesetzt, mich in die Ecke zwischen zwei Wände geklemmt und den Kopf ganz tief hängen lassen. Ja, und da saß ich. Ganz still, sozusagen in der Nabelschau, und in frommer Erwartung, ob neue Kräfte in mir aufsprudeln würden. Aber mein Herz war wie zugeschüttet, nichts begann zu fließen, alle ableitenden Kanäle waren verschlammt, und mein Gehirn war in eine harte Zwinge geklemmt. Wenn ich so zusammengekauert dasitze, warte ich, bis etwas zu schmelzen beginnt und wieder ins Fließen gerät.

Es war eine zu schwere Belastung für mich, alle Briefe der *Freundin* zu lesen. Ich möchte ganz einfach sein, wie jener Mann heute Abend war, oder wie eine Wiese. Natürlich nehme ich mich selbst viel zu wichtig. An einem Tag wie heute bilde ich mir ein, dass niemand so schwer leidet wie ich. Wie wenn jemand im ganzen Körper Schmerzen hat und nicht ertragen kann, dass ein anderer ihn auch nur mit einem Finger berührt, so ähnlich ist es mit meiner Seele oder wie immer man das nennen will. Der kleinste Eindruck tut dann weh. Seele ohne Oberhaut, so ähnlich schrieb, glaube ich, Frau Romein einmal über Carry van Bruggen. Ich möchte sehr weit verreisen. Und jeden Tag andere Menschen sehen, die keinen Namen für mich haben dürfen. Manchmal kommt es mir vor, als würden die wenigen Menschen, mit denen ich sehr stark verbunden bin, mir die Aussicht versperren. Eine Aussicht worauf eigentlich? Etty, du bist ein Nichtsnutz und sehr gewissenlos. Durch eine Analyse könntest du vermutlich selbst am besten herausfinden, worauf die trübselige und unglückliche Stimmung, gepaart mit schweren Kopfschmerzen, zurückzuführen ist. Aber ach, dazu habe ich eigentlich keine Lust, dazu bin ich zu faul. Herr, lass mich ein wenig demütiger werden.

Bin ich zu intensiv beschäftigt? Ich will dieses Jahrhundert kennenlernen, von außen und von innen. Ich betaste das Jahrhundert, jeden Tag aufs Neue, mit meinen Fingerspitzen taste ich an den Konturen der Zeit entlang. Oder ist das nur eine Fiktion?

Und dann wiederum stürze ich mich immer aufs Neue in die Realität. Ich konfrontiere mich mit allem, was mir über den Weg läuft. Daher manchmal dieses bittere Gefühl. Es ist, als wollte ich mit Gewalt gegen alles anrennen, und dann gibt es Beulen und Schrammen. Aber ich bilde mir ein, dass es so sein muss. Ich habe manchmal ein Gefühl, als säße ich in einem höllischen Fegefeuer und würde zu etwas geschmiedet. Zu was? Das ist wiederum etwas Passives, ich muss es mit mir geschehen lassen. Aber dann auch immer wieder das Gefühl, als müssten alle Probleme dieser Zeit im Besonderen und der Menschheit im Allgemeinen ausgerechnet in meinem kleinen Kopf ausgetragen werden. Das ist etwas Aktives. Nun ja, das Schlimmste ist schon wieder vorbei. Ich bin wie ein vertrottelter Säufer um das Eisklubfeld gebummelt. Und habe dem ewigen Mond ganz verrückte Dinge gesagt. Der Mond ist auch nicht von gestern. Solche

Typen wie mich dürfte er schon öfter gesehen haben, er dürfte überhaupt so einiges gesehen haben. Nun gut. Mir ist ein schweres Leben beschieden. Manchmal habe ich gar keine Lust mehr dazu. Denn ich weiß im Voraus, wie alles kommen wird, und bin so müde, dass es gar nicht nötig wäre, alles in Wirklichkeit noch einmal zu erleben. Aber das Leben ist doch immer wieder stärker als ich, dann finde ich alles *»interessant«* und spannend, ich bin kampflustig und voller Ideen. Man muss seine *»Pausen haben wollen«*. Aber ich stecke wohl tief mitten in einer *»Pause«*, so scheint es mir zumindest. Und jetzt gute Nacht.

Dazu fällt mir etwas ein. Es ist möglich, dass ich mich selbst zu »wichtig nehme«, aber ich möchte auch, dass andere mich »wichtig« nehmen. S. zum Beispiel. Ich möchte, dass er weiß, wie sehr ich leide, aber gleichzeitig verheimliche ich es vor ihm. Sollte das etwas mit der Opposition zu tun haben, die ich so oft gegen ihn verspüre?

Freitagmorgen, 9 Uhr. Ich fühle mich wie jemand, der von einer schweren Krankheit genesen ist. Noch etwas schwindlig im Kopf und wackelig auf den Beinen. Gestern war mir sehr elend. Ich glaube, dass ich innerlich nicht einfach genug lebe. Mich zu sehr in *»Ausschweifungen«*, in Bacchanalien des Geistes verliere. Vielleicht identifiziere ich mich auch zu stark mit allem, was ich lese und studiere. Jemand wie Dostojewski macht mich immer noch irgendwie kaputt.

Ich muss wirklich einfacher werden. Mich mehr dem Leben überlassen. Nicht jetzt schon die Ergebnisse meines Lebens sehen wollen. Mein Heilmittel kenne ich jetzt. Ich brauche mich nur in einer Ecke auf den Boden zu hocken und zusammengekauert in mich hineinhorchen. Mit Denken komme ich ja doch nicht weiter. Denken ist eine schöne und stolze Beschäftigung beim Studieren, aber aus schwierigen Gemütszuständen kann man sich nicht »herausdenken«. Dazu muss man anders vorgehen. Man muss sich passiv verhalten und horchen. Wieder den Kontakt mit einem Stückchen Ewigkeit finden.

Wirklich einfacher und weniger überheblich werden, auch bei der Arbeit. Wenn ich einen einfachen Text aus dem Russischen übersetze, ersteht im Hintergrund meines Geistes das gesamte Russland, und ich glaube, ich müsste mindestens ein Buch wie »Die Brüder Karamasow« schreiben. Einerseits stelle ich vermutlich sehr hohe Anforderungen an mich selbst und halte mich in wirklich inspirierten Momenten für zu allerhand Dingen fähig, aber die Inspiration hält nicht ewig an, und in den alltäglicheren Augenblicken bekomme ich plötzlich Angst, niemals das verwirklichen zu können, was ich in den *»gesteigerten«* Momenten in mir fühle. Aber warum muss ich etwas verwirklichen? Ich brauche nur zu »sein«, zu leben und zu versuchen, ein wenig Mensch zu sein. Man kann nicht alles mit dem Verstand beherrschen, man muss auch die Quellen des Gefühls und der Intuition hie und da sprudeln lassen. Wissen ist Macht, das weiß ich, vielleicht strebe ich deshalb nach Wissen, aus einer Art Geltungsdrang. Das weiß ich nicht so recht. Aber Herr, gib mir lieber Weisheit statt Wissen. Oder besser gesagt, nur Wissen, das zur Weisheit führt, macht einen Menschen wie mich glücklich, nicht das Wissen, das Macht bedeutet. Ein bisschen Ruhe, viel Sanftmut und ein wenig Weisheit: wenn ich das in mir fühle, geht es mir gut. Deshalb war ich so verletzt, als die Bildhauerin Fri

Heil zu S. sagte, ich sähe aus wie eine Tatarin und zu meiner Vervollständigung fehle nur noch ein wildes Pferd, auf dem ich über die Steppe reiten könne. Ein Mensch weiß nicht viel von sich selbst. Hertha[12] schrieb in einem ihrer Briefe an S.: *Gestern hast du mir deine Hand aufgelegt.*

Die Realität ist für mich eigentlich überhaupt nicht real, und ich bringe deshalb keine Taten zustande, weil ich nie deren Wichtigkeit und Tragweite begreife. Eine einzige Zeile von Rilke ist für mich realer als ein Umzug oder dergleichen. Ich werde wohl mein ganzes Leben lang an einem Schreibtisch hocken. Und doch glaube ich nicht, dass ich eine verträumte Idiotin bin. Die Wirklichkeit interessiert mich zwar ungeheuer, aber nur vom Schreibtisch aus, nicht etwa um darin zu leben und zu handeln. Um Menschen und Ideen begreifen zu können, muss man auch die wirkliche Welt und die Hintergründe kennen, in denen alles lebt und gewachsen ist.

Dienstagmorgen, 9. September. Er ist der Motor für sehr viele Frauen. Henny[13] nennt ihn in einem ihrer Briefe: »Mein Mercedes, mein großer, lieber, guter Mercedes.« Über ihm wohnt die *»Kleine«*. Er sagt, wenn sie mit ihm ringe, sei sie wie eine große, vorsichtige Katze, die Angst habe, jemand weh zu tun. Am Freitagabend rief er Riet an, seine Stimme sang geradezu durchs Telefon zu dem 18-jährigen Kind. Und inzwischen streichelte er mit der rechten Hand mein Gesicht, und auf dem kleinen Tisch lag der Brief des Mädchens, das er später zur Frau nehmen will.

---

[12] Hertha ist Spiers Freundin in London.

[13] Henny ist Henny Tidemann, von Etty meist Tide genannt.

Die Worte: *»Du mein Liebes, Jul«*, lagen obenauf, und ich musste ständig hinschauen.

Ich bin so traurig, so wahnsinnig traurig in den letzten Tagen. Warum denn nur? Nicht ununterbrochen traurig, ich winde mich immer wieder heraus und falle dann immerzu wieder in die große Traurigkeit zurück.

Ich bin noch nie einem Menschen begegnet, der über so viel Liebe, Kraft und unerschüttertes Selbstvertrauen verfügt wie S. An jenem gewissen Freitagabend sagte er ungefähr: »Wenn ich meine ganze Liebe und Kraft auf einen Menschen losließe, würde ich ihn zugrunde richten.« Und manchmal habe ich das Gefühl, dass ich unter ihm verschüttet werde. Ich weiß nicht. Manchmal meine ich, ich müsste bis ans andere Ende der Welt laufen, um ihn loszuwerden, und weiß doch gleichzeitig, dass ich hier an diesem Ort bei ihm und mit ihm klarkommen muss. Und oft bereitet er mir überhaupt keine Probleme. Dann ist alles so gut, doch ein andermal, wie jetzt, habe ich das Gefühl, dass er mich krank macht. Woher kommt das eigentlich? Denn er ist ja nicht rätselhaft, und kompliziert ist er auch nicht. Liegt es daran, dass er die gewaltige Menge an Liebe, über die er verfügt, auf zahllose Menschen verteilt, während ich sie gern für mich allein haben möchte? Es gibt tatsächlich manchmal Augenblicke, in denen ich mir das wünsche. Ich möchte dann, dass seine Liebe sich zusammenzieht und sich ausschließlich auf mich konzentriert. Aber ist das nicht körperlich gedacht? Und zu persönlich? Ich weiß wirklich nicht, was ich mit dem Kerl anfangen soll.

Ich will versuchen, etwas von jenem Freitag festzuhalten. Damals hatte ich das Gefühl, mittendrin im Rätsel Mann zu stecken, oder besser gesagt, im Nichträtsel Mann.

An dem Abend schien es, als gäbe er mir den Schlüssel zum Geheimnis seiner Persönlichkeit. Und einige Tage lang war mir, als trüge ich ihn tief in meinem Herzen verschlossen mit mir herum und könnte ihn nie mehr verlieren. Warum bin ich dann jetzt so unsäglich traurig? Und habe gar keinen Kontakt mehr mit ihm und möchte ihn loswerden? Jetzt kommt es mir vor, als ob er zu viel für mich wäre. Wie war es doch an dem Freitag? Wenn er mir gegenüber in dem kleinen Stuhl sitzt, breit, sanft, mit einer Art überschwänglicher Sinnlichkeit und zugleich mit so viel menschlicher Güte, muss ich manchmal an einen römischen Kaiser im Privatleben denken. Warum, weiß ich nicht. Es liegt dann etwas Wollüstiges um seine Gestalt, aber zugleich eine so unendliche Wärme und Herzlichkeit, die sogar für eine Person zu viel ist, die solch einen gewaltigen Raum einnimmt. Warum muss ich dabei an einen Römer der Untergangszeit denken? Ich weiß es wahrhaftig nicht.

Die Magenschmerzen, die Niedergeschlagenheit, das geballte Gefühl im Inneren und das Gefühl, von einem schweren Gewicht erdrückt zu werden, sind vermutlich der Preis, den ich dann und wann für meine Gier bezahlen muss, alles über das Leben wissen zu wollen und alles zu erfahren. Manchmal wird mir das zu viel. In dem Test von Taco Kuiper über mich steht, ich sei jemand, der dem Leben alles abfordert, aber auch alles verarbeitet. Ich werde also auch das verarbeiten, die inneren Verkehrsstauungen gehören wohl notwendigerweise dazu, aber sie müssen doch auf ein Minimum beschränkt werden, sonst kann ich nicht vernünftig weiterleben. Als ich gestern nach Hause radelte, unsäglich traurig und bleischwer im Inneren, und die Flugzeuge über meinem

Kopf hörte, gab mir der plötzliche Einfall, dass eine Bombe meinem Leben ein Ende machen könnte, ein Gefühl der Erleichterung. Es geschieht öfter in letzter Zeit, dass es mir leichter scheint, nicht zu leben, als weiterzuleben.

Donnerstagmorgen, 9 Uhr. (…) Ja, wir Frauen, wir törichten, idiotischen, unlogischen Frauen, wir suchen das Paradies und das Absolute. Und doch weiß mein Verstand, mein vortrefflich funktionierender Verstand, dass es nichts Absolutes gibt, dass alles relativ und unendlich mannigfaltig ist und in ewiger Bewegung, und gerade deshalb so fesselnd und verführerisch, aber auch so überaus schmerzhaft. Wir Frauen wollen uns im Manne verewigen. Das heißt, ich will, dass er zu mir sagt: Liebste, du bist die Einzige, und ich werde dich ewig lieben. Das ist eine Fiktion. Aber solange er es nicht sagt, hat alles andere keinen Sinn, ist mir alles andere gleichgültig. Und das ist das Verrückte: Ich will ihn ja gar nicht, ich will ihn keineswegs als den Einzigen für immer und ewig, fordere es aber von ihm. Könnte es sein, dass ich, gerade weil ich selber nicht zu einer absoluten Liebe imstande bin, sie von einem anderen fordere? Und dann verlange ich nach immer gleicher Intensität, während ich doch weiß, nur zu gut von mir selber weiß, dass es sie nicht gibt. Aber sobald ich beim anderen ein zeitweiliges Nachlassen bemerke, ergreife ich die Flucht. Dazu gesellt sich natürlich noch ein Minderwertigkeitsgefühl, etwa von der Art: Wenn ich ihn nicht so fesseln kann, dass er unablässig Feuer und Flamme für mich ist, dann schon lieber gar nichts. Und das ist verteufelt unlogisch, ich muss mir das austreiben. Ich würde mir ja gar keinen Rat wissen, wenn jemand ständig Feuer und Flamme für mich wäre. Es würde mich belasten und langweilen und mir das Gefühl der Unfreiheit geben. O Etty, Etty.

Er sagte gestern Abend u. a.: »Ich glaube, dass ich eine ›*Vorstufe*‹ zu einer wirklich großen Liebe für dich bin. Es ist sonderbar, ich bin für viele Menschen eine ›*Vorstufe*‹ gewesen.«

Und obwohl das wohl so sein muss, schmerzt es mich doch irgendwie mächtig, und ich kann mich mit seinen Worten nicht abfinden. Ich glaube, ich begreife auch, warum. Meiner Meinung nach sollte er vor Eifersucht rasen bei dem Gedanken, dass es in meinem Leben eine andere große Liebe geben könnte. Das ist wieder die Forderung nach dem Absoluten. Er soll mich ewig und als Einzige lieben. Und doch ist das »Ewige« und »Einzige« eine Art Zwangsvorstellung. Ich bin in den letzten Tagen sehr sinnlich gestimmt. Gestern Abend überkam es mich wieder sehr stark. Und als er um 9 Uhr anrief: *»Haben Sie noch Lust zu kommen?«*, ging ich voller Freude, Sinnlichkeit und Hingabebereitschaft zu ihm. Aber das bildest du dir nur ein, Mädchen, dass es dir nur ums Sinnliche zu tun ist, es war nicht etwa so, dass wir einander sofort in die Arme stürzten, zuvor haben wir noch sehr intensiv über das hochinteressante und zwiespältige Thema von heute Mittag geredet. Und dann hänge ich an seinen Lippen und bin jedes Mal wieder erneut fasziniert von seinen sachlichen und klaren Formulierungen und habe das Gefühl, wahnsinnig viel zu lernen; eigentlich schenkt mir der geistige Kontakt weitaus mehr Befriedigung als der körperliche. Möglicherweise neige ich dazu, das Körperliche zu überschätzen, auch aufgrund der einen oder anderen Fiktion, dass dies ja so weiblich sei.

Ja, eigentlich sonderbar. Auch jetzt habe ich das Gefühl, ich möchte mich in seinen Armen verkriechen und nur noch Frau sein oder sogar noch weniger, nur noch ein Stück liebkostes Fleisch. Ich überschätze das Sinnliche zu sehr. Vor allem weil die Sinnlichkeit, die mich überkommt, jedes Mal nur eine Angelegenheit von wenigen Tagen ist. Aber da ich dann dieses bisschen Sinnlichkeit auf ein ganzes Leben projizieren will, überschattet sie den Rest. Ich möchte, dass mein Leben durch Sprüche geweiht würde wie: Du bist die Ewige und die Einzige. Vermutlich drücke ich mich beim Schreiben sehr undeutlich aus, aber die Hauptsache ist, dass ich das eine oder andere dabei loswerde. Das Sinnliche überschätze ich aus dem Grund: weil ich möchte, dass das bisschen Körperwärme, das zwei Menschen ab und zu beieinander suchen, weit über die alltägliche Bedeutung hinausgehoben wird durch überschwängliche Sprüche wie: Ich werde dich ewig lieben. Man muss die Dinge nun einmal belassen, wie sie sind, und sie nicht zu unmöglichen Höhen hinaufschrauben wollen; erst wenn man sie hinnimmt, wie sie wirklich sind, offenbaren sie ihren wirklichen Wert. Wenn man von etwas Absolutem ausgeht, das eigentlich nicht existiert und das man auch gar nicht will, kommt man nicht dazu, das Leben in seinen wahren Proportionen zu leben.

Abends 11 Uhr. So ein Tag ist eigentlich sehr lang, es geschieht viel. Im Augenblick sitze ich höchst zufrieden an meinem Schreibtisch. Meinen Kopf schwer in die linke Hand gestützt, fühle ich, wie sich wohltätige Ruhe in mir ausbreitet, ich bin tief in mir selbst versunken. Die Chirologie in Tides Zimmer war nett. Früher hätte ich so eine

Ansammlung von Frauen grässlich gefunden. Und dann war es urgemütlich, anregend, erfrischend, mit Birnen von Swiep,[14] Törtchen von Gera[15] und tiefsinniger Psychologie meinerseits. Und zum Schluss Tide über ihre Arbeit, unermüdlich, obwohl seit 5 Uhr morgens in den Sielen.

Über Wesentliches kann ich jetzt doch nicht schreiben, dazu wird im Zimmer zu viel geredet. Hans, Bernard und Papa Han lösen ein Puzzle. Früher hätte ich nie in einer Ecke sitzen und schreiben oder lesen können, wenn noch andere im Zimmer waren, es hätte mich zu sehr irritiert, aber jetzt bin ich so tief in mir selbst versunken, dass mich die anderen kaum stören, ich glaube, nicht einmal dann, wenn ich in einer Massenversammlung säße. Wenn ich ein »braves Mädchen« wäre, würde ich jetzt zu Bett gehen, in das jungfräuliche Bett in meinem kleinen Zimmer, aber der Drang nach Geselligkeit und auch die Gewohnheit, eine freundliche Gewohnheit, halten mich wieder einmal in diesem Bett zurück, dem »breiten Zufluchtsort der Liebe«, wie ich es einmal hochpathetisch genannt habe. Nun ja. Ich habe drei Aspirin genommen, bin vielleicht deshalb so angenehm betäubt. Morgen wieder ein enormes Programm. Der unglückliche Schizophrene in spe wird mich mit seinem *»fantastischen Vaterzwang«* morgen wieder gewaltig beschäftigen, dann den Brief für S. ausarbeiten, dann Russisch präparieren und eigentlich sollte ich noch Aleida Schot[16] anrufen. Und vor allem muss ich ausgeschlafen sein. Das Leben ist es wert, gelebt zu werden. Gott, ein wenig bist du doch bei mir.

---

[14] Swiep van Wermeskerken.

[15] Gera Bongers.

[16] Aleida Schot war eine namhafte Slavistin.

Samstag, abends. (...) Suarès über Stendhal:

Er hat starke Anfälle von Traurigkeit, zeigt sie seinen Freunden, verbirgt sie in seinen Büchern. Der Geist ist bei ihm die Maske der Leidenschaften. Er macht Bonmots, damit man ihn in Frieden mit seinen großen Gefühlen lasse –

Das ist deine Krankheit: Du willst das Leben mit deinen eigenen Formeln erfassen. Du willst alle Erscheinungen dieses Lebens mit deinem Geist umfassen, statt dich vom Leben umfassen zu lassen. Wie war es doch wieder? Den Kopf in den Himmel stecken, das geht, aber den Himmel in deinen Kopf stecken, das geht nicht. Du willst jedes Mal selbst die Welt neu erschaffen, statt die Welt zu genießen, wie sie ist. Darin steckt eine Art Tyrannei.

6. Oktober, Montagmorgen, 9 Uhr. Gestern mitten im Tag fiel ein Satz, der in mir hängen blieb. Ich fragte Henny: »Tide, hast du niemals heiraten wollen?« Und sie antwortete darauf: »Gott hat mir noch nie einen Mann geschickt.« Wenn ich diesen Ausspruch für mich und auf mich anwenden will, müsste es heißen: Wenn ich meiner eigenen, ursprünglichen Veranlagung gemäß leben will, darf ich wahrscheinlich nicht heiraten. Jedenfalls brauche ich mir darüber den Kopf nicht zu zerbrechen. Wenn ich nur ehrlich auf die Stimme in mir horche, dann weiß ich im gegebenen Augenblick, ob ein Mann »von Gott zu mir geschickt« ist oder nicht. Aber ich darf darüber nicht grübeln. Und auch nicht feilschen oder aufgrund von allerlei verdrehten Theorien dennoch eine Ehe eingehen. Ich muss Vertrauen haben und wissen, dass ich einen bestimmten Weg gehe, und darf nicht denken: Werde ich später nicht sehr einsam sein, wenn ich jetzt keinen Mann nehme? Werde ich

mein Brot selber verdienen können? Werde ich keine alte Jungfer werden? Was wird meine Umgebung sagen, wird sie mich bedauern, dass ich noch immer keinen Mann habe?

Gestern Abend sagte ich im Bett zu Han: »Glaubst du, dass jemand wie ich heiraten darf? Bin ich eigentlich eine richtige Frau?« Das Sexuelle ist bei mir doch nicht so wesentlich, auch wenn ich nach außen hin manchmal einen anderen Eindruck erwecke. Ist es nicht Betrug, die Männer mit diesem äußeren Eindruck anzulocken und ihnen dann doch nicht geben zu können, was sie erwarten? Im Grunde bin ich kein Urweib, zumindest nicht sexuell. Ich bin kein Weibchentier mehr, und das gibt mir manchmal ein Gefühl der Minderwertigkeit. Das Urkörperliche wird bei mir auf vielfache Weise durch einen Vergeistigungsprozess durchbrochen und abgeschwächt. Und manchmal scheint es, als würde ich mich gerade dieser Vergeistigung wegen schämen. Was urtümlich in mir ist, sind die menschlichen Gefühle, ich habe eine Art Urliebe und Urmitleid für die Menschen, für alle Menschen. Ich glaube nicht, dass ich für einen einzigen Mann tauge. Manchmal finde ich es sogar etwas kindisch, nur einen einzigen Menschen zu lieben. Ich könnte auch niemals nur einem einzigen Mann treu sein. Nicht der anderen Männer wegen, sondern weil ich selbst aus so vielen Menschen bestehe. Ich bin jetzt 27, und es kommt mir vor, als hätte ich genug geliebt und sei genügend geliebt worden. Ich fühle mich sehr alt. Es dürfte kein Zufall sein, dass der Mann, mit dem ich seit fünf Jahren ein Eheleben führe, so alt ist, dass für uns keine gemeinsame Zukunft möglich ist und dass mein bester Freund beabsichtigt, ein junges Mädchen in London zu heiraten. Ich glaube nicht, dass dies meine Sache wäre: ein einziger Mann und eine einzige Liebe. Aber ich habe eine starke erotische Veranlagung und ein großes Bedürfnis nach Liebkosungen und Zärtlichkeit. Und die sind mir auch immer zuteilgeworden. Ich merke, dass ich es doch nicht so aufschreiben kann, wie ich heute Nacht und heute Morgen fühlte.

»Gott hat mir nie einen Mann geschickt.«

Meine innere Intuition hat mich noch nie »ja« sagen lassen zu einem Mann fürs Leben, und die innere Stimme muss mein Leitfaden sein, bei allem, aber vor allem in diesen Angelegenheiten. Ich meine damit, dass eine gewisse Ruhe in mir vorhanden sein muss wie auch das sichere Wissen, das sich auf meiner inneren Stimme gründet, einen eigenen Weg zu gehen. Und nicht etwa nur aus dem Grund nicht heiraten, weil man so wenig glückliche Ehen sieht, das wäre auch eine Art Opposition und Angst und Mangel an Vertrauen. Sondern auf die Ehe verzichten, weil man weiß, dass es nicht der eigene Weg ist. Sich dann aber nicht trösten mit der hämischen Bemerkung, die man allenthalben von unverheirateten Jungfern hört: Das sind ja schöne Sachen, die man auf dem Gebiet der Ehe überall sieht. Ich glaube zwar an glückliche Ehen und wäre vielleicht auch imstande, eine solche zu führen. Aber lass lieber kommen, was da kommen will, stelle keine Theorien darüber auf, frage dich nicht, was wohl das Beste für dich wäre, rechne nicht mit diesen Dingen, wenn »Gott dir einen Mann schickt«, ist es gut, sonst wirst du eben einen anderen Weg gehen müssen. Aber sei dann hinterher nicht verbittert, und sage nicht später: Ich hätte damals dies oder jenes tun sollen. So etwas darf man nachher nie sagen, und deshalb musst du jetzt gut in dein ureigenes Wesen hineinhorchen und darfst dich nicht immer verwirren lassen durch das, was die Menschen um dich herum sagen. Und jetzt an die Arbeit.

Montagmorgen, 20. Oktober. Sie aßen sich träge und satt und klebten immer fester an dieser festen Erde. Das nach einem Frühstück aus einem Butterbrot mit Tomaten, einem weiteren mit Apfelsirup und drei Tassen Tee mit echtem Zucker. In mir besteht eine Neigung zur Askese, mich Hunger und Durst, Kälte und Hitze auszusetzen. Ich weiß nicht, woher diese Romantik stammt, denn sobald es ein bisschen kälter wird, möchte ich am liebsten ins Bett kriechen und nicht mehr aufstehen.

Gestern Abend sagte ich zu S., dass die vielen Bücher sehr gefährlich für mich sind, manchmal jedenfalls. Dass sie mich faul und passiv machen, sodass ich nur noch lesen möchte. Ich erinnere mich nur an ein Wort von dem, was er erwiderte: »degenerierend«.

Manchmal kostet es mich viel Kraftaufwand, um das Gerüst des Tages aufzubauen: aufstehen, waschen, Gymnastik, Strümpfe ohne Löcher anziehen, den Tisch decken, kurzum mich wieder *»zurechtfinden«* im täglichen Leben, sodass kaum noch Kraft für anderes übrig bleibt. Wenn ich wie jeder andere Bürger rechtzeitig aufgestanden bin, habe ich das stolze Gefühl, Wunder was geleistet zu haben. Und doch ist für mich das Allernötigste: die äußere Disziplin, solange die innere noch nicht in Ordnung ist. Wenn ich morgens eine Stunde länger schlafe, bedeutet das für mich nicht, dass ich ausgeschlafen bin, sondern dass ich mit dem Leben nicht zurechtkomme und versage.

Ich trage eine kleine Melodie in mir herum, die manchmal danach verlangt, dass ich sie in meine eigenen Worte kleide. Aber Hemmungen, Mangel an Selbstvertrauen, Faulheit und ich weiß nicht, was noch alles hindern mich daran, und so bleibt sie in mir stecken und spukt in mir herum. Manchmal höhlt sie mich inwendig aus. Und dann wiederum erfüllt sie mich mit ganz leiser, wehmütiger Musik.

Manchmal möchte ich mich mit allem, was in mir steckt, in Worte flüchten, ein Unterdach aus wenigen Wörtern suchen für das, was in mir ist. Aber es gibt noch keine Wörter, die mich beherbergen wollen. Ja, daran liegt es wohl. Ich bin auf der Suche nach einer Unterkunft für mich, aber das Haus, in dem ich unterkommen will, muss ich Stein für Stein selber aufbauen. Und so sucht jedermann nach einem Haus, einem Zufluchtsort für sich. Und ich suche immer nach ein paar Wörtern.

Manchmal habe ich das Gefühl, als ob jedes Wort, das gesprochen wird, jede Gebärde, die ausgeführt wird, das große Missverständnis nur vergrößert. Dann möchte ich in tiefes Schweigen versinken und auch allen anderen Menschen Schweigen auferlegen. Ja, jedes Wort macht oft das Missverständnis auf dieser viel zu geschäftigen Erde nur noch größer.

Tu, was deine Hand zu tun findet, und denke nicht voraus. Also machen wir jetzt das Bett und bringen dann die Tassen in die Küche, und danach sehen wir weiter. Tide bekommt noch heute die Sonnenblumen, dem Backfisch muss ich die russische Aussprache beibringen, und die Arbeit über die Schizoiden, die weit über mein psychologisches Verständnis geht, muss fertiggemacht werden. Tu, was deine Hand und dein Geist zu tun finden, tauche unter in jeder Stunde und verschwende nicht dein Denken, deine Ängste und Sorgen an die kommenden Stunden. Ich muss mich mal wieder um deine Erziehung kümmern.

21. Oktober, nach dem Essen. Es ist ein langsamer und schmerzlicher Prozess, zur wirklichen, inneren Selbstständigkeit geboren zu werden. Mit immer größerer Sicherheit zu wissen, dass es nie und nimmer Hilfe, Unterstützung und Zuflucht bei anderen für dich gibt. Dass die anderen genauso unsicher, schwach und hilflos sind wie du selbst. Dass du immer der Stärkere sein musst. Ich glaube nicht, dass es in deiner Art liegt, bei anderen Zuflucht zu finden. Du wirst immer wieder auf dich selbst gestellt sein. Es gibt nichts anderes. Das Übrige ist Fiktion. Aber dies jedes Mal wieder von Neuem erkennen zu müssen. Vor allem als Frau. Es besteht doch immer der Drang in dir, dich in dem anderen, dem Einzigen zu verlieren. Aber auch das ist eine Fiktion, wenn auch eine schöne. Es gibt kein gemeinsames Verlaufen zweier Leben. Zumindest nicht für meines. Höchstens für einzelne Augenblicke. Aber rechtfertigen solche einzelnen Augenblicke das Zusammenbleiben für ein ganzes Leben? Können die paar Augenblicke ein gemeinsames Leben zusammenhalten? Dennoch ein starkes Gefühl. Und manchmal ein glückliches. Allein. Gott. Aber hart. Denn die Welt bleibt unwirtlich. Mein Herz klopft wild, aber niemals nur für einen Menschen. Für alle Menschen. Ich glaube, mein Herz ist sehr reich. Und früher meinte ich immer, es einem Menschen geben zu können. Aber das geht nicht. Und wenn man in seinem 27. Lebensjahr zu solchen bitteren »Wahrhei-

ten« gelangt, überkommt einen oft ein verzweifeltes und einsames und ängstliches Gefühl, aber andererseits auch wieder ein Gefühl des Stolzes und der Unabhängigkeit. Ich bin mir selber anvertraut und muss mit mir selber ins Reine kommen. Der einzige Maßstab, den du hast, bist du selbst. Ich wiederhole es immer wieder. Und die einzige Verantwortung, die du in deinem Leben übernehmen kannst, ist die Verantwortung für dich selbst. Aber das musst du dann auch voll und ganz tun. Und jetzt S. anrufen.

Mittwochmorgen, 8 Uhr. O Herr, gib mir am frühen Morgen etwas weniger Gedanken und etwas mehr kaltes Wasser und Gymnastik. Das Leben lässt sich nicht in ein paar Formeln fassen. Denn damit ist man letzten Endes immer beschäftigt, und das gibt einem zu viel zu denken. Man versucht das Leben in einigen Formeln einzufangen, aber das geht nicht, es ist unendlich vielfältig und nicht zu fassen und nicht zu vereinfachen. Aber man könnte selbst trotzdem noch einfach sein …

Donnerstagmorgen. Närrin, die du bist! Hör auf zu grübeln! Dich lebensgroß mit einem Wort umreißen, in farbige, weite Wörter kleiden. Aber die Wörter werden dich nie ganz umfassen. Gottes Welt und Himmel sind doch so weit. Etwa nicht weit genug? Wieder zurück ins Dunkel wollen, in den Mutterschoß, ins Kollektive. Selbstständig werden, die eigene Form finden, das Chaos besiegen. Dazwischen werde ich hin und her gerissen.

24. Oktober. Morgens Levi. Man darf sich gegenseitig nicht mit seiner schlechten Laune anstecken. Heute Abend neue Verordnung für Juden. Ich habe mir gestattet, deswegen

eine halbe Stunde lang niedergeschlagen und unruhig zu sein. Früher hätte ich mich damit getröstet, einen Roman zu lesen und die Arbeit liegen zu lassen. Jetzt die Analyse von Mischa ausarbeiten. Es ist viel zu wichtig, dass er am Telefon so gut reagierte. Man darf nicht zu optimistisch sein, aber er verdient, dass man ihm hilft. Solange man durch das kleinste Türchen Zugang zu ihm findet, muss man es ausnutzen. Vielleicht hilft ihm das später im Leben weiter. Man darf nicht immer großartige Ergebnisse erwarten, man muss an die kleinen glauben. Schon zwei Tage lang nur gearbeitet und mich nicht in meine eigenen Stimmungen vertieft.

Braves Mädchen, jawohl!

»Ich hänge so an diesem Leben.«

Was verstehst du unter diesem »Leben«? Das bequeme Leben, das du zurzeit führst? Ob du wirklich am nackten, am splitternackten Leben hängst, gleich in welcher Gestalt es sich dir darbietet, wird sich erst im Laufe der Jahre erweisen. Du verfügst über genügend Kräfte. Und auch etwas von der Art ist in dir: »Ob man das Leben lachend oder weinend verbringt, es ist doch immer nur ein Leben.« Aber das ist nicht alles. Es ist mit westlicher Dynamik vermischt, das empfinde ich hin und wieder sehr stark: Du bist kerngesund, du bist damit beschäftigt, zu dir selbst heranzuwachsen, dir ein eigenes Fundament zu legen. Und jetzt an die Arbeit.

Nach einem Gespräch mit Jaap:[17] Wir werfen einander ab und zu mal Bruchstücke von uns selbst zu, aber ich glaube nicht, dass wir einander verstehen.

---

[17] Vermutlich ihr Bruder Jaap.

Donnerstagmorgen. Lebensangst auf der ganzen Linie. Völlige Niedergeschlagenheit. Mangel an Selbstvertrauen. Abscheu. Angst.

11. November, morgens. Es scheint, als wären wieder sehr viele Wochen vergangen und als hätte ich entsetzlich viel erlebt, und doch findet man sich an einem gewissen Augenblick wieder vor dasselbe Problem gestellt: den Drang, die Fiktion oder Fantasie oder wie immer man es nennen will, einen Menschen ein ganzes Leben lang besitzen zu wollen, in seinem Inneren in tausend Stücke zerbrechen zu müssen. Die Absolutheit in dir muss zu Staub zerrieben werden. Und nicht glauben, der Mensch würde dadurch ärmer, im Gegenteil, er wird reicher. Auch schwieriger, vielfältiger. Sich mit dem Auf und Ab in einer Beziehung abzufinden und es als positiv betrachten und nicht als etwas Trauriges. Einen anderen nicht besitzen zu wollen bedeutet noch nicht, ihn im Stich zu lassen. Dem anderen völlige Freiheit lassen, auch innerlich, bedeutet keineswegs Resignation. Allmählich verstehe ich meine Leidenschaftlichkeit in meinem Verhältnis zu Max.[18] Aus Verzweiflung darüber, dass man den anderen letzten Endes doch immer als unerreichbar empfindet, wird man immer mehr aufgepeitscht. Aber wahrscheinlich versucht man den anderen auf die falsche Art zu erreichen. Zu absolut. Und das Absolute gibt es nicht. Ich weiß sehr gut, dass das Leben und die menschlichen Beziehungen unendlich vielfältig sind und dass das Absolute oder Objektive nirgends Gültigkeit erlangt, aber dieses Wissen muss aus deinem Kopf auch in dein Blut, in

[18] Max Geiger, aus Bern gebürtig.

dich selbst übergehen, du musst es auch leben. Und hierauf komme ich immer wieder zurück: man muss sich ein Leben lang darin üben, dass man das Dasein nicht nur aufgrund seiner Weltanschauung bejaht, sondern auch seinen Gefühlen gemäß lebt; darin besteht vermutlich die einzige Möglichkeit, ein Gefühl von Harmonie zu erlangen.

21. November. Es ist interessant, dass ich in letzter Zeit voller Schöpfungsdrang bin und bogenweise schreiben möchte, eine Novelle: Das Mädchen, das nicht knien konnte oder dergleichen, über die kleine Frau Levi, die mich beschäftigt, und über vieles, vieles andere mehr, aber als ich dies niederschreibe, springe ich plötzlich wie von einer Viper gestochen von der blauen Divandecke hoch mit einer problematischen Frage, ja, einem Problem sogar. Während ich ohnehin voller Probleme über Ethik und Wahrheit und sogar Gott stecke, taucht plötzlich noch das »Problem des Essens« auf. Also vielleicht doch ein Anlass für eine Analyse. Gelegentlich, wenn auch nicht mehr so oft wie früher, verderbe ich mir den Magen, einfach weil ich zu viel esse. Also durch Unbeherrschtheit. Ich weiß zwar, dass ich aufpassen muss, und trotzdem überfällt mich plötzlich eine Gier, gegen die kein Argumentieren hilft. Ich weiß auch, dass ich das bisschen Genuss oder was auch immer der eine Bissen zu viel sein mag, schwer büßen muss, und dennoch kann ich nicht aufhören. Mir wird plötzlich klar, dass dieses Essproblem aufschlussreich sein könnte. Es ist letzten Endes nur ein Symbol. Auch in meinem geistigen Leben gibt es vermutlich eine solche Gier. Ich will unmäßig viel verschlingen, was dann hin und wieder zu schweren Verdauungsstörungen führt. Irgendwo muss ein Grund dafür

vorhanden sein. Vielleicht hängt es mit meiner lieben Mama zusammen. Mutter redet immer vom Essen, für sie gibt es nichts anderes. »Komm, iss noch was. Du hast noch nicht genug gegessen. Du bist so mager geworden.« Ich erinnere mich, wie ich vor Jahren auf einer Hausfrauenveranstaltung meiner Mutter beim Essen zusah. Ich saß auf dem Balkon des kleinen Kinosaales in Deventer. Mutter saß mitten unter vielen anderen Hausfrauen an einem langen Tisch. Sie trug ein blaues Kleid. Und sie aß. Sie ging völlig darin auf. Sie aß mit Gier und Hingabe. So wie sie dort saß, als ich sie oben vom Balkon plötzlich erblickte, hatte sie etwas an sich, das mich fürchterlich aufregte. Ich fand es abstoßend, wie sie dort unten saß, und gleichzeitig hatte ich irrsinniges Mitleid mit ihr. Ich konnte es mir nicht erklären.

Etwas war in dieser Gier, als hätte sie Angst, im Leben irgendwie zu kurz zu kommen. Es war etwas erschreckend Klägliches und tierisch Abstoßendes an ihr. So kam es mir vor. In Wirklichkeit war sie eine Hausfrau in einem blauen Spitzenkleid, die ihre Suppe aß. Aber wenn ich verstehen könnte, was alles in mir vorging, während ich sie beobachtete, würde ich viel von meiner Mutter verstehen. Diese Angst, im Leben zu kurz zu kommen, und wegen dieser Angst kommt man dann erst recht überall zu kurz. Kommt man an das Wesentliche nicht heran.

Psychologisch könnte man es möglicherweise so formulieren – hört mal den blutigen Laien: Ich habe meine Opposition gegen meine Mutter noch immer nicht aufgegeben, und deshalb tue ich die Dinge, die ich an ihr verabscheue, in genau derselben Weise wie sie. Ich gehöre schließlich nicht zu den Menschen, denen viel am Essen liegt, obwohl es seine geselligen und angenehmen Seiten hat. Aber darum geht es nicht. Dass ich mir mit Wissen und Willen, oder besser gesagt, gegen mein besseres Wissen jedes Mal wieder den Magen verderbe, dahinter steckt etwas. Damit zusammen hängt natürlich auch meine große Sehnsucht nach Askese, nach einem Klosterleben mit Roggenbrot, klarem Wasser und Früchten.

Man kann Lebenshunger haben. Aber mit Lebensgier verfehlt man sein Ziel. Nun ja, tiefsinnige Geschichten kannst du später noch genug erzählen.

Aber interessant ist es immerhin, dass, während eine Lebensdepression in mir herumspukt, die sich noch immer nicht zu äußern vermag, ich mich plötzlich gezwungen fühlte, meinem Magen und dem, was sich dahinter verbirgt, einige Worte zu widmen.

Schuld daran sind natürlich auch die jüngsten Gespräche mit S. über die Vor- und Nachteile der Analyse. Den Anlass dazu gab das Gespräch mit Münsterberg. S. wirft den Analytikern ihren Mangel an Menschenliebe vor. Ihr sachliches Interesse.

»Man kann keine gestörten Menschen ohne Liebe heilen.« Und doch könnte ich mir vorstellen, dass man an ein solches Problem rein sachlich herangehen kann. Dass eine Analyse jeden Tag eine Stunde kostet, manchmal Jahre hindurch, findet S. gleichfalls schlimm. Er meint, der Mensch werde eigentlich dadurch für die Gesellschaft ungeeignet. Ich schreibe dies natürlich hier sehr krass und undifferenziert. Ich habe jetzt keine Zeit und eigentlich auch keine Lust mehr, damit weiterzumachen. Es ist ein so schwieriges Gebiet und ich bin so ein blutiger Laie. Dennoch lassen diese

Dinge mich nicht los, und ich werde mich wohl irgendwann in ihnen zurechtfinden. Was gibt es doch für viele dornige Pfade, die ich gehen muss! Und ich muss überall durch, und nur ich allein bin der Maßstab für mich selbst, ich muss alles selbst herausbekommen und selbst meine eigenen Formulierungen und meine eigenen kleinen Wahrheiten finden. Manchmal verwünsche ich die schöpferischen Kräfte in mir, die mich zu weiß Gott welchen Dingen antreiben, aber zuweilen erfüllt mich auch große Dankbarkeit, fast schon Ekstase. Und diese Höhepunkte der Dankbarkeit dafür, so voller Leben sein zu dürfen und für die Möglichkeit, die Dinge allmählich begreifen zu können, wenn auch auf meine Weise, lassen mir jedes Mal wieder das Leben der Mühe wert erscheinen, sie werden immer wieder zu den Pfeilern, auf denen sich mein Leben stützt. Aber jetzt scheint wieder alles schiefzugehen. Vielleicht hat es damit etwas zu tun, dass Mischa wieder in der Stadt ist. Ich weiß es wirklich nicht. *Ach, lieber Gott, es gibt so vieles.*

Samstagmorgen. Ich hoffe, habe aber auch Angst davor, dass in meinem Leben einmal eine Zeit kommen wird, in der ich ganz mit mir allein und einem Stück Papier bin. In der ich nichts anderes tue als schreiben. Ich wage es noch nicht. Ich weiß nicht, wie das kommt. Damals am Mittwoch mit S. im Konzert. Wenn ich viele Menschen beieinander sehe, möchte ich einen Roman schreiben. In der Pause hatte ich das Bedürfnis nach einem Stück Papier, um etwas aufzuschreiben. Ich wusste selbst nicht, was. Eigene Gedanken weiterspinnen. Stattdessen diktierte S. mir etwas über einen Patienten. An sich recht spannend. Und auch bizarr. Aber ich musste mich selbst wieder beiseiteschieben.

Rechenschaft geben über sich selbst. Das Bedürfnis, immer schreiben zu müssen und doch nicht aus sich herausgehen zu können. Ich schiebe vermutlich zu viel von mir selbst beiseite. Manchmal glaube ich, dass ich zu den stärkeren Persönlichkeiten gehöre, aber nach außen zeige ich immer Interesse, ewige Freundlichkeit und Güte, die oft auf Kosten meiner selbst geht. Die Theorie besagt: Ein Mensch muss sich so sozial verhalten, dass ein anderer nicht unter seinen Stimmungen leidet. Aber das hat nichts mit Stimmungen zu tun. Indem ich viel von mir selbst unterdrücke, werde ich wieder in anderer Hinsicht unsozial, weil ich dann nämlich tagelang für niemand zu sprechen bin.

In mir ist irgendeine Wehmut, eine Zärtlichkeit und auch etwas Weisheit, die nach einer Form suchen. Dann und wann ziehen Dialoge durch meinen Kopf. Bilder und Figuren. Stimmungen. Der plötzliche Durchbruch zu etwas, das meine eigene Wahrheit werden soll. Menschenliebe, um die ich kämpfen muss. Nicht in der Politik oder in einer Partei, sondern in mir selbst. Aber noch falsche Scham, sich darüber zu äußern. Und Gott. Das Mädchen, das nicht knien konnte und es dann doch lernte auf einer rauen Kokosmatte in einem unordentlichen Badezimmer.

Aber diese Dinge sind fast noch intimer als die sexuellen. Den Vorgang in mir, wie das Mädchen knien lernte, möchte ich in all seinen Abstufungen schildern.

Das ist Unsinn. Natürlich habe ich zum Schreiben genug Zeit. Vermutlich mehr als jemand anders. Es liegt an der inneren Unsicherheit. Warum eigentlich? Weil du meinst, du müsstest geniale Dinge sagen? Weil du doch nicht sagen kannst, worum es wirklich geht? Das gelingt nur stufenweise. Das *»Stehen zu sich«*. S. hat wohl immer recht. Ich habe ihn so lieb und bin zugleich randvoll Opposition gegen ihn. Und diese Opposition hängt mit tieferen Dingen zusammen, zu denen ich selbst überhaupt keinen Zugang habe.

Sonntagmorgen, 10 Uhr. Interessant, der Zusammenhang zwischen gewissen Stimmungen und der Menstruation. Gestern Abend eine ausgesprochen »gesteigerte« Stimmung. Und heute Nacht auf einmal, als ob sich mein ganzer Blutkreislauf geändert hätte. Ein völlig anderes Lebensgefühl. Du weißt nicht, was los ist, und plötzlich erkennst du: Es ist die bevorstehende Menstruation. Ich habe bisweilen gedacht: Ich will sowieso keine Kinder, wozu dann dieses sinnlose monatliche Theater, das so viel Beschwerden macht. Und in meiner Sucht nach Bequemlichkeit überlegte ich einen unbesonnenen Moment lang, ob die Gebärmutter nicht raus könnte. Aber man muss sich nun einmal selbst so hinnehmen, wie man geschaffen ist, und darf nicht sagen, es sei nur lästig. Es ist eine mysteriöse Sache um die Wechselwirkung zwischen Körper und Seele. Die sehr merkwürdig verträumten und doch wieder erleuchteten Stimmungen von gestern Abend und heute Morgen sind eine Folge der Veränderung in meinem Körper.

Den neulich aufgetauchten »Esskomplex« beantwortete ich heute Nacht mit einem Traum. Zunächst glaubte ich, es sei ein allzu deutliches Traumfragment, aber wenn ich es aufschreiben will, entzieht es sich mir. Mehrere Menschen an einem Tisch, darunter ich, und S. am oberen Ende. Er sagte etwas wie: »Warum machst du keine Besuche bei anderen Leuten?« Ich: »Ja, das ist so schwierig mit dem Essen.« Und dann sah er mich plötzlich mit seinem eigenartigen Gesicht an, mit einem Ausdruck, den zu schildern ich ein ganzes Leben brauchen werde und den er bekommt, wenn er ärgerlich ist, und der meiner Meinung nach der stärkste Ausdruck in seinem Gesicht überhaupt ist. Ich las aus seinem Gesicht etwas wie: So bist du also, ist denn das Essen so wichtig für dich. Und ich hatte plötzlich das Gefühl: Jetzt hat er mich durchschaut, jetzt weiß er genau, wie materialistisch ich bin. Ich habe den Traum nicht gut wiedergegeben, er lässt sich nicht erklären. Sehr stark in mir plötzlich die Empfindung: Jetzt hat er mich durchschaut, jetzt sieht er, wie ich wirklich bin. Und das Erschrecken darüber.

Die *»verklärte«* Weite dieser Nacht wirkt noch etwas nach. Ruhe und wieder Raum für alles. Ein wenig Verliebtheit und noch mehr Zuneigung für Han. Und keine Opposition gegen S. Auch nicht gegen die Arbeit. Ich werde trotz allem meinen eigenen Weg gehen. So ein kleiner Umweg ist nicht schlimm. Wozu sich abhetzen? »Ihr Leben reifte allmählich zur Erfüllung.« So ein Gefühl manchmal. Wäre es nur wahr. Der ganze weite, endlose Tag gehört mir. Ich gleite ganz langsam in diesen Tag hinein, ohne Verkrampfung, ohne Hast. Dankbarkeit, sehr bewusste, starke Dankbarkeit plötzlich für dieses große, helle Zimmer mit dem breiten Diwan, den Schreibtisch mit den Büchern, den stillen, alten und doch auch wiederum sehr jungen Mann. Und im Hintergrund der Freund mit dem schweren guten Mund, der keine Geheimnisse vor mir hat und manchmal dennoch unerwartet so geheimnisvoll sein kann. Aber am meisten Dankbarkeit für die Klarheit und Ruhe und auch das Vertrauen in mich selbst. Als ob ich in einem dichten Wald plötzlich zu einer Lichtung gelangt wäre, wo ich mich auf den Rücken lege, um in den weiten Himmel hinaufzuschauen. Nach einer Stunde kann es wieder anders sein, das weiß ich. Vor allem in diesem prekären Zustand mit dem rebellischen Unterleib.

Dienstagmorgen, halb 10. Etwas vollzieht sich in mir, und ich weiß nicht, ob es nur eine Stimmung ist oder etwas Wesentliches. Es ist, als ob ich mit einem Ruck zu meiner eigenen Basis zurückgekehrt wäre. Ein bisschen selbstständiger und unabhängiger. Gestern Abend auf dem Rad durch die kalte, dunkle Lairessestraat. Ich wollte, ich könnte wiederholen, was ich halblaut vor mich hinmurmelte: Gott, nimm mich an deine Hand, ich gehe brav mit, ohne mich allzu sehr zu sträuben. Ich werde mich nicht entziehen, was in diesem Leben auch auf mich einstürmen mag, werde ich nach besten Kräften verarbeiten. Aber schenke mir ab und zu einen kurzen Augenblick der Ruhe. Ich werde auch nicht mehr in aller Einfalt glauben, dass der Friede, falls er über mich kommt, ewig sei, ich nehme auch die Unruhe und den Kampf auf mich, die wieder danach kommen. Ich bin gern in Wärme und Sicherheit, aber ich werde mich auch nicht weigern, in die Kälte zu gehen, wenn nur deine Hand mich führt. Ich gehe überall mit an deiner Hand und will versuchen, nicht ängstlich zu sein. Ich werde versuchen, etwas von der Liebe, der echten Menschenliebe, die in mir ist, auszustrahlen, wo ich auch sein werde. Aber mit dem Wort »Menschenliebe« darf man nicht prahlen. Man weiß nie, ob man sie besitzt. Ich will nichts Besonderes sein, ich will nur versuchen, zu der zu werden, die in mir noch nach völliger Entfaltung sucht. Manchmal denke ich, dass ich mich nach der Abgeschiedenheit eines Klosters sehne. Aber ich werde doch wohl unter den Menschen und in dieser Welt danach suchen müssen.

Und das werde ich auch tun, trotz gelegentlicher Ermüdung und Abscheu. Aber ich verspreche, dieses Leben voll auszuleben und weiterzugeben. Manchmal glaube ich, dass mein Leben jetzt erst beginnt. Dass die Schwierigkeiten erst noch kommen, obwohl ich meiner Meinung nach schon eine ganze Menge durchgestanden habe. Ich will studieren und versuchen, alles zu ergründen, ich glaube, ich muss es tun, ich werde mich zwar durch alles verwirren lassen, was auf mich zukommt und mich scheinbar von meinem Weg abbringt, aber ich werde mich jedes Mal wieder verwirren lassen, um dadurch vielleicht eine immer größere Sicherheit zu erlangen. Bis ich nicht mehr verwirrt bin und eine große Ausgeglichenheit in mir entsteht, bei der dennoch alle Richtungen für mich offen bleiben. Ich weiß nicht, ob ich für andere ein guter Freund sein kann. Und wenn ich das meiner Veranlagung wegen nicht kann, muss ich mir dessen voll bewusst sein. Man darf sich jedenfalls nie etwas vormachen. Und man muss maßhalten können. Und man kann nur für sich selbst ein Maßstab sein.

Es ist, als würde ich jeden Tag aufs Neue in einen großen Schmelztiegel geworfen, aber ich komme doch immer wieder heraus. Es gibt Augenblicke, in denen ich denke: Mein Leben ist völlig verpfuscht, es steckt ein Fehler drin, aber das rührt nur daher, dass man sich Vorstellungen über eine ganz bestimmte Art von Leben macht, mit denen verglichen das Leben, das man wirklich führt, als falsch erscheint.

Es ist, als hätte sich meine Beziehung zu S. plötzlich verändert. Als hätte ich mich mit einem Ruck von ihm losgerissen, obwohl ich mir eingebildet habe, unabhängig von ihm zu sein. Oder als wäre mir plötzlich ganz tief im Inneren klar geworden, dass mein Leben völlig unabhängig von dem seinen verlaufen muss. Ich erinnere mich, als vor einigen Wochen die Rede davon war, dass alle Juden in ein Konzentrationslager nach Polen gebracht würden, dass er zu mir sagte: *»Dann werden wir heiraten, dann können wir zusammenbleiben und wenigstens noch etwas Gutes tun.«* Und obwohl ich genau wusste, wie ich seine Worte zu verstehen hatte, erfüllten sie mich dennoch tagelang mit Freude und Wärme und einem Gefühl der Verbundenheit mit ihm. Aber das Gefühl ist nun verschwunden. Ich weiß nicht, was das ist, ein Gefühl, als ob ich mich auf einmal völlig von ihm gelöst hätte und meinen eigenen Weg weiterginge. Vermutlich waren doch allerhand Kräfte in ihm investiert. Gestern Abend auf dem kalten Fahrrad überschaute ich plötzlich im Rückblick, mit welcher Intensität, mit welchem Einsatz meiner ganzen Person ich diesen Mann mitsamt seiner Arbeit und seinem Leben während eines halben Jahres in mich aufgenommen und mich mit ihm auseinandergesetzt habe. Und nun ist es geschehen. Er ist zu einem Bestandteil von mir geworden. Und mit diesem neuen Bestandteil in mir gehe ich wieder weiter, aber allein. Äußerlich ändert sich natürlich nichts. Ich bleibe weiterhin seine Sekretärin und an seiner Arbeit interessiert, aber innerlich bin ich doch freier geworden.

Oder ist das alles nur eine Stimmung? Der Anlass dazu war vermutlich das für mich sehr selbstständige Handeln, als ich zum Telefon lief und auf eigene Faust, ohne sein Wissen, jener Dame absagte: »Nein danke, das ist nichts für mich.« Wenn plötzlich etwas in dir stärker ist als du selbst, und dich »Taten« (nebbich) verrichten und Maßnahmen treffen lässt, die du tun m u s s t, zu denen du dich berufen fühlst, dann bist du selbst dadurch auch stärker geworden. Auch dann, wenn du auf einmal mit großer Bestimmtheit sagen kannst: Das ist nichts für mich.

D a s V e r h ä l t n i s d e r L i t e r a t u r z u m L e b e n. Auf diesem Gebiet meinen eigenen Weg finden.

Freitagmorgen, Viertel vor 9. Gestern Abend hatte ich das Gefühl, als ob ich ihn um Verzeihung bitten müsste wegen all der hässlichen und aufständischen Gedanken, die ich in den letzten paar Tagen gegen ihn hegte. Ich weiß mittlerweile, dass es Tage gibt, in denen man Widerwillen gegen seinen Nächsten hat, und dass dies auf einen Widerwillen gegen sich selbst zurückzuführen ist. *»Liebe deinen Nächsten wie dich selbst.«* Ich weiß auch, dass es immer an mir liegt und nie an ihm. Wir haben nun einmal beide einen ganz unterschiedlichen Lebensrhythmus, und man muss jedem die Freiheit lassen, zu sein, wie er ist. Wenn man einen anderen nach seiner Vorstellung zurechtstutzen will, rennt man immer wieder gegen eine Mauer und wird ständig enttäuscht, nicht vom anderen, sondern von den Forderungen, die man selbst an den anderen stellt. Das ist im Grunde sehr undemokratisch, aber es ist menschlich. Vielleicht führt der Weg zur wahren Freiheit über die Psychologie, man kann sich nie genug vor Augen halten, dass man sich voll und ganz vom anderen frei machen muss, aber auch dem anderen Freiheit gewähren muss, indem man sich in seiner Fantasie keine bestimmten Vorstellungen über ihn macht. Für die Fantasie bleiben noch große Gebiete genug übrig, auch ohne dass man sie mit jenen Personen beschäftigt, die man liebt. Gestern Mittag radelte ich mit dem Gefühl zu ihm: Ich habe keine Lust, ich sage kein überflüssiges Wort, ich komme mir so albern vor. Plötzlich auf der Ecke Apollolaan und Michelangelostraat verspürte ich das dringende Bedürfnis, etwas auf meinen Notizblock zu schreiben. Und dann stand ich dort und kritzelte in der Kälte. Darüber, dass so viele Leichen in der Literatur vorkommen und wie merkwürdig das ist. Meist leichtsinnige Tote übrigens. Nun ja, es klang unsinnig wie so oft, wenn man glaubt, man habe weiß Gott was für einen großen Gedanken in seinem Gehirn geboren, und dann ist an einer alten Straßenecke nur ein unzusammenhängendes Gestammel auf blauen Linien zustande gekommen. Ich trat zu S. ein, in die kleinen, vertrauten Zimmer, für die er fast zu kolossal wirkt. Gera war auch da, wir tuschelten ein wenig an seinen schwerhörigen Ohren vorbei, und mich überkam wieder das Gefühl von Behaglichkeit. Ich fing an, weil ich mir noch immer albern vorkam, Mantel, Hut, Handschuhe, Tasche, Notizblock quer durchs Zimmer zu werfen, zur Überraschung und Bestürzung von S. und Gera, die fragten, was denn nun wieder los sei. Worauf ich sagte: »Ich habe keine Lust, ich sabotiere«, und es war ein Wunder, dass nicht auch die Blumentöpfe in Trümmern von der Fensterbank flogen. Mein Ausbruch tat Gera sichtlich gut.

Weil ich in einer Weise explodierte, wie sie es vielleicht oft möchte, sich ihm gegenüber aber nicht getraut. Gut so, sagte sie, und mein aufsässiges Toben brachte möglicherweise auch ihre Aufsässigkeit zum Ausdruck, die sie ebenfalls ab und zu ihm gegenüber verspüren muss und die man vermutlich von Zeit zu Zeit immer gegenüber viel stärkeren Persönlichkeiten fühlt. Der Mensch darf nicht vorausdenken, nicht einmal fünf Minuten voraus: Gleich werde ich mich so oder so verhalten und dies oder jenes sagen. Ich hatte im Voraus überlegt, was ich ihm alles sagen wollte. »Prinzipielle Dinge.« Abrechnen mit der Chirologie usw. Sehr heftig und gründlich. Und kurz bevor ich zu ihm ging, war ich in einer Stimmung, in der ich überhaupt nichts mehr sagen wollte.

Sobald Gera fortgegangen war, kam es plötzlich zu einer Art Blitzgefecht zwischen uns, ich warf ihn nach kurzem Ringen auf den Diwan, brachte ihn dabei fast um, und danach wollten wir eigentlich hart arbeiten. Aber stattdessen saß er plötzlich in dem großen, von Adri so hübsch überzogenen Lehnstuhl in der Ecke, und ich schmiegte mich in gewohnter Weise an seine Beine. Und plötzlich waren wir in einer leidenschaftlichen Debatte über die Judenfrage verwickelt. Während seiner langen Ausführungen war mir wieder, als tränke ich aus einem kraftspendenden Brunnen. Und auf einmal sah ich wieder deutlich sein Leben vor mir ablaufen, wie es sich fruchtbar von Tag zu Tag weiterentwickelt, aber nicht mehr durch meine eigene Gereiztheit entstellt. Hin und wieder in letzter Zeit bekommt ein einzelner Satz aus der Bibel für mich eine offensichtlich neue, inhaltsreiche und erlebte Bedeutung: »Gott erschuf den Menschen nach seinem Ebenbild.« »Liebe deinen Nächsten wie dich selbst« usw.

Das Verhältnis zu meinem Vater muss ich nun endlich auch einmal mit Kraft und Liebe in die Hand nehmen.

Mischa kündigte mir Vaters Ankunft für Samstagabend an. Erste Reaktion: grässlich. In meiner Freiheit bedroht. Lästig. Was soll ich mit ihm anfangen? Statt: wie nett, dass der gute Mann für ein paar Tage seiner gereizten Ehefrau und der langweiligen Provinzstadt entrinnen kann. Wie kann ich versuchen, es ihm mit meinen geringen Kräften und Mitteln so angenehm wie möglich zu machen? Ich Gaunerin, Ekel, bequemliches Luder. O ja, das trifft dich. Immer erst an dich selbst denken. An deine kostbare Zeit. Die du ja nur dazu benutzt, um noch mehr Bücherweisheit in deinen ohnehin verworrenen Kopf zu stopfen. »… habe aber die Liebe nicht, so nutzt es mir nicht« (1 Kor 13). Eine Fülle von Theorien, um dir selbst ein behagliches Gefühl des Edelmutes zu verschaffen, aber vor der kleinsten Liebestat in der Praxis schreckst du zurück. Nein, das ist keine kleine Liebestat. Es ist etwas sehr Prinzipielles und Wichtiges und Schwieriges. Deine Eltern innerlich zu lieben. Das heißt, ihnen alle Schwierigkeiten verzeihen, die sie dir einzig und allein durch ihre Existenz bereitet haben: die Bindungen, die Abscheu, die Beschwernis, die sie durch ihr eigenes kompliziertes Leben deinem gleichfalls recht schwierigen Leben hinzugefügt haben. Ich glaube, ich schreibe hier die idiotischsten Dinge hin. Nun, das ist nicht schlimm. Und jetzt muss ich das Bett von Papa Han machen und die Aufgaben für die Schülerin Levy präparieren usw. Aber das ist jedenfalls mein Programm für dieses Wochenende: meinen Vater wirklich innerlich zu lieben und ihm zu verzeihen, dass er mich aus meiner Bequemlichkeit und Ruhe aufstört. Schließlich liebe ich ihn sehr, aber das ist, oder besser: war, eine komplizierte Liebe: überspannt, krampfhaft und mit so viel Mitleid vermischt, dass mir das

Herz schier brach. Aber ein Mitleid, das masochistische Züge hatte. Eine Liebe, die zu Ausbrüchen von Mitleid und Verdruss führte, nicht aber zu einfachen Liebesbezeigungen. Auch viel Herzlichkeit und Bemühen, aber mit einer Heftigkeit, dass jeder Tag seines Hierseins mich ein ganzes Röhrchen Aspirin kostete. Aber das ist schon lange her. In letzter Zeit war alles viel normaler. Aber doch immer noch ein Gefühl von Aufgescheuchtwerden. Und damit hing sicherlich auch zusammen, dass ich es ihm recht übel nahm, als er mich hier besuchte. Das muss ich ihm jetzt innerlich verzeihen. Und nicht nur denken, sondern wirklich meinen: wie nett, dass er mal dort rauskommt. So, das war ein hübsches Morgengebet.

Sonntagmorgen, halb 11. (…) Es ist doch nicht genügend Raum in mir vorhanden, um den vielen Widersprüchen in mir selbst und in diesem Leben einen Platz einzuräumen. In dem Moment, in dem ich etwas akzeptiere, werde ich etwas anderem wieder untreu. Am Freitagabend Dialog zwischen S. und L. Christus und die Juden. Zwei Lebensanschauungen, beide scharf umrissen, glänzend dokumentiert, in sich geschlossen, mit Leidenschaft und Aggressivität verteidigt. Trotzdem immer wieder das Gefühl, dass in jede bewusst verteidigte Lebensanschauung sich ein gewisser Betrug einschleicht. Dass ständig auf Kosten der »Wahrheit« vergewaltigt wird. Und doch muss und will ich selbst danach streben, nach einem Stück umzäunten, erst blutig eroberten, dann leidenschaftlich verteidigten eigenen Gebiet. Und dann doch wieder das Gefühl, das Leben zu versäumen. Aber Angst, andernfalls in Ungewissheit und Chaos zu versinken. Wie dem auch sei, nach der Debatte ging ich mit einem zufriedenen, sehr angeregten Gefühl nach Hause. Aber immer wieder die Reaktion in mir: Ist das eigentlich nicht alles Unsinn? Warum sind die Menschen so lächerlich geschäftig? Machen sie sich nicht etwas vor? Das lauert stets im Hintergrund.

Dann kam Vater. Mit so viel Liebe, einstudierter Liebe erfüllt. Tags zuvor, nach dem energischen Morgengebet, fühlte ich mich befreit und glücklich und leicht. Als er auf mich zukam, mein kleiner Papa, mit seinem vertauschten Regenschirm und der neuen karierten Krawatte und vielen Butterbrotpäckchen, quasi hilflos, befiel mich wieder Befangenheit, die Kräfte versiegten, ich fühlte mich gehemmt und todunglücklich. Noch im Licht der Debatte vom vorigen Abend stand ich ihm abweisend gegenüber. Und die Liebe ließ mich im Stich. Sie war nämlich fort. Völlig gelähmt, ganz sonderbar. Wieder Chaos und Verwirrung in mir. Ein paar Stunden der Krise und des *»Rückfalls«* wie in schlimmsten Zeiten. Daran konnte ich ermessen, wie schlimm manche Zeiten früher gewesen sind. Mittags ins Bett gekrochen Das Leben aller Menschen war wieder zu einer einzigen großen Leidensgeschichte geworden usw. Zu umständlich, darüber zu schreiben.

Dann wurde mir ein Zusammenhang klar. Mein Vater hat im vorgerückten Alter all seine Unsicherheiten, Zweifel, vermutlich auch einen gehörigen körperlichen Minderwertigkeitskomplex, Eheschwierigkeiten, mit denen er nicht fertig wurde usw. usw. mit seiner philosophischen Einstellung übertüncht, die völlig echt ist, liebenswert, humorvoll und sehr scharfsinnig, aber bei allem Scharfsinn doch sehr vage. Unter dem Mantel einer Philosophie, die alles begütigt, die nur das Anekdotische ins Auge fasst, ohne tiefer in die Dinge vorzudringen, obwohl er weiß, dass es Tiefen gibt, vielleicht gerade weil er weiß, wie unermesslich tief die Dinge sind, hat er von vornherein darauf verzichtet, Klarheit zu erlangen. Unter der Oberfläche der resignierten Lebensphilosophie, die sagt: Ach ja, wer kann das wissen, gähnt das Chaos. Und es ist dasselbe Chaos, das mich bedroht, aus dem ich herausmuss, dem zu entkommen ich als meine Lebensaufgabe betrachte und in das ich jedes Mal wieder zurückfalle. Und auch die kleinste Äußerung meines Vaters, Äußerungen des Verzichtes, des Humors und Zweifels appellieren an etwas in mir, das ich mit ihm gemein habe, aber aus dem ich mich weiterentwickeln muss.

Über der scharf umrissenen Debatte gestern Abend, und natürlich im Hintergrund aller meiner Reaktionen, unablässig die Frage: Ist denn nicht alles Unsinn, und dieses nicht eben angenehme Geräusch im Hintergrund wird plötzlich verstärkt durch den Einbruch meines Vaters in meine Welt. Und daher natürlich auch erneuter Widerstand gegen Vater, das Erlahmen und Kraftloswerden. Eigentlich hat es gar nichts mit meinem Vater zu tun, das heißt, nicht mit seiner Person, seiner teuren, rührenden, liebenswerten Person, sondern ist ein Prozess, der in mir selbst stattfindet. Das Verhältnis der Generationen. Aus ihrem Chaos muss ich mich jetzt formen; weil sie den Dingen gegenüber nicht Stellung genommen haben, muss ich jetzt Stellung nehmen, also mich mit den Dingen *»auseinandersetzen«*, wobei ich immer wieder überfallen werde von der Frage: »Ist denn nicht alles Unsinn?« Ach ja, Kinderchen, so ist das Leben nun einmal, usw. usw.

Als mir der Zusammenhang klar wurde, kehrten meine Kräfte wieder zurück, kehrte auch die Liebe wieder zurück, und die Stunden des Erschreckens waren wieder einmal überwunden.

Mittwochmorgen, 8 Uhr, im Badezimmer. Mitten in der Nacht wach geworden. Und erinnerte mich plötzlich an das, was ich geträumt hatte, viel und bedeutungsschwer. Einige Minuten mich intensiv angespannt, um mir den Traum ins Gedächtnis zurückzuholen. Gierig. Hatte das Gefühl, dass der Traum auch ein Stück meiner Persönlichkeit sei, der zu mir gehöre, auf den ich ein Recht habe, den ich mir nicht entgehen lassen dürfe, den ich wissen müsse, um mich als abgeschlossene und ganze Persönlichkeit fühlen zu können.

Um 5 Uhr wieder hellwach. Übelkeit und ein wenig schwindelig. Oder bildete ich mir das nur ein? Danach fünf Minuten lang von den Ängsten aller jungen Mädchen geplagt, die zu ihrem jähen Schrecken ein Kind erwarten, das sie sich nicht gewünscht haben. Der Mutterschaftsinstinkt geht mir, glaube ich, völlig ab. Für mich selber begründe ich das folgendermaßen: Im Grunde halte ich das Leben für einen großen Leidensweg und alle Menschen für unglückliche Wesen, sodass ich meinerseits die Verantwortung nicht übernehmen kann, die Menschheit durch eine weitere unglückliche Kreatur zu vermehren.

Später: ich habe mir einige unsterbliche Verdienste um die Menschheit erworben: ich habe nie ein schlechtes Buch geschrieben und ich bin nicht schuld daran, dass noch ein Unglücklicher mehr auf dieser Erde herumläuft.

Ich knie wieder auf der rauen Kokosmatte, die Hände vor dem Gesicht und bitte: O Herr, lass mich aufgehen in einem einzigen großen und ungeteilten Gefühl. Lass mich die tausend kleinen alltäglichen Dinge mit Liebe verrichten, aber lass jede kleine Handlung aus einem einzigen großen, zentralen Gefühl der Bereitschaft und Liebe hervorgehen. Dann spielt es eigentlich keine Rolle, was man tut und wo man ist. Aber so weit bin ich noch lange nicht. Ich werde heute um die 20 Chinin-Tabletten schlucken, ich habe so ein sonderbares Gefühl dort südlich von meinem Zwerchfell.

Freitagmorgen, 9 Uhr. Gestern Morgen beim Spazieren durch den Nebel wieder einmal das Gefühl: ich habe meine Grenzen eigentlich erreicht, alles schon dagewesen, ich habe doch schon alles erlebt, warum lebe ich eigentlich noch weiter; ich weiß sehr wohl, ich komme nie weiter, als ich schon gegangen bin, die Grenzen werden zu eng, und jenseits der Grenze gibt es nur noch die Irrenanstalt. Oder den Tod? Aber so weit dachte ich noch nicht. Bestes Heilmittel dagegen: ein strohtrockenes Stück Grammatik studieren oder schlafen. Die einzige Erfüllung für mich in diesem Leben: mich in einem Stück Prosa, einem Gedicht zu verlieren, das ich mühselig Wort für Wort selber erobern muss. Ein Mann ist nicht das Wesentliche für mich. Vielleicht rührt das daher, dass immer so viele Männer um mich herum waren? Manchmal ist es, als wäre ich übersättigt von Liebe, aber im guten Sinn. Eigentlich habe ich immer ein sehr gutes Leben gehabt und habe es auch jetzt noch. Manchmal scheint es mir, als hätte ich das »Ich-und-Du«-Stadium hinter mir gelassen. So etwas sagt sich leicht nach einer solchen Nacht. Und jetzt meine lieben Füßchen ins Wasser. Sogar das Getue mit einem ungeborenen Kind ist für mich eine Unmöglichkeit. Wird sich ja zeigen.

Nachmittags, Viertel vor 5. Jetzt kommt es darauf an, mich nicht beherrschen zu lassen von dem, was zurzeit in mir vorgeht. Es muss irgendwie nebensächlich bleiben. Damit meine ich: Man darf sich nie durch eine einzige Sache völlig lähmen lassen, so schlimm sie auch sei, der große Strom des Lebens muss immer weiterfließen. Ich nehme mich immer wieder selbst an die Hand und sage: und jetzt musst du die Aufgaben für morgen präparieren, und heute Abend musst du den »Idioten« von Dostojewski anfangen, nicht zum Vergnügen, sondern um das Buch einmal gründlich durchzuarbeiten. Wie ein Tagelöhner. Und dazwischen werde ich ab und zu mal von der Treppe herunterspringen und Wasserzeremonien veranstalten. Auch das Gefühl, als ob ein Geheimnis in mir geschähe, von dem niemand etwas weiß. Es ist schließlich ein Teilhaben an einem elementaren Geschehen. Und in der immerhin recht peinlichen Situation, in der ich mich unzweifelhaft befinde, stelle ich den starken Willen in mir fest: mich nicht unterkriegen zu lassen. Ich sorge schon dafür, dass es in Ordnung kommt. Und es kommt in Ordnung. Arbeite nur ruhig weiter, verschwende deine Kräfte nicht an diese Sache. Um 2 Uhr wieder ein kurzer, gehaltvoller Spaziergang mit S. Er hatte wieder etwas Strahlendes und Jungenhaftes an sich. Dann strahlt er nach allen Seiten echte Menschenliebe aus, ein bisschen auch auf mich, und ich strahle zurück. Weiße Chrysanthemen. *»So bräutlich.«* Ich bin ihm innerlich treu. Und auch Han bin ich treu. Ich bin allen treu. Ich gehe auf der Straße neben einem Mann, mit weißen Blumen im Arm, die einem Brautbukett ähneln, und sehe strahlend zu ihm auf; vor zwölf Stunden lag ich in den Armen eines anderen Mannes und liebte ihn, und ich liebe ihn auch jetzt. Ist das geschmacklos? Ist das dekadent? Für mich ist es vollkommen in Ordnung. Vielleicht weil das Körperliche für mich nicht wesentlich ist, jetzt nicht mehr. Es ist eine andere, umfassendere Liebe. Oder mache ich mir was vor? Bin ich zu unbeständig? Auch in meinen Verhältnissen? Ich glaube nicht. Wie komme ich auf einmal zu diesem völlig abwegigen Geschwafel?

Samstagabend, halb 10. Zuerst mir selber gut zureden, um mir Mut für den heutigen Tag zu machen. Heute früh beim Erwachen wieder bleischwere Beklommenheit, pechschwarze Unruhe, ohne jede sensationelle Zugabe. Es ist schließlich keine Kleinigkeit.

Ich habe das Gefühl, als würde ich einem Menschen das Leben retten. Nein, das ist lächerlich: einem Menschen dadurch das Leben zu retten, indem man ihn mit aller Gewalt von diesem Leben fernhält. Ich möchte es dir ersparen, dieses Jammertal zu betreten. Ich belasse dich in der Sicherheit des Ungeborenseins, du werdendes Wesen, also sei mir deshalb dankbar. Ich empfinde fast Zärtlichkeit für dich. Ich rücke dir mit heißem Wasser und grässlichen Instrumenten zu Leibe, ich werde geduldig und ausdauernd gegen dich kämpfen, bis du dich wieder im Nichts aufgelöst hast, und dann werde ich das Gefühl haben, dass ich eine gute Tat vollbracht und verantwortlich gehandelt habe. Ich kann dir doch nicht genügend Kraft mitgeben, und in meiner vorbelasteten Familie schwirren viel zu gefährliche Krankheitskeime herum. Als Mischa neulich in völlig verwirrtem Zustand mit Gewalt in eine Anstalt gebracht wurde und ich als Augenzeugin den ganzen Tumult miterlebte, habe ich mir geschworen, ich werde niemals zulassen, dass solch ein unglücklicher Mensch aus meinem Schoß hervorgeht.

Wenn es nur nicht zu lange dauert. Sonst bekomme ich so schreckliche Angst. Es ist erst eine Woche her, aber ich bin bereits müde und erschöpft von all den Maßnahmen. Aber ich werde dir den Zugang zu diesem Leben versperren, in allem Ernst, darüber sollst du dich nie beklagen müssen.

Freitagmorgen, 9 Uhr. Man klagt häufig über die Dunkelheit am Morgen. Aber oft ist es die beste Stunde meines Tages, wenn der beginnende Tag grau und lautlos vor dem blassen Fenster steht. Dann ist ein einziger heller Lichtfleck in der grauen Stille: die strahlende kleine Stehlampe, die die große, schwarze Fläche meines Schreibtisches erhellt. Eigentlich war es vergangene Woche eine meiner besten Stunden. Ich war ganz in den »Idiot« vertieft, übersetzte angestrengt ein paar Zeilen in ein Heft, machte eine kurze, selbstständige Bemerkung dazu, und auf einmal war es 10 Uhr geworden. Dann das Gefühl: Ja, so musst du studieren, so versunken, so ist es richtig. Heute Morgen eine wunderbare Ruhe in mir. Wie nach einem Sturm, der sich ausgetobt hat. Ich merke, dass sie immer wiederkehrt. Nach Tagen, angefüllt mit ungeheuer intensivem innerem Leben, mit Streben nach Klarheit und Geburtswehen über Sätze und Gedanken, die längst noch nicht geboren werden wollen und enorme Forderungen an einen stellen, wobei das Wichtigste und Notwendigste ist, die eigene Form zu finden usw. usw. Dann fällt auf einmal alles von mir ab, dann überkommt eine wohltuende Müdigkeit mein Gehirn, das zu wüten aufgehört hat, und eine Art Wohlwollen zieht in mich ein, auch mir selbst gegenüber, und über mich senkt sich ein Schleier, durch den das Leben gedämpfter und oft auch freundlicher zu mir dringt. Einssein mit dem Leben. Und auch: nicht ich als Einzelperson will etwas oder muss etwas, das Leben ist groß und gut, aufregend und ewig, und wenn man sich selbst zu sehr in den Vordergrund stellt, sich sträubt und aufbegehrt, dann gerät man außerhalb des großen und mächtigen Stromes, der das Leben ist. Dies sind wirklich Augenblicke – und ich bin sehr dankbar dafür –, in denen alles persönliche Streben von mir abfällt, in denen z. B. mein Drang nach Erkenntnis und Wissen zur Ruhe kommt, dann kommt plötzlich mit breitem Flügelschlag ein Stückchen Ewigkeit über mich. Und ich weiß, weiß nur allzu gut, dass die Stimmung nicht anhält. Nach einer halben Stunde ist sie vielleicht wieder verschwunden, aber bis dahin habe ich doch etwas Kraft daraus geschöpft. Und ob nun die Sanftmut und das Gefühl der Weite daher rührt, dass ich gestern sechs Aspirin gegen meine Kopfschmerzen geschluckt habe, oder ob sie von Mischas Spiel oder von Hans' warmem Körper heute Nacht kommt, in den ich mich ganz vergraben habe, wer kann das sagen, und was macht es aus? Diese fünf Minuten gehören noch mir. Hinter meinem Rücken tickt die Uhr. Die Geräusche im Haus und auf der Straße sind wie eine ferne Brandung. Eine runde, weiße Lampe bei den Nachbarn gegenüber durchbricht den fahlen, regnerischen Morgen. Hier, vor der großen, schwarzen Fläche meines Schreibtisches, fühle ich mich wie auf einer einsamen Insel. Das schwarze marokkanische Mädchen schaut in den grauen Morgen mit ihrem ernsthaften, dunklen Blick, der tierisch und heiter zugleich ist. Und was liegt daran, ob ich eine Buchseite mehr oder weniger durchstudiere? Wenn man nur auf den eigenen Rhythmus in sich hört und gemäß diesem Rhythmus zu leben versucht. Horchen auf das, was in einem selbst aufquillt. Vieles von dem, was du tust, ist ja doch bloß Nachahmung oder eingebildete Pflicht oder eine falsche Vorstellung darüber, wie ein Mensch sein sollte. Die einzige Gewissheit, wie du leben sollst und was du tun musst, kann nur aus dem Brunnen aufsteigen, der aus deiner eigenen Tiefe quillt. Das sage ich jetzt sehr demütig und dankbar und meine es ehrlich, auch wenn ich weiß, dass ich bald wieder aufsässig und gereizt sein werde: Mein Gott, ich danke dir, dass du mich so geschaffen hast, wie ich bin. Ich danke dir dafür, dass ich manchmal eine solche Weite in mir spüre, denn diese Weite ist ja nichts anderes als ein Erfülltsein von dir. Ich verspreche dir, dass ich mein ganzes Leben lang danach streben werde, die reine Harmonie und auch die Demut und wirkliche Liebe zu erlangen, deren Möglichkeit ich in meinen besten Augenblicken in mir fühle. Und jetzt den Frühstückstisch abräumen, ein wenig für Levi präparieren und etwas Farbe auf meine Schnute schmieren.

Sonntagmorgen. Gestern Abend kurz vor dem Zubettgehen kniete ich plötzlich mitten in diesem großen Zimmer zwischen den Stahlstühlen auf dem hellen Läufer nieder. Ganz spontan. Zu Boden gezwungen durch etwas, das stärker war als ich selbst. Vor einiger Zeit habe ich zu mir selbst gesagt: Ich übe mich im Knien. Ich genierte mich noch zu sehr wegen dieser Gebärde, die ebenso intim ist wie die Gebärden der Liebe, über die man auch nicht sprechen kann, wenn man kein Dichter ist. – Manchmal habe ich das Gefühl, dass ich Gott in mir trage, sagte einmal ein Patient zu S., z. B. wenn ich die Matthäuspassion höre. Und S. erwiderte etwa Folgendes: *In solchen Augenblicken habe er eine absolute Verbundenheit mit den in jedem Menschen wirksamen schöpferischen und kosmischen Kräften. Und das Schöpferische sei doch schließlich ein Teil von Gott, man müsse nur den Mut haben, das auch auszusprechen.*

Diese Worte begleiten mich schon seit Wochen: Man muss den Mut haben, es auszusprechen. Den Mut haben, Gottes Namen auszusprechen. S. sagte einmal, es habe sehr lange gedauert, bis er sich getraute, den Namen Gottes auszusprechen. Als sei es ihm immer etwas lächerlich vorgekommen. Obwohl er an ihn glaubte. *Und abends bete ich auch, bete für die Menschen.* Und ich fragte, unverschämt und kaltblütig wie immer, da ich nun mal alles genau wissen wollte: *»Was beten Sie denn?«* Und darauf befiel ihn eine gewisse Schüchternheit, und dieser Mann, der mir sonst auf meine subtilsten und intimsten Fragen immer eine glasklare und deutliche Antwort gibt, sagte ganz verlegen: *»Das sage ich Ihnen nicht. Jetzt noch nicht. Später.«* – Ich frage mich, wie es kommt, dass der Krieg und alles, was damit zusammenhängt, mich so wenig berührt. Vielleicht weil es mein zweiter Weltkrieg ist? Den ersten habe ich in der Nachkriegsliteratur erlebt, heftig und intensiv. Umsturz, leidenschaftlicher Widerstand, Debatten, soziale Gerechtigkeit, Klassenkampf usw. usw., all das haben wir schon einmal mitgemacht. Ein zweites Mal von vorn anfangen, das geht nicht. Es wird zum Klischee. Wieder betet jedes Land für den eigenen gerechten Sieg, wieder gibt es unzählige Parolen, aber da wir das nun alles zum zweiten Mal erleben, wäre es lächerlich und abgeschmackt, sich darüber aufzuregen oder leidenschaftlich Stellung zu nehmen. Gestern Abend sagte ich, mitten im Gespräch, zu dem 21-jährigen Hans: »Der Grund dafür ist, dass die Politik nicht das Wichtigste in deinem Leben ist.« Und er: »Man braucht nicht den ganzen Tag darüber zu reden, aber es ist trotzdem das Wichtigste.« Zwischen seinen 21 und meinen 27 Jahren liegt doch schon eine ganze Generation. Es ist jetzt halb 10 Uhr morgens, Han liegt weit hinter mir im dämmrigen Zimmer und schnarcht leise und vertraut. Der graue, geräuschlose Sonntagmorgen wächst zum hellen Tag heran, der Tag wächst wieder weiter bis zum Abend, und ich wachse mit. Es ist, als machte ich in diesen letzten drei Tagen einen kontinuierlichen Wachstumsprozess von Jahren durch. Und jetzt wieder brav und diszipliniert an die Übersetzung und die russische Grammatik.

Nachmittags, 2 Uhr. Plötzlich gerät mir beim Katalogisieren in der Bibliothek von S. *»Das Stundenbuch«* von Rilke in die Hand. So paradox es auch klingen mag: S. macht die Menschen gesund, indem er sie lehrt, das Leiden zu akzeptieren.

Mittwoch, am Abend. Ruth[19] bekommt Geschenke von den begeisterten Theaterbesuchern einer kleinen deutschen Provinzstadt, und Hertha wird von Prostituierten in einem Bücherkiosk in einem Londoner Park beschenkt. Der blonde Operettenstar ist 22 Jahre alt, das melancholische schwarzhaarige Mädchen ist 25 und gleichsam die Mutter der Ersteren. Und die richtige Mutter ist mit einem 25-jährigen Mann »verlobt«, obwohl sie selbst schon 50 ist. Und der Ex-

---

[19] Die Tochter von Spier.

Mann, der Vater und zukünftige Ehemann, lebt in zwei kleinen Zimmern in Amsterdam, liest die Bibel und muss sich jeden Tag rasieren und ist von vielen Frauenbrüsten umgeben wie von ebenso vielen Früchten in einem üppigen Obstgarten, nach denen er seine gierigen Pfoten nur auszustrecken braucht. Und die *»russische Sekretärin«* versucht sich ein Bild von alledem zu machen. Eine Freundschaft wächst heran, die ihre Wurzeln immer tiefer in ihr wankelmütiges Herz senkt, sie sagt noch *»Sie«*, aber möglicherweise schafft das immer wieder den richtigen Abstand, um den Überblick über das Ganze zu behalten. Das törichte und leidenschaftliche Gefühl, in ihm »aufgehen« zu wollen, hat sich längst verzogen, ist *»vernünftig«* geworden. Das »In-einem-Menschen-aufgehen-Wollen« ist aus meinem Leben verschwunden, übrig geblieben ist möglicherweise ein »Sich-ergeben-Wollen« an Gott oder an ein Gedicht.

Die große Gehirnschale der Menschheit. Das mächtige Gehirn und das große Herz der Menschheit. Alle Gedanken, auch die widersprüchlichsten, sind in diesem einen großen Gehirn entstanden: dem Gehirn der Menschheit, der gesamten Menschheit. Ich betrachte es als eine einzige große Gesamtheit, deswegen vielleicht ab und zu das starke Gefühl von Harmonie und Frieden, trotz aller Widersprüche. Man muss alle Gedanken kennen und alle Emotionen am eigenen Leib verspürt haben, um zu wissen, was alles in dieser unermesslichen Gehirnschale ausgebrütet wurde und durch das große Herz gegangen ist.

Und so ist das Leben ein Fortschreiten von einem Erlösungsmoment zum anderen. Ich werde meine Erlösung wohl oft bei einem Stück schlechter Prosa suchen müssen, so wie ein Mann in äußerster Not bei einer »Hure« Erlösung sucht, wie man üblicherweise sagt, da man manchmal nach Erlösung lechzt, welcher Art sie auch sei.

Montagnachmittag, 5 Uhr. Seine intimen Gebärden im Umgang mit Frauen sind mir bekannt, und nun möchte ich noch wissen: Wie verhält er sich, wenn er mit Gott umgeht? Er betet jeden Abend. Kniet er dann im kleinen Zimmer? Und vergräbt er den schweren Kopf in seinen großen, guten Händen? Und was sagt er dabei? Und kniet er sich hin, bevor er sein Gebiss aus dem Mund genommen hat oder danach? Damals in Arnhem: *»Ich werde Ihnen mal zeigen, wie ich aussehe ohne Zähne. Dann sehe ich so alt und so ›wissend‹ aus.«*

»Von dem Mädchen, das nicht knien konnte.« Heute Morgen in der grauen Dämmerung, in einer Anwandlung von Unfrieden, warf ich mich plötzlich zu Boden und kniete zwischen dem abgezogenen Bett von Han und seiner Schreibmaschine nieder, zusammengekrümmt, die Stirn an den Boden gedrückt. Eine Gebärde, mit der ich den Frieden erzwingen wollte. Und als Han hereinkam und erstaunt sich die Szene ansah, sagte ich, ich hätte einen Knopf gesucht. Aber das stimmte nicht. Tidemann, die stämmige, rothaarige 35-jährige Frau, sagte mit ihrer hellen und klaren Stimme an dem bewussten Abend: »Ja, siehst du, darin bin ich wie ein Kind, wenn ich Schwierigkeiten habe, knie ich mitten im Zimmer nieder und frage Gott, was ich tun soll.« Sie küsst wie ein kindischer Backfisch, S. hat es mir einmal vorgemacht, aber in ihrem Verhalten Gott gegenüber ist sie reif und sicher.

Viele Menschen sind in ihren Vorstellungen zu stark festgelegt, zu fixiert, und legen dadurch bei der Erziehung ihrer Kinder diese auch wieder fest. Deshalb zu wenig Bewegungsfreiheit. Bei uns war es gerade umgekehrt. Anscheinend wurden meine Eltern von der unendlichen Kompliziertheit des Lebens so sehr überwältigt, und zwar in zunehmendem Maße, dass sie nie eine Entscheidung treffen konnten. Ihren Kindern ließen sie große Bewegungsfreiheit, sie konnten ihnen aber auch keinen Halt geben, weil sie selbst nie einen Halt gefunden hatten; sie konnten nichts zu unserer Formung beitragen, weil sie selbst nie eine Form finden konnten.

Und immer wieder und stets deutlicher erkenne ich unsere Aufgabe: ihren armen, herumirrenden, nie zu Form und Ruhe gelangten Talenten eine Gelegenheit zu bieten, in uns heranzuwachsen, zu reifen und ihre Form zu finden.

So meine Reaktion auf ihre Ungeformtheit, die nicht etwa Großzügigkeit ist, sondern nur Schlamperei und Unsicherheit, sozusagen eine »Misswirtschaft«; und oft ein vielleicht neuerdings nicht mehr so krampfhaftes Streben nach Einheit, Abgrenzung, System. Aber die Einheit ist nur dann gut, wenn sie alle Gegensätze und irrationalen Momente in sich einschließt, sonst wird daraus wieder nur eine Verkrampfung und Fixierung, die dem Leben Gewalt antut.

31. Dezember 1941, Dienstagmorgen, 10 Uhr. Beim Erwachen in Deventer ein Gefühl, als wüchse ich kantig und fest entschlossen in den eiskalten Morgen hinein.

Nur kurz ein paar Worte, mehr wegen des Gedankens, einige Augenblicke unter der vertrauten Lampe bei mir selbst zu Gast zu sein. Ein paar alltägliche Angelegenheiten.

Ich merke, dass es mir am besten bekommt, früh aufzustehen. Und noch immer mutet mich das kalte Wasser fast heroisch an. Eigentlich bin ich ein gesunder Mensch, die Hauptsache bei mir ist das geistige Gleichgewicht, alles Übrige funktioniert dann von selbst. Das Frühstück durch einen Hühnerschenkel festlich erhöht. Liebe Mamynka, die ihre ganze Liebe in Hühnerschenkel und hart gekochte Eier verwandelt.

Der Zug nach Deventer. Wenn ich viele Gesichter rings um mich sehe, möchte ich einen Roman schreiben. Abaelard und Heloise. Die weite Landschaft, friedlich und auch ein wenig traurig, ich schaute durchs Fenster, und es war, als führe ich durch die Landschaft meiner Seele. Seelenlandschaft. Es passiert oft, dass mir die äußere Landschaft wie ein Spiegelbild der inneren erscheint. Donnerstagmittag an der Ijssel entlanggegangen. Strahlend helle und weite Landschaft. Auch wieder ein Gefühl, durch die eigene Seele zu wandern. Ein bisschen zu schwülstig gesagt. Sei lieber still.

Mutter. Plötzlich eine Welle von Liebe und Mitleid, die alle kleinen Irritationen fortspülte. Fünf Minuten später natürlich doch wieder irritiert. Aber später am Tag wieder das Gefühl: vielleicht, wenn du sehr alt bist, kommt eine Zeit, in der ich für eine Weile bei dir bleibe und dir dann klarmache, was alles in dir steckt, und dich dadurch von deiner Unruhe befreie, denn sehr allmählich beginne ich zu begreifen, wie du im Grunde beschaffen bist.

Mutter, die zu einem gegebenen Anlass sagte: »Ja, eigentlich bin ich religiös.« Vor ein paar Tagen sagte »Tante Piet« am Herd fast dasselbe: »Eigentlich bin ich religiös.« Das »eigentlich«, das macht ihnen zu schaffen. Die Menschen zu lehren, dieses »eigentlich« wegzulassen, damit sie den Mut haben, ihre tiefsten Gefühle zu bejahen. Was meinte sie mit »eigentlich«?

Ich bin dankbar, kann noch nicht die Worte finden, um zu sagen, wie dankbar ich bin, dass ich im besten Stadium seines Lebens an seiner Seite sein darf. Dankbar ist nicht das richtige Wort.

Abends 8 Uhr. Der Lungenmann hat ihn rundheraus ausgelacht, als er seinen breiten Brustkorb erblickte. Auf jede Frage, die er stellte, ob S. an Husten oder Schleim oder Gott weiß was leide, sagte S. immerzu: *Leider kann ich Ihnen damit nicht dienen.* Als er wieder ins Wartezimmer kam, sagte er als Erstes: *»Ich muss sofort nach Davos.«* Ich bestand darauf, dass dann der ganze Harem mitmüsse. Jawohl, die Schweiz wird sich bedanken. Auf der Straße konnte ich nicht aufhören zu kichern. Und er, drohend: »Ja warte nur, bis Freitag, bis zum Röntgenfoto.« An einem Karren erstanden wir mit großer Mühe drei Zitronen, indem wir zehn Cent pro Stück bezahlten statt der festgesetzten sieben Cent. Dann bekamen wir große Lust auf Torte mit Schlagsahne. Darauf bummelten wir durch die Straßen, ich hing auf eine komplizierte Art an seinem Arm, die Kosakenmütze schief auf meinem Kopf, und er mit der komischen Baskenmütze auf seiner grauen Mähne, ein wunderliches *»Liebespaar«*. Und jetzt ist es schon fast halb 9. Der letzte Abend eines Jahres, das für mich das reichste und fruchtbarste und, ja, auch glücklichste von allen vorangegangenen Jahren war. Und sollte ich dieses Jahr durch ein einziges Wort kennzeichnen müssen – vom 3. Februar an, als ich schüchtern in der Courbetstraße 27 an der Glocke zog und ein unheimlicher Kerl mit einer Antenne auf dem Kopf meine Hände betrachtete –, so müsste dieses Wort lauten: durch große Bewusstwerdung. Bewusstwerdung und dadurch Verfügbarkeit über die tieferen Kräfte in mir selbst. Früher gehörte ich auch zu den Leuten, die hin und wieder empfanden: Ja, eigentlich bin ich doch religiös. Oder etwas derart Positives. Und jetzt muss ich manchmal plötzlich niederknien, sogar in einer kalten Winternacht vor meinem Bett. Und *in mich hineinhören.* Mich leiten zu lassen, nicht von dem, was von außen auf mich zukommt, sondern was innerlich in mir aufsteigt. Es ist erst ein Anfang. Das weiß ich. Aber es ist kein zauderndes Beginnen mehr, es ist bereits gut fundiert.

Es ist jetzt halb 9, ein Gasofen, gelbe und rote Tulpen, ein Schokoladenbonbon von Tante Hes als Überraschung und die drei Tannenzapfen von der Larenser Heide, die noch immer neben dem marokkanischen Mädchen und Puschkin herumliegen. Ich fühle mich so »normal«, als ein ganz normaler und froher Mensch ohne all die schrecklich tiefsinnigen und quälenden Gedanken und bedrückenden Gefühle; ganz normal also, und dennoch voller Leben und Tiefe, aber einer Tiefe, die sich gleichfalls als etwas »Selbstverständliches« anfühlt. Ferner ist noch der Lachssalat zu erwähnen, der für heute Abend vorgesehen ist. Und jetzt setze ich Tee auf und Tante Hes häkelt an einer Weste und Papa Han bastelt an einem Fotoapparat, ach, warum auch nicht; ob ich in diesen vier Wänden oder anderen vier Wänden bin, was macht das aus? Das Wesentliche ist doch woanders. Und im Jung hoffe ich heute Abend auch noch ein Stück voranzukommen.

7. Januar 1942, Mittwochabend, 8 Uhr. Heute Mittag an der verschneiten Gracht, nach der überraschenden Szene im

Jüdischen Rat: *Ich bin viel weniger überzeugt von meinem hundertprozentigen Können als von meiner gesamten menschlichen Qualität.*

Und später, jeder von uns an einer Schlaufe in der Linie 24: *»Es war gut, dass Sie dabei waren, Sie regen mich immer an, weil Sie alles so miterleben«, und ich bin doch eigentlich ein »Podiummensch«, das kann man wohl sagen.*

Ich habe irgendwie das innere Bedürfnis, etwas entweder sehr geistreich, treffend und einmalig zu formulieren oder lieber gar nichts zu sagen. Und deshalb verzichte ich darauf, mancherlei überraschend komische Ereignisse aufzuschreiben, weil ich sogar vor mir selbst nicht riskieren will, »banal« zu wirken. Aber jetzt zwinge ich mich dazu, die Geschichte von heute Nachmittag ganz schlicht zu schildern, nur die nüchternen Tatsachen zu erwähnen. Das heißt, nüchterne Tatsachen gibt es kaum jemals in Verbindung mit S., da die Sphäre, die von ihm ausgeht, immer eine große Rolle spielt. Also: Um halb 5 musste er im Jüdischen Rat sein. Es bestand keine große Begeisterung für dieses Unternehmen. Befragungen, Vermögensangelegenheiten, *»Auswanderungsnummer«*, Gestapo und dergleichen heitere Sachen. Hinter einem Tisch ein junger Mann. Empfindsames, weiches, intelligentes Gesicht. Die *»russische Sekretärin«* trottet unbekümmert ständig hinter ihm her, als ob sie dazugehörte, angeblich wegen des Ohres, aber eigentlich nur, um dabei zu sein. Und diesmal hatte es sich wieder reichlich gelohnt. Nach einem kurzen, friedlichen Geplauder zwischen S. und dem gutmütigen, wirklich sehr netten jungen Mann kommt plötzlich ein kleiner Mann begeistert auf S. zu. *Guten Tag Herr S.* S. sieht den Mann an, der einen herrlich sarkastischen Mephistopheleskopf auf seinem kleinen Körper trägt, und sagt dann, ohne ihn zu erkennen, auf gut Glück: *O ja, Sie waren sicher mal bei mir im Kurs.* So was kann ihm überall in Europa passieren, stelle ich mir vor. Wenn ich mit ihm auf der Straße gehe, kommt alle paar Schritte jemand mit ausgestreckter Hand auf ihn zu, und S. sagt dann sofort: *Oh, Sie waren sicher mal als Objekt bei mir.* Aber dieser Mann mit seinem scharfen, sarkastischen Teufelsgesicht, das in so spannendem Kontrast zu dem empfindsamen, weichen Gesicht des jungen Mannes stand, war offenbar nicht in einem Kurs gewesen, sondern kannte S. durch die Nethes, wäre aber allzu gern einmal als Objekt gekommen. Und der mit den scharfen Zügen sagte zu dem Milchgesicht: »Nimm dich in Acht vor dem Herrn S., der errät alles über dich. Aus deinen Händen.« Und der junge Mann legte sofort seine rechte Pfote geöffnet auf den Tisch. S. nahm sich die Zeit und ging darauf ein. Eigentlich ist es sehr schwer zu schildern, wie es nun weiterging. Denn das ist so: Wenn S. sagt: Das ist ein Tisch, und jemand anders sagt auch: Das ist ein Tisch, dann sind das zwei völlig verschiedene Tische. Was er über die allereinfachsten Dinge sagt, klingt eindrucksvoller, bedeutender, ich würde fast sagen »gewichtiger«, als wenn ein anderer dasselbe sagt. Nicht, dass er sich dabei wichtigtuerisch in Positur würfe, sondern weil die Dinge bei ihm aus tieferen, stärkeren und auch zutiefst menschlichen Quellen emporsteigen als bei den meisten anderen Menschen. Auch in seiner Arbeit sucht er nach dem Menschlichen und nie nach dem Sensationellen, obwohl er immer wieder dadurch Sensationen hervorruft, dass er die Menschen so tief ergründet.

Also zurück in das kahle Büro im Jüdischen Rat. Der empfindsame junge Mann, der seine Hand hochhielt, der interessierte Mephisto und S., der nach einigen Bemerkungen einen sehr starken menschlichen Kontakt zu dem jungen Mann bekam. Nicht zu vergessen, wir waren gekommen, um über unser Vermögen ausgefragt zu werden. Was S. alles sagte, kann ich nicht mehr genau wiederholen, aber u. a. sagte er: »Die Arbeit, die Sie hier verrichten, tun Sie zwar gut, aber sie widerspricht Ihrer eigentlichen Art.« Und dann murmelte er: *»Er ist ganz introvertiert, der Mann.«* Nein, es ist doch zu schwer für mich, das zu schildern. Ich spielte als brave Schülerin tapfer mit und sagte u. a.: »Er hat auch was Weibliches und Sensibles.« Offensichtlich besaß der junge Mann Talente, die wegen seines mangelnden Selbstvertrauens nicht zu Tage traten. Und auch: »Wenn Ihnen eine Aufgabe gestellt wird, dann verrichten Sie sie gut, aber wenn Sie selbst unter verschiedenen Dingen wählen müssen, dann werden Sie unsicher« usw. usw. Es lief schließlich darauf hinaus, dass der junge Mann nach einigen Minuten wie vor den Kopf geschlagen war und völlig verblüfft sagte: *»Aber Herr S., was Sie mir hier in zwei Minuten sagen, steht auch genauso in einem Test über mich.«* Und prompt traf er eine Verabredung für eine Konsultation und brachte auf einmal tausend Ratschläge für das Ausfüllen der Formulare vor. Wie ich merke, gelingt es mir überhaupt nicht, die Komik der sonderbaren Szene wiederzugeben. Später standen wir an der verschneiten Gracht, wie ausgelassene Schuljungen vor Lachen brüllend über den unerwartet grotesken Ausgang der Amtshandlung: eine Verabredung für eine Konsultation und ein Beamter, der uns in spontaner Zuneigung durch die Maschen des Gesetzes schlüpfen lassen würde, wenn er nur könnte.

11. Januar, abends halb 12. Ich bin froh, dass morgen früh in der unordentlichen Küche ein riesiger Abwasch auf mich wartet. Es ist wie eine Art Buße. Ich verstehe, warum Mönche in rauen Kutten auf kalten Steinen knien. Ich muss sehr ernsthaft über diese Dinge nachdenken. Nun bin ich doch wieder etwas traurig heute Abend. Aber ich habe diese Umarmung ja selbst gewollt. Der Liebste, dabei hatte er sich gerade vorgenommen, viele Wochen lang ein keusches Leben zu führen. Und das angesichts der Gestapo, die ihn in wenigen Wochen erwartet. Gleichsam in dem kindlichen Glauben, wenn er selbst nichts als Güte und Reinheit ausstrahle, könne er dadurch die guten Geister im Kosmos zu seinen Gunsten beschwören. Warum sollte man nicht an so etwas glauben. Und dann kam ein wildes *»Kirgisen-Mädchen«* und machte die Keuschheitsträume zunichte. Ich fragte ihn, ob es ihn später, heute Abend im Bett beim Nachdenken über den Tag reuen würde. *»Nein«,* sagte er, *»ich bereue nie etwas, und es war doch schön und für mich ist es eine Belehrung, dass eben noch ein ›Erdenort‹ in mir ist.* Denn die plötzliche körperliche Annäherung entspringt bei mir immer einer *›seelischen Nähe‹,* und deshalb ist es gut.« Und was kommt für mich dabei heraus? Doch wieder Traurigkeit. Und die Einsicht, dass ich in einer Umarmung nicht ausdrücken kann, was ich für jemanden empfinde. Ein Gefühl, dass jemand in meinen Armen, gerade in meinen Armen, mir entgleitet. Ich betrachte seinen Mund lieber sehnsüchtig aus der Ferne, als dass ich ihn auf dem meinen spüre. In sehr seltenen Augenblicken verschafft mir dies sogar eine Art Glück, um das große Wort einmal zu gebrauchen. Und nun schlafe ich heute Nacht bei Han, aus purer Traurigkeit. Es ist doch alles sehr chaotisch.

So, jetzt weiß ich es endlich: Er betet, nachdem er seine Zähne »abgelegt« hat. Eigentlich logisch. Man muss erst alle irdischen Verrichtungen erledigt haben.

Anscheinend erlebe ich eine Blütenperiode, wie S. behauptet, sehe ich strahlend aus, und er freut sich mit mir. Im Vergleich dazu war ich vor einem Jahr todkrank mit meinem zweistündigen Mittagsschläfchen und dem monatlichen Pfund Aspirin, es war recht beängstigend, wenn ich so zurückdenke. Heute Abend habe ich wieder mal in diesen Heften geblättert. Sie sind für mich jetzt wirklich eine Art »klassische Literatur«, so fern erscheinen mir jetzt die Probleme, die ich damals hatte. Es war ein mühseliger Weg, das intime Verhältnis zu Gott wiederzufinden und abends am Fenster zu sagen: Hab dank, o Herr. In meinem inneren Reich herrscht Ruhe und Frieden. Es war wirklich ein mühsamer Weg. Jetzt erscheint mir alles so einfach und selbstverständlich. Wochenlang hat mich dieser Satz verfolgt: Man muss auch den Mut haben, auszusprechen, dass man glaubt. Das Wort »Gott« auszusprechen. Jetzt in diesem Augenblick, wo ich matt, müde und traurig und nicht ganz zufrieden mit mir selbst bin, empfinde ich es nicht so stark, aber es geht mir trotzdem nach. Heute Abend werde ich gewiss nicht zu Gott sprechen, obwohl ich mich nach kalten Steinen sehne und über die Dinge nachsinnen und sie ernst nehmen möchte. Die Dinge des Körpers ernst nehmen. Aber mein Temperament geht noch zu sehr seinen eigenen Weg, ist noch nicht in Harmonie mit der Seele. Und doch habe ich es, glaube ich, in mir: das Bedürfnis nach Harmonie auch in diesen Dingen. Trotzdem glaube ich immer weniger daran, dass es für meinen Körper und meinen Geist nur einen einzigen Mann gibt. Ich bin traurig, wenn auch anders als früher.

Ich falle nicht mehr so tief. In der Niedergeschlagenheit ist das Aufrichten schon eingeschlossen. Früher glaubte ich, ich werde nun mein ganzes Leben lang traurig sein. Und jetzt weiß ich, dass diese Momente ebenfalls zu meinem Lebensrhythmus gehören und dass dies richtig ist. Ich habe wieder Vertrauen, sehr großes Vertrauen, auch zu mir selbst. Ich vertraue meinem ernsten Willen und bin mir allmählich bewusst, dass ich mein Leben meistern werde. Es gibt Augenblicke, meist wenn ich allein bin, in denen ich eine sehr tiefe und dankbare Liebe für ihn empfinde, das Gefühl: *Du bist mir so nah, dass ich deine Nächte mit dir teilen möchte.* Und das sind die gefühlsmäßigen Höhepunkte meiner Beziehung zu ihm. Dabei ist es durchaus möglich, dass in Wirklichkeit eine solche Nacht zu einer Katastrophe führen kann. Gähnt hier nicht doch eine sonderbare Kluft?

Und jetzt gute Nacht, denn ich beginne allmählich vor Schläfrigkeit zu schwatzen. Dieser Abwasch morgen früh!

Und trotzdem: ich sehne mich nicht körperlich nach ihm, auch wenn ich manchmal irrsinnig verliebt bin. Sollte das der Grund dafür sein, dass ich ihn so tief und beinahe *»kosmisch«* liebe, wie es körperlich kaum je möglich ist? Tide und ich stehen ihm am nächsten, obwohl wir so gegensätzlich sind. Auch wir beide lieben einander sehr. Heute Mittag, als Tide uns hinausbegleitete und uns beide küsste, entstand für einen Augenblick eine sonderbare Intimität zwischen uns dreien. Und wirst du jetzt endlich mal zu Bett gehen?

19. Februar 1942, Donnerstagmittag, 2 Uhr. Was heute den größten Eindruck auf mich gemacht hat, waren die großen lilafarbenen Winterhände von Jan Bool. Wieder war jemand

zu Tode gefoltert worden, der sanftmütige junge Mann von Cultura. Ich erinnere mich noch, dass er Mandoline spielte. Seinerzeit hatte er ein nettes Mädchen, das inzwischen seine Frau geworden ist, und ein Kind ist auch da. »Die Bestien« sagte Jan Bool auf dem vollen Korridor der Universität. Sie haben ihn kaputtgemacht. Wie auch Jan Romein und Tielroy und noch einige andere zerbrechliche alte Professoren. In derselben Veluwe-Landschaft, in der sie früher ihre Sommerferien in einer freundlichen Pension verbrachten, leben sie jetzt in einer zugigen Baracke als Gefangene. Sie dürfen nicht einmal ihren eigenen Pyjama tragen, sie dürfen nichts von ihrem Eigentum behalten, erzählte Aleida Schot im Kaffeezimmer. Sie sollen dadurch völlig verstört werden und ein Minderwertigkeitsgefühl bekommen. Moralisch sind die Leute stark genug, aber gesundheitlich sind die meisten doch sehr angeschlagen. Pos lebt in einem Kloster in Haren und schreibt an einem Buch. So erzählt man. Es war heute Morgen sehr trostlos im College. Aber doch nicht völlig trostlos, einen Lichtblick gab es. Ein kurzes, zufälliges Gespräch mit Jan Bool in der kalten, engen Langebrugsteeg und an der Straßenbahnhaltestelle. »Was ist das im Menschen, das die anderen vernichten will?«, fragte Jan verbittert. Ich sagte: »Die Menschen, ja die Menschen, aber denke daran, dass du auch zu ihnen gehörst.« Und gegen meine Erwartung gab er das zu, er, der bockige, mürrische Jan. »Und die Schlechtigkeit der anderen ist auch in uns vorhanden«, predigte ich weiter. »Ich sehe keine andere Lösung, ich sehe wirklich keine andere Lösung, als sich dem eigenen Inneren zuzuwenden und dort all das Schlechte auszurotten. Ich glaube nicht mehr daran, dass wir an der äußeren Welt etwas verbessern können, solange wir uns nicht selbst im Inneren gebessert haben. Das scheint mir die einzige Lehre dieses Krieges zu sein. Dass wir gelernt haben, das Übel nur in uns selbst zu suchen und nirgendwo anders.« Und Jan stimmte mir ausnahmsweise zu, er war zugänglich und stellte Fragen, statt mir wie früher mit knochenharten sozialen Theorien zu kommen. Und er sagte: »Es ist so schäbig, sich seinen Rachegefühlen zu überlassen. Sein Leben nur auf den einen Augenblick der Rache auszurichten. Das nützt uns doch auch nichts.« Wir standen in der Kälte und warteten auf die Straßenbahn, Jan mit seinen großen lilafarbenen Winterhänden und Zahnschmerzen. Und es waren keineswegs Theorien, die wir verkündeten. Unsere Professoren sind verhaftet, wieder war ein Freund von Jan umgebracht worden, und noch viel anderes könnte man aufzählen. Und wir sagten zueinander: »Die Rachegefühle sind so schäbig.« Das ist heutzutage doch wirklich ein Lichtblick.

Jetzt erst ein wenig schlafen und dann mich mit der Freundin von Rilke beschäftigen. Es geht alles weiter, warum auch nicht! Ich müsste regelmäßiger auf diese blauen Linien schreiben. Aber dazu fehlt mir die Zeit.

25. Februar, Mittwoch. Es ist jetzt morgens halb 8. Ich habe mir die Zehennägel geschnitten und einen Becher echten Van-Houten-Kakao getrunken und ein Butterbrot mit Honig gegessen, das alles, wie man sagt, mit Hingabe. Ich habe die Bibel an einer beliebigen Stelle aufgeschlagen, aber sie gab mir an diesem Morgen keine Antwort. Eigentlich war das nicht so schlimm, denn es gab keine Fragen, nur großes Vertrauen und Dankbarkeit dafür, dass das Leben schön ist. Deshalb ist dies ein historischer Augenblick: nicht weil ich

jetzt gleich mit S. zur Gestapo muss, sondern weil ich trotz dieser Tatsache das Leben schön finde.

27. Februar, Freitagmorgen, 10 Uhr. (...) Der Mensch schafft sich sein Schicksal selbst; das scheint mir ein leichtfertiger Ausspruch zu sein. Aber wie man sich innerlich zu diesem Schicksal stellt, das kann der Mensch selbst bestimmen. Man kennt das Leben eines anderen Menschen nicht, wenn man nur die äußeren Umstände kennt. Um das Leben eines anderen zu kennen, muss man seine Träume kennen, sein Verhältnis zu seinen Verwandten, seine Stimmungen, seine Enttäuschungen, seine Krankheit und seinen Tod.

(...) Am Mittwochmorgen in aller Frühe standen wir in einer großen Gruppe im Lokal der Gestapo, die Lebensumstände waren in diesem Augenblick für alle von uns dieselben. Wir waren alle im selben Raum, die Männer hinter dem Pult ebenso wie die Befragten. Aber das Leben eines jeden war durch die Art bestimmt, wie er sich innerlich dazu stellte. Am meisten fiel ein hin und her laufender junger Mann mit unzufriedenem Gesicht auf, er verbarg seine Unzufriedenheit keineswegs und wirkte aufgeregt und gequält. Er suchte nach Vorwänden, um die unglücklichen Juden anzuschreien: *Hände aus den Taschen, bitte ...* usw. Ich fand ihn bedauernswerter als die Angeschrienen, und diese nur insofern bedauernswert, als sie Angst hatten. Als ich vor sein Pult trat, brüllte er mich plötzlich an: *»Was finden Sie hier lächerlich.«* Ich hätte gern gesagt: *»Außer Ihnen finde ich nichts lächerlich hier«*, aber aus diplomatischen Erwägungen erschien es mir besser, das zu unterlassen. *»Sie lachen ja fortwährend«*, brüllte er weiter. Und ich ganz unschuldig: *»Dessen bin ich mir gar nicht bewusst, das ist mein* *gewöhnliches Gesicht.«* Und er: *»Machen Sie keinen Blödsinn, bitte, gehen Sie rrraus«*, mit einem Gesicht wie: Mit dir rede ich noch. Und das war vermutlich der psychologische Moment, in dem ich Todesangst hätte bekommen müssen, aber ich hatte den Trick zu rasch durchschaut.

Ich habe eigentlich keine Angst. Nicht weil ich besonders tapfer wäre, sondern in dem Gefühl, dass ich es immer noch mit Menschen zu tun habe und dass ich versuchen will, jede Äußerung zu verstehen, von wem sie auch sei, sofern mir das möglich ist. Und das war wieder ein historischer Moment an diesem Morgen: Nicht dass ich von einem unglücklichen Gestapoburschen angeschrien wurde, sondern dass ich darüber keineswegs entrüstet war und eher Mitleid mit ihm hatte, sodass ich ihn am liebsten gefragt hätte: War deine Jugend denn so unglücklich, oder hat dein Mädchen dich betrogen? Er sah gequält und aufgeregt aus, übrigens auch recht unangenehm und schlapp. Am liebsten hätte ich ihn gleich in psychologische Behandlung genommen, wobei mir sehr stark bewusst war, dass solche Burschen nur bedauernswert sind, solange sie nichts Böses anrichten können, aber lebensgefährlich, wenn sie auf die Menschheit losgelassen werden. Verbrecherisch ist nur das System, das sich dieser Kerle bedient. Und wenn vom Ausrotten die Rede ist, dann sollte das Böse im Menschen und nicht der Mensch ausgerottet werden.

Außerdem an diesem Morgen: die überaus starke Empfindung, dass ich trotz allen Leides und Unrechts, das überall geschieht, die Menschen nicht hassen kann, und dass all das entsetzliche und grauenvolle Geschehen nicht etwas geheimnisvoll Fernes und Drohendes von außen ist, sondern uns sehr nahesteht und aus uns Menschen hervorgeht. Und mir deshalb wiederum vertrauter und weniger beängstigend vorkommt. Beängstigend ist vielmehr, dass die Systeme über die Menschen hinauswachsen und sie in ihren satanischen Griff bekommen, und zwar die Erfinder und die Opfer der Systeme gleichermaßen, wie große Gebäude und Türme, von Menschenhand gebaut, uns überragen und beherrschen, aber auch über uns zusammenstürzen und uns begraben können.

12. März 1942, Donnerstagabend, halb 12. Es war unbeschreiblich schön. Max, die gemeinsame Tasse Kaffee, die schlechte Zigarette und unser Spaziergang durch die verdunkelte Stadt, Arm in Arm, und die Tatsache, dass wir beide nebeneinander gingen. Die Leute, die unsere Geschichte kennen, wären sicher der Meinung, unsere Begegnung sei bizarr und äußerst sonderbar, da sie keinen Anlass hatte außer der Tatsache, dass Max heiraten will und dazu meinen Rat, komischerweise ausgerechnet meinen Rat hören wollte. Und es war schön – den Jugendfreund wiederzusehen und sich in der eigenen Gereiftheit zu spiegeln. Am Anfang des Abends sagte er: »Ich weiß nicht, was sich an dir geändert hat, aber etwas hat sich geändert. Ich glaube, dass du jetzt eine richtige Frau geworden bist.« Und zum Schluss: »Nein, du hast dich nicht unangenehm verändert, das möchte ich nicht sagen, deine Züge, deine Mimik sind noch genauso beweglich und ausdrucksvoll wie früher, aber es ist eine große Gelassenheit hinzugekommen, es ist schön, bei dir zu sein.« Die kleine Laterne schien gerade auf mein Gesicht, er lachte, nickte anerkennend und sagte entschieden: »Ja, das bist du.« Und dann schmiegten sich unsere Wangen, unbeholfen und doch sehr vertraut an-

einander, bevor wir beide in die entgegengesetzte Richtung gingen. Es war wirklich unbeschreiblich schön. Und so paradox es klingen mag: vielleicht war dies unser erstes Zusammensein, an dem wir uns wirklich einig waren. Früher hatte er einmal gesagt: »Ich glaube, dass wir nach Jahren vielleicht richtige Freunde werden können.« Und so geht nichts verloren. Menschen kommen wieder zurück, und du kannst innerlich mit ihnen weiterleben, bis sie einige Jahre später abermals zu dir zurückkommen.

Am 8. März schrieb ich an S.: *Meine Leidenschaftlichkeit früher war eigentlich nichts anderes als ein verzweifeltes Sichfestklammern an, ja, an was eigentlich? An etwas, woran man sich mit dem Körper gar nicht festklammern kann.*

Damals war es der Körper des Mannes, der heute Abend brüderlich neben mir herging, an dem ich mich in unmenschlicher Verzweiflung festklammerte. Und es war doch sehr erfreulich, dass dies geblieben war: das innige und vertraute Auswechseln unserer Gedanken, das Eintauchen in die Atmosphäre des anderen, das Auffrischen von Erinnerungen, die uns nicht mehr quälten, obwohl wir früher unser Leben buchstäblich kaputtgemacht hatten. Um nun ganz gelassen festzustellen: Ja, am Ende waren wir beide wohl sehr überspannt.

Aber dann war es doch Max, der unvermittelt fragte: »Hast du zu der Zeit noch ein Verhältnis mit einem anderen gehabt?« Ich streckte zwei Finger in die Luft. Und später, als ich erwähnte, dass ich möglicherweise einen Emigranten heiraten würde, um im Lager mit ihm zusammenbleiben zu können, verzog er das Gesicht. Und beim Abschiednehmen sagte er: »Wirst du keine Dummheiten machen? Ich habe solche Angst, dass du dabei zugrunde gehst.« Und ich:

»Ich gehe niemals und nirgends zugrunde.« Und ich wollte noch etwas sagen, aber da hatten wir uns schon zu weit voneinander entfernt. Wenn man innerlich lebt, ist der Unterschied innerhalb und außerhalb der Lagermauern vielleicht gar nicht so groß. Werde ich diese Worte später vor mir selbst verantworten können, werde ich dementsprechend leben? Wir dürfen uns keine großen Illusionen machen. Das Leben wird sehr schwer werden. Wir werden getrennt werden, wir alle, die wir einander teuer sind. Ich glaube, dass die Zeit nicht mehr fern ist. Man sollte sich innerlich bereits darauf vorbereiten.

Ich möchte gern die Briefe nochmals lesen, die ich Max mit 19 Jahren geschrieben habe. Er sagte: »Ich war immer so ehrgeizig für dich, ich habe dicke Bücher von dir erwartet.« Ich sagte: »Max, die kommen noch. Hast du es eilig? Ich kann nämlich schreiben, und ich weiß auch, dass ich etwas zu sagen habe. Aber warum sollen wir nicht Geduld haben?« »Ja, ich weiß, dass du schreiben kannst. Ab und zu lese ich die Briefe, die du mir geschrieben hast, du kannst wirklich schreiben.«

Es ist noch tröstlich, dass in dieser zerrissenen Welt noch so etwas möglich ist. Vermutlich ist mehr möglich, als wir uns selbst eingestehen wollen. Dass eine Jugendliebe zu sich zurückfindet und lächelnd in die eigene Vergangenheit zurückblickt. Und sich mit der Vergangenheit versöhnt. So ist es mir ergangen. Heute Abend gab ich den Ton an, und Max ging darauf ein, und das war schon ein großer Fortschritt.

Jetzt erscheint alles nicht mehr nur als Zufall, als kleine Spielerei oder beiläufiges spannendes Abenteuer. Man bekommt das Gefühl, dass man ein *»Schicksal«* hat, in dem sich ein Ereignis sinnvoll an das andere reiht. Etwa wenn ich daran denke, wie wir zusammen durch die dunkle Stadt gingen, gereift und von unserer eigenen Vergangenheit gerührt und mit dem Gefühl, dass wir einander noch viel zu erzählen hätten, doch wir ließen es im Ungewissen, wann wir uns wiedersehen wollen, vielleicht erst wieder nach ein paar Jahren. Aber ich bin zutiefst dankbar dafür, dass so etwas in einem Leben möglich ist. Jetzt ist es fast 12 Uhr, und ich gehe zu Bett. Ja, es war sehr schön. Und am Ende jedes Tages habe ich das Bedürfnis zu sagen: Das Leben ist trotzdem sehr schön. Jawohl, ich habe meine eigene Meinung über dieses Leben, eine Meinung, die ich sogar den anderen gegenüber verteidige, und das bedeutet viel für so ein verlegenes Kind, wie ich es immer war. Und es gibt Gespräche wie gestern Abend mit Jan Polak, in dem das Sprechen zur Zeugenaussage wird.

Dienstagmorgen, halb 10. Gestern Abend, als ich zu ihm radelte, war in mir eine große, frohe Frühlingssehnsucht. Und während ich mich nach ihm sehnte und träumend über den Asphalt der Lairessestraat fuhr, wurde ich unversehens von lauem Frühlingswind gestreichelt. Und ich dachte plötzlich: Auch das ist gut. Warum sollte man nicht einen großen und zärtlichen Liebesrausch im Frühling mit allen Menschen gemeinsam erleben? Man kann auch mit dem Winter Freundschaft schließen, mit einer Stadt oder einem Land. Ich erinnere mich, dass ich in meinen Backfischjahren zu einer weinroten Buche ein besonderes Verhältnis hatte. Abends überfiel mich manchmal ein Verlangen nach ihr, und dann machte ich mich auf den Weg, radelte eine halbe Stunde weit zu ihr und ging um sie herum, von ihrem blutroten Anblick gefesselt und verzaubert. Ja, warum sollte man sich nicht auch einmal in einen Frühling verlieben. Die Frühlingsluft umfasste mich und streichelte mich so zart, dass Männerhände, auch die seinen, mir im Vergleich dazu plump erschienen.

So kam ich bei ihm an. Aus dem Arbeitszimmer fiel ein Lichtschein in das kleine Schlafzimmer, und als ich eintrat, sah ich sein Bett aufgeschlagen und über das Bett neigte sich schwer ein duftender Orchideenzweig. Und auf dem Tischchen neben seinem Bett standen Narzissen, so gelb, so schrecklich gelb und jung. Das aufgeschlagene Bett und die Orchideen und die Narzissen – man braucht gar nicht miteinander in ein solches Bett zu gehen. Als ich kurz in dem dämmerigen Zimmer stehen blieb, kam es mir vor, als hätte ich eine lange Liebesnacht erlebt. Und er saß an seinem kleinen Schreibtisch, und mir fiel wieder auf, wie sehr sein Kopf einer grauen, verwitterten, uralten Landschaft ähnelt.

Ja, siehst du, der Mensch muss Geduld haben. Dein Verlangen muss wie ein langsames, stattliches Schiff sein, das über endlose Ozeane fährt und n i c h t nach einem Ankerplatz sucht. Und plötzlich, unerwartet findet es dann doch einen Ankerplatz für kurze Zeit. Gestern Abend hat es in seinen Hafen gefunden – war das wirklich erst vor 14 Tagen, dass ich ihn so wild und unbeherrscht an mich riss, sodass er über mich fiel, und dass ich hinterher so unglücklich war und glaubte, kaum weiterleben zu können? Und vor einer Woche, als ich in seinen Armen lag und mich dennoch unglücklich fühlte, weil ich es als etwas Erzwungenes empfand.

Und doch waren die Stationen notwendig – damit wir nun sanft aufeinander zugleiten konnten, mit dieser Vertrautheit uns lieb und teuer geworden sind. Und ein solcher

Abend bleibt lebensgroß in der Erinnerung erhalten. Und vielleicht bedarf es nicht vieler solcher Abende, damit man das Gefühl hat, ein volles und reiches Liebesleben zu führen.

Abends 9 Uhr. Meine ernste schwarze Marokkanerin schaut wieder in den Blumengarten hinaus, besser gesagt, sie schaut wie immer darüber hinweg mit ihrem dunklen Blick, der zugleich heiter und tierisch ist. Die kleinen Krokusse, gelb und lila und weiß, hängen ermattet über den Rand der Schokoladenstreuseldose, sie sind seit gestern völlig verblüht. Und dann die gelben Glocken im durchsichtigen grünen Kristall. Wie heißt ihr eigentlich? S. hat sie in einer Frühlingslaune gekauft. Und gestern Abend kam er mit einem Topf Tulpen an. Eine kleine rote Knospe und eine sehr kleine weiße Knospe, so in sich geschlossen, so unnahbar und dennoch so unsäglich lieb, ich musste sie heute Nachmittag immer anschauen, dazu Hugo Wolf. Das Rijksmuseum stand ebenfalls hinter den Fensterscheiben, herausfordernd jung und neu in seinen Konturen und zugleich so altvertraut.

Wir dürfen nicht mehr auf dem Wandelweg spazieren gehen, jedes armselige Grüppchen aus 2 oder 3 Bäumen wurde zum Wald erklärt und eine Tafel davor gepflanzt: Für Juden verboten. Und solche Tafeln häufen sich überall. Aber es gibt immer noch genügend Raum, wo man sich aufhalten kann, wo man leben und fröhlich sein und musizieren und einander liebhaben kann. Glassner[20] brachte ein Säckchen Kohlen mit, Tide etwas Holz, S. Zucker und Kekse,

[20] Evaristos Glassner, ein Freund von Mischa – nach dem Krieg Organist und Klavierlehrer in Amsterdam.

ich hatte Tee, und unsere kleine Schweizerin, eine vegetarische Künstlerin, kam mit einem großen Kuchen an. S. las zunächst einiges über Hugo Wolf. Und bei manchen Passagen über das tragische Leben zuckte es um seinen Mund. Auch deshalb habe ich ihn so gern. Er ist so echt. Jedes Wort, das er sagt oder singt oder vorliest, erlebt er mit. Wenn er traurige Dinge vorliest, ist er im selben Augenblick selber traurig. Und ich finde es rührend, wenn er in seiner Bewegtheit so aussieht, als ob er gleich losweinen würde. Dann würde ich mit Vergnügen eine Strophe mitweinen.

Und Glassner, der am Flügel immer besser wird. Ich rief ihm heute Nachmittag leise zu: »Wir verfolgen deine Fortschritte, stiller Glassner.«

Das sind Augenblicke, in denen ich sozusagen am eigenen Leib verspüre, warum schaffende Künstler sich dem Trunk ergeben, sich in Ausschweifungen verlieren und verkommen usw. Als Künstler muss man schon einen sehr starken Charakter haben, um moralisch nicht aus den Fugen zu geraten. Um nicht ins Uferlose zu treiben. Ich kann es nicht richtig beschreiben, aber in manchen Augenblicken empfinde ich es sehr stark. Meine ganze Zärtlichkeit, meine starken Emotionen, das ganze wogende Seelenmeer, den Seelen-Ozean oder wie immer man das nennen will, möchte ich dann ausgießen, verströmen lassen in einem einzigen kleinen Gedicht, aber ich fühle auch, wenn ich das könnte, würde ich mich Hals über Kopf in einen Abgrund stürzen und mich betrinken. Nach einem schöpferischen Akt muss man durch den eigenen starken Charakter aufgefangen werden, durch eine Halt gebende Moral oder was weiß ich, um nicht Gott weiß wie tief zu stürzen. Und aus welchem dunklen Drang? Ich fühle in mir, in meinen fruchtbarsten und schöpferischsten Momenten, wie gleichzeitig Dämonen in meinem Inneren auftauchen und dass vernichtende und selbstzerstörerische Kräfte in mir auf der Lauer liegen. Es ist auch nicht das übliche Verlangen nach dem anderen, nach dem Mann, es ist etwas, das kosmischer, allumfassender und nicht aufzuhalten ist. Aber ich fühle auch, dass ich mich selbst fest in den Griff bekommen kann, auch in solchen Augenblicken. Ich habe dann plötzlich das Bedürfnis, irgendwo in einer ruhigen Ecke niederzuknien, um mich selbst zu zügeln, mich zusammenzureißen und aufzupassen, dass meine Kräfte sich nicht im Uferlosen verlieren.

Gegen Ende des Nachmittags fand ich wieder zu mir und stieß gegen die Barriere von S.' durchsichtigem, hellgrauem Blick, der mich für kurze Zeit ganz in sich aufnahm, und betrachtete seinen lieben, schweren Mund. Für einen Augenblick fühlte ich mich in seinem Blick geborgen und behütet. Aber den ganzen Nachmittag hindurch war ich irgendwo in einem endlosen Raum herumgeirrt, wo keine Grenze mich aufhielt, um schließlich doch zu einer Grenze zu gelangen – zu der Grenze nämlich, wo man das Uferlose nicht mehr erträgt und sich vor Verzweiflung in Ausschweifungen stürzt. Und dazu draußen das dunkle Geäst im hellen, durchsichtigen Frühlingslicht. Die Baumkronen sah ich morgens beim Erwachen vor meinem Fenster. Und die Stämme sah ich heute Nachmittag, ein Stockwerk tiefer, vor den breiten Fensterscheiben. Die rote und weiße Tulpenknospe, einander zugeneigt, der edle Flügel, schwarz, geheimnisvoll und kompliziert, ein Wesen für sich, und hinter den Fenstern die schwarzen Zweige vor dem hellen Himmel und in einiger Entfernung das Rijksmuseum. Und S., einmal fremd, dann wieder vertraut, gleichzeitig sehr fern und sehr nah, auf einmal ein hässlicher, uralter Kobold, dann wieder ein gütiger, behäbiger Onkel beim Kuchenessen, und dann plötzlich wieder der Charmeur mit der warmen Stimme, immer wieder anders, mein Freund und mir doch immer wieder fern.

26. April 1942. Das ist jetzt nur eine kleine, rote, zerdrückte Anemone. Aber vielleicht finde ich sie zwischen den Buchseiten nach vielen Jahren wieder, wenn ich eine Matrone bin. Dann nehme ich die vertrocknete Blume in die Hand und sage ein bisschen wehmütig: Sieh mal, diese rote Anemone trug ich im Haar am 55. Geburtstag jenes Mannes, der in meinen jungen Jahren mein größter und unvergesslicher Freund war. Es war im dritten Jahr des Zweiten Weltkrieges, wir aßen im Schwarzhandel gekaufte Makkaroni und tranken *echten Bohnenkaffee*, an dem Liesl sich *»beschwipste«*, wir waren alle fröhlich und fragten im Scherz, wie es am nächsten Geburtstag wohl mit dem Krieg stünde, und ich trug die rote Anemone im Haar und jemand sagte: Du bist eine richtige russisch-spanische Mischung, und ein gut gelaunter Mann, ein blonder Schweizer mit dicken Augenbrauen sagte: Eine russische Carmen, worauf ich ihn bat, er solle uns doch mit seinem lustigen Schweizer Rrrr ein Gedicht über Wilhelm Tell vortragen.

Später gingen wir wieder durch die bekannten Straßen von Amsterdam-Zuid und sahen uns zuerst seinen Blumengarten an. Und Liesl lief inzwischen schnell nach Hause und zog ein Kleid aus glänzender, schwarzer Seide an, eng an ihrem schlanken Körper anliegend, mit weiten, durchsichtigen, himmelblauen Ärmeln und demselben Himmelblau über den kleinen weißen Brüsten. Sie ist Mutter von zwei Kindern und trotzdem so schlank und zerbrechlich. Und doch auch wieder: voll verborgener Urkraft. Und Han sah ebenfalls »fesch« und unternehmungslustig aus, auf seiner Tischkarte stand deshalb: *ewig jugendlicher Liebhaber,* Heldinnenvater, ein Titel, den er sich nur unter Protest gefallen ließ. Liesl sagte später zu mir: *»In diesen Mann könnte ich mich verlieben.«*

Aber sein besonderes Gepräge bekam der Abend, zumindest für mich, dadurch: Es war gegen halb zwölf, Liesl saß am Piano im Nebenzimmer, S. saß vor ihr auf einem Stuhl, und ich lehnte mich an ihn. Liesl fragte etwas, worauf wir plötzlich mitten in einer psychologischen Diskussion steckten. Die Züge von S. bekamen wieder ihren intensiven Ausdruck, und mit der Lebendigkeit und Bereitschaft, die ihn nie verlässt, gab er ihr in klaren, lebhaften Worten Antwort. Hinter ihm lag ein langer Tag mit Blumen und Briefen und Menschen und vielem Laufen, das Organisieren eines Mittagessens, bei dem er am Kopfende der Tafel saß, und später Wein und nochmals Wein, den er nicht sonderlich gut verträgt, sodass er schon recht müde gewesen sein muss, aber dann stellt jemand zufällig eine Frage über die ernsten Dinge des Lebens, und schon spannen sich seine Züge, er ist vollkommen konzentriert, er hätte auch am Katheder vor einem aufmerksam lauschenden Saal stehen können. Und Liesl bekommt plötzlich ein bewegtes Gesichtchen über dem durchsichtigen Himmelblau, schaut ihn mit großen Augen an und stottert in der ihr eigenen rührenden Art: *»Das finde ich so erschütternd, dass Sie so sind.«* Und ich lehne mich noch enger an ihn, streichle seinen guten, ausdrucksvollen Kopf und sage zu Liesl: »Ja, siehst du, das ist eigentlich das größte Erlebnis mit S. Er ist immer bereit und weiß immer eine Antwort, und zwar deshalb, weil immer, aber auch immer eine große Ruhe und Bereitschaft in ihm ist, und darum haben auch die Stunden, die man mit ihm verbringt, immer einen tieferen Sinn, sodass man mit ihm nie Zeit vergeudet.« Und S. blickte irgendwie kindlich erstaunt drein, mit einem Ausdruck, den ich noch immer nicht beschreiben kann und für den ich schon seit einem Jahr ständig nach Worten suche, und sagte: *»Aber das ist doch bei jedem Menschen so?«* Er küsste die kleine Liesl auf Wangen und Stirn und zog mich dabei enger an sein Knie, und ich musste auf einmal wieder an Liesls Worte denken, die sie vor ein paar Wochen auf ihrem sonnigen Dach gesagt hatte: *»Ich möchte wohl einige Tage mit S. und dir zusammen sein …«*

S. sagte: *»Man darf nie bis zum Äußersten gehen wollen, es muss noch etwas für die Fantasie übrig bleiben.«*

18. Mai 1942. (…) Die Bedrohung von außen wird ständig größer, der Terror wächst mit jedem Tag. Ich ziehe das Gebet wie eine dunkle, schützende Wand um mich hoch, ziehe mich in das Gebet zurück wie in eine Klosterzelle und trete dann wieder hinaus, *»gesammelter«*, stärker und wieder gefasst. Mich in die abgeschlossene Zelle des Gebetes zurückzuziehen wird für mich immer mehr zur Realität und auch zu einer sachlicheren Angelegenheit. Die innere Konzentration errichtet hohe Mauern um mich, in denen ich zu mir selbst zurückfinde, mich aus allen Verstreutheiten wieder zu einem Ganzen zusammenfüge. Und ich könnte mir vorstellen, dass Zeiten kommen, in denen ich tagelang auf den

Knien liegen muss, bis ich endlich fühle, dass mich wieder Mauern umgeben, in deren Schutz ich nicht an mir selbst verzweifeln kann, mich nicht verliere und zugrunde gehe.

26. Mai, Dienstagmorgen, halb 10. Ich bin am Kade entlangspaziert in einem Wind, der lau und erfrischend zugleich war. Wir kamen an Flieder und kleinen Rosen und deutschen Wachtposten vorbei. Wir sprachen über unsere Zukunft und dass wir am liebsten zusammenbleiben würden. Ich kann nicht beschreiben, wie das gestern eigentlich war. Als ich spätabends durch die laue Nacht nach Hause ging, so leicht und betäubt vom weißen italienischen Chianti, war auf einmal die Gewissheit wieder da, die jetzt, seit ich den Federhalter in den Fingern habe, wieder völlig verschwunden ist: dass ich später einmal schreiben werde. Die langen Nächte, in denen ich schreiben werde, sollen meine schönsten Nächte werden. Alles, was sich in mir angesammelt hat, wird dann aus mir herausströmen, leise und unaufhaltsam aus mir fließen in einem nie mehr endenden Strom.

Abends, nach dem Essen. (…) Heute noch: Michelangelo und Leonardo. Auch sie haben teil an meinem Leben. Dostojewski und Rilke und der hl. Augustinus. Und die Evangelisten. In so hoher Gesellschaft verkehre ich. Und damit ist nicht die *»Schöngeisterei«* von früher verbunden. Jeder erzählt mir auf seine Art von der Wirklichkeit, aus unmittelbarer Nähe. Es gab einige Arbeiten von Michelangelo, die mich unerwartet stark ergriffen und für mich zu einer entscheidenden Begegnung wurden. *»Man gab sich seinen Traurigkeiten hin, maßlos bis zur Selbstvernichtung«:* Der Satz ist legendär geworden. *Dies gibt es nicht mehr.* Auch in den

Tagen größter Ermüdung und Traurigkeit lasse ich mich nie mehr so tief fallen. Das Leben bleibt ein kontinuierlicher und ununterbrochener Strom, der vielleicht in diesen Tagen etwas langsamer fließt und auf mehr Widerstände trifft als sonst, aber dennoch immer weiterströmt. Ich kann auch nicht mehr von mir selbst so wie früher sagen: Ich bin so unglücklich, ich weiß mir keinen Rat mehr, das ist mir völlig unverständlich geworden. Früher glaubte ich manchmal anmaßend, der unglücklichste Mensch auf dieser Erde zu sein.

Es ist oft kaum zu fassen und geistig zu verarbeiten, Gott, was deine Ebenbilder auf der Erde in diesen entfesselten Zeiten sich gegenseitig antun. Aber ich schließe mich davor nicht in meinem Zimmer ein, Gott, ich halte die Augen offen und will vor nichts davonlaufen, sondern versuchen, auch die schlimmsten Verbrechen irgendwie zu begreifen und zu ergründen, und ich versuche immer wieder, den nackten, kleinen Menschen aufzuspüren, der aber in den monströsen Ruinen seiner sinnlosen Taten oft nicht mehr zu finden ist. Ich sitze nicht in diesem stillen Zimmer, um mich an Blumen zu ergötzen oder um mit Dichtern und Denkern Gott zu preisen, das wäre wahrhaftig keine Kunst, denn vermutlich bin ich gar nicht so weltfremd, wie meine guten Freunde gerührt behaupten. Jeder Mensch hat zwar seine eigene Realität, das weiß ich, aber dennoch bin ich keine verträumte Fantastin, Gott, keine noch etwas backfischhafte *»schöne Seele«* (über meinen »Roman« sagte Werner: *»Von einer schönen Seele an eine große Seele«*). Ich stehe Auge in Auge mit deiner Welt, Gott, und flüchte mich vor der Realität nicht in schöne Träume – obwohl ich glaube, dass auch neben der grausamsten Realität noch

Platz für schöne Träume ist – ich preise weiterhin deine Schöpfung, Gott – trotz allem! Wenn er demnächst wieder anruft und mit seiner inquisitorischen Stimme fragt: *»Na, wie geht's Ihnen denn?«*, kann ich aufrichtigen Herzens sagen: *»Oben sehr gut, unten sehr schlecht.«*

Die meisten Probleme sind bereits zum größten Teil gelöst, wenn man sie erfasst hat. Zumindest in der Psychologie ist das der Fall, im Leben ist das möglicherweise ganz anders. Indem ich mir plötzlich klarmachte, dass, wenn ich mich krank fühle, dies viel zu oft in Verbindung mit ihm geschieht, und indem ich dies in einem recht unbeholfenen kleinen Satz niederschreibe, habe ich mich, plötzlich ruhig geworden, wieder ein wenig von ihm gelöst und trete ihm nun gleichsam wieder von einem neu erworbenen kleinen Stück Freiheit entgegen. Und so verläuft parallel mit dem Prozess des Zueinanderhinwachsens auch ein Prozess des Immer-mehr-sich-voneinander-Lösens. Und in solchen Tagen, in denen ich mich sehr matt und ermüdet fühle, klammere ich mich vielleicht unwillkürlich stärker an seiner Kraft fest, als würde ich mein Heil von dieser Kraft erwarten. Und gleichzeitig setzt mich seine überströmende Kraft außer Gefecht, weil ich fühle, dass ich ihr nicht gewachsen bin, und fürchte, nicht standhalten zu können. Und doch ist weder das eine noch das andere die richtige Reaktion. Die Genesung und Wiederherstellung muss aus eigener Kraft erfolgen und nicht aus der seinen. Und in solchen Zeiten kann seine plötzlich hervorbrechende starke Lebenskraft mich irritieren und ängstigen, wie ein Kranker gegenüber einem Kerngesunden oft das Gefühl hat, benachteiligt zu sein.

Samstagmorgen, halb 8. (…) Die kahlen Stämme, die vor meinem Fenster aufragen, sind jetzt voll junger, grüner Blätter. Ein gelocktes Fell an nackten, harten Asketenleibern.

Ja, wie war das gestern Abend in meinem kleinen Schlafzimmer? Ich war früh zu Bett gegangen und schaute durch das große, offene Fenster hinaus. Und mir war wieder, als wäre das Leben mit all seinen Geheimnissen mir sehr nahe, als könne ich es berühren. Mir war, als ruhte ich an der nackten Brust des Lebens und hörte seinen leisen, regelmäßigen Herzschlag. Ich lag in den nackten Armen des Lebens und fühlte mich sicher und beschützt. Und ich dachte: Wie sonderbar doch das ist. Es ist Krieg. Es gibt Konzentrationslager. Die kleinen Grausamkeiten häufen sich immer mehr. Wenn ich die Straßen entlanggehe, weiß ich von vielen Häusern, an denen ich vorbeikomme: Dort ist der Sohn im Gefängnis, dort wird der Vater als Geisel gehalten, und dort ist das Todesurteil eines 18-jährigen Sohnes zu beklagen. Und diese Straßen und Häuser liegen ganz in der Nähe meines Hauses. Ich kenne die Verzweiflung der Menschen, ich weiß um das viele menschliche Leid, das sich immer mehr anhäuft, ich weiß von Verfolgung und Unterdrückung, von Willkür und ohnmächtigem Hass und von vielem Sadismus. Ich weiß das alles und behalte jedes Stückchen Wirklichkeit im Auge, das zu mir dringt.

Und dennoch – in einem unbewachten, mir selbst überlassenen Augenblick liege ich auf einmal an der nackten Brust des Lebens, und seine Arme legen sich weich und beschützend um mich, und sein Herzklopfen kann ich gar nicht schildern: Es ist so langsam und regelmäßig und leise, fast gedämpft, aber auch treu, als wollte es nie aufhören, und auch so gut und so barmherzig.

Das ist nun einmal mein Lebensgefühl, und ich glaube nicht, dass ein Krieg oder irgendwelche sinnlosen menschlichen Grausamkeiten etwas daran zu ändern vermögen.

Donnerstagmorgen, halb 10. An einem Sommertag wie heute liegt man wie in tausend weichen Armen gebettet. Man wird so träge und faul, aber im Inneren gärt eine Welt mit unbekanntem Ziel. Und was ich noch sagen wollte: Als er vor Kurzem den *»Lindenbaum«* sang (ich fand es so schön, dass ich ihn bat, einen ganzen Wald von Lindenbäumen zu singen), glichen die Falten und Linien in seinem Gesicht alten, uralten Pfaden durch eine Landschaft, die so alt war wie die Schöpfung selbst.

Am kleinen Ecktisch bei Geiger schob sich neulich Münsterbergens junges, fein geschnittenes Gesicht zwischen das seine und das meine, und eine Sekunde lang war ich fast entsetzt, wie alt sein Gesicht doch ist, als wären viele Leben darüber hinweggegangen statt des einen, das er gelebt hat. Und wie in einer Momentaufnahme entstand in mir kurz die Reaktion: Ich möchte mein Leben doch nicht für immer an das seine binden, das ist etwas Unmögliches. Aber eine solche Reaktion ist im Grunde sehr abgeschmackt und kleinlich. Sie beruht auf dem konventionellen Begriff der Ehe. Mein Leben ist ja schon an das seine gebunden, oder besser gesagt, mit dem seinen verbunden. Und nicht nur unsere Leben, auch unsere Seelen sind miteinander verbunden – ich gebe zu, dass mir das am frühen Morgen als eine hochtrabende Formulierung erscheint, aber das kommt vermutlich daher, dass man sich das Wort »Seele« noch nicht so recht zugestehen will.

Es ist so kleinlich und gemein und wirklich niederträchtig, wenn sein Gesicht mir zufällig einmal besonders gut gefällt, zu denken: Ja, ich würde ihn gern heiraten und immer mit ihm zusammen sein, und in Augenblicken, wenn er mir alt, so ur- und uralt erscheint, besonders, wenn man ein junges, frisches Gesicht neben dem seinen sieht, zu denken: Nein, lieber doch nicht. Das sind Maßstäbe, die du aus deinem Leben ausmerzen musst. Das ist eine Art zu reagieren, die ich als, ja, ich kann es nicht anders ausdrücken, als störend und hinderlich für die wirklich großen Gefühle der Verbundenheit empfinde, die über alle Grenzen von Konvention und Ehe hinausgehen. Und dabei handelt es sich nicht einmal um die Konvention und Ehe an sich, sondern um die Vorstellung, die man sich darüber macht.

Es darf einfach nicht vorkommen, dass man in dem einen Augenblick aufgrund eines bestimmten Gesichtsausdruckes oder sonst irgendwas denkt: Ich würde ihn gern heiraten. Und im nächsten Augenblick gerade entgegengesetzt reagiert. Das dürfte wirklich nicht vorkommen, weil es nichts mit den wesentlichen Dingen zu tun hat, um die es geht. Schon wieder etwas, das ich nicht einmal annähernd auszudrücken vermag. Aber: Man muss vieles aus sich herausreißen und ausrotten, damit für die großen Gefühle und Verbundenheiten in ihrer geschlossenen Gesamtheit ein unbegrenzter, weiter Raum frei wird, ohne dass sie ständig von Reaktionen niederer Ordnung durchkreuzt werden.

Freitagabend, halb 8. Heute Mittag mit Glassner japanische Bilder betrachtet. Und auf einmal wusste ich wieder: So will ich schreiben. Mit so viel Raum um ein paar Wörter. Ich hasse es, viele Worte zu machen. Ich will nur Wörter schreiben, die sich organisch in ein großes Schweigen fügen, und nicht Wörter, die nur dazu bestimmt sind, das Schweigen zu übertönen und zu zerstören. Die Wörter müssen eigentlich das Schweigen hervorheben. Wie auf dem einen japanischen Bild mit dem Blumenzweig in der unteren Ecke. Ein paar weiche Pinselstriche – aber welche Wiedergabe der kleinsten Einzelheit – und rings herum der große Raum, der aber keine Leere ist, oder sagen wir lieber: ein beseelter Raum. Ich hasse die Anhäufung von Wörtern. Man kann die paar großen Dinge, um die es im Leben geht, mit nur wenigen Wörtern sagen. Wenn ich jemals schreiben werde – was eigentlich? –, möchte ich einzelne Wörter vor einem wortlosen Hintergrund aufzeichnen. Und es wird schwieriger sein, die Stille und das Schweigen zu schildern und zu beseelen, als jene Wörter zu finden. Es geht um das richtige Verhältnis von Wörtern und Wortlosigkeit, eine Wortlosigkeit, in der mehr geschieht als in allen Wörtern, die man aneinander fügt. Und in jeder Novelle – oder was immer es sein wird – muss der wortlose Hintergrund anders getönt sein und einen anderen Inhalt wiedergeben, wie das bei den japanischen Gemälden der Fall ist. Es geht nicht um ein unbestimmtes und unfassbares Schweigen, auch dieses Schweigen muss seine eigenen festen Konturen und seine eigene Form haben. Und deshalb sollten die Wörter nur dazu dienen, dem Schweigen Form und Umriss zu verleihen. Jedes Wort soll wie ein Meilenstein oder ein kleiner Hügel an endlos und gerade verlaufenden Wegen in einer weiten Landschaft stehen. Das ist schon recht komisch an mir: Ich konnte ganze Kapitel darüber schreiben, wie ich eigentlich schreiben möchte, und dabei ist es sehr gut möglich, dass ich außer diesen Rezepten nie einen Buchstaben zu Papier bringe. Aber aus den japanischen Gemälden ersah ich plötzlich ganz anschaulich, wie ich schreiben möchte.

Später möchte ich einmal in japanischen Landschaften wandern, um es noch besser zu verstehen. Wie ich überhaupt glaube, dass ich irgendwann in den Osten reisen werde, später, um dort täglich vorgelebt zu finden, worin man hier allein, in Dissonanz zu stehen vermeint.

9. Juni, Dienstagabend, halb 11. Heute Morgen beim Frühstück mehr oder minder ausführliche Nachrichten über den Zustand im Judenviertel. Acht Menschen in einem kleinen Zimmer mit allen Unbequemlichkeiten, die damit verbunden sind. Alles ist unübersichtlich, unbegreiflich, und es ist kaum vorstellbar, dass alles, was sich nur wenige Straßen entfernt abspielt, die eigene Zukunft ist. Und heute Abend, auf dem kurzen Spaziergang von dem Schweizer Vegetarier bis zu seinen immer wilder wachsenden Geranien fragte ich ihn plötzlich: »Sag mir doch, was ich mit den Schuldgefühlen anfangen soll, die mich befallen, wenn ich höre, dass acht Menschen in einem engen Raum leben müssen, während ich das große sonnige Zimmer für mich allein habe?« Er schaute mich darauf mit einem unverkennbar etwas teuflischen Blick von der Seite an und sagte: »Da gibt es zwei Möglichkeiten: entweder du musst aus dem Zimmer ausziehen (und dabei sah er mich ironisch-forschend an, mit einem Ausdruck: ich sehe dich schon gehen), oder du musst herausfinden, was sich eigentlich hinter den Schuldgefühlen verbirgt. Vielleicht das Gefühl, nicht genügend zu arbeiten?« Und auf einmal wurde mir alles klar, und ich sagte: Ja, siehst du, ich schwebe bei der Arbeit immer in den höchsten Geistessphären, und wenn ich von solchen Missständen höre, frage ich mich wahrscheinlich unbewusst: Könnte ich meine Arbeitsmethode mit derselben Überzeugung und Hingabe fortset-

zen, wenn ich mit acht hungrigen Menschen in einem schmutzigen Zimmer wohnen müsste? Denn diese geistige Arbeit, das intensive Innenleben hat meinem Gefühl nach nur dann einen Wert, wenn es unter allen äußeren Umständen fortgesetzt werden kann, und wenn man es schon nicht praktisch und in der Tat fortsetzen kann, so doch in der inneren Vorstellung. Sonst ist alles, was ich jetzt tue, lediglich *Schöngeisterei.* Und vielleicht lähmt mich für kurze Zeit die Angst (früher konnte mich so etwas wochenlang in meiner Arbeit aufhalten, aber damals glaubte ich vermutlich noch nicht an die Notwendigkeit der Arbeit), ob ich unter solchen Umständen noch dieselbe bleibe. Die Unsicherheit, ob ich die Prüfung wohl bestehen werde. Die Beständigkeit meines Seins werde ich erst beweisen müssen, ich werde immer auf dieselbe Weise leben müssen wie jetzt, denn zur Sozialarbeiterin oder zur politischen Revolutionärin tauge ich nicht, solche Gedanken sollte ich gar nicht erst aufkommen lassen, auch wenn meine Schuldgefühle mich in diese Richtung treiben würden.

Natürlich sagte ich das nicht alles auf dem kurzen Spaziergang. Ich sagte nur: »Vielleicht habe ich Angst, dass ich die Prüfung nicht bestehen würde.« Und er darauf, sehr ernst, sehr *»gefasst«:* »Diese Prüfung wird für uns alle noch kommen.« Und dann kaufte er fünf kleine Rosenknospen, drückte sie mir in die Hand und sagte: *»Sie erwarten nie etwas von der Außenwelt, und darum empfangen Sie immer etwas.«*

Mittwochmorgen, halb 8. Er ist so mitreißend und feurig, mein Augustinus-auf-nüchternen-Magen. Ein erkälteter Kopf bringt mich zwar nicht mehr völlig aus dem Gleichgewicht, aber angenehm ist es nicht. Guten Morgen, mein unordentlicher Schreibtisch. Ein Staubtuch schlingt sich in lässigen Falten um meine fünf blutjungen Rosenknospen, und Rilkes *Über Gott* liegt halb vergraben unter dem *Russisch für Kaufleute.* Der Anarchist Kropotkin liegt vernachlässigt in einer Ecke, er hat hier nicht mehr viel zu suchen. Ich habe ihn aus dem staubigen Regal in meinem Zimmer geholt, um noch einmal seine ersten Eindrücke über die Gefängniszelle zu lesen, in der er einige Jahre verbracht hat. Und die Schilderung, wie er sich anfangs mit seiner Zelle vertraut machte, kann man, übersetzt und auf einen inneren Grundriss übertragen, als Gleichnis dafür verwenden, wie wir auf die Maßregeln reagieren müssen, die unseren Bewegungsraum immer mehr einschränken. Von dem Raum ausgehen, der einem belassen bleibt, und sei er noch so klein, seine Möglichkeiten sofort erkennen und die Möglichkeiten zu kleinen Wirklichkeiten verwandeln.

Ich sagte zu mir: Am meisten muss ich darauf achten, dass meine kräftige Konstitution erhalten bleibt, ich will hier nicht krank werden. Ich will mir vorstellen, dass ich gezwungen bin, auf einer Nordpolexpedition einige Jahre im hohen Norden zu verbringen. Ich werde mir so viel körperliche Bewegung wie möglich verschaffen und gymnastische Übungen machen und mich nicht durch meine Umgebung entmutigen lassen. Zehn Schritte sind es von einem Ende der Zelle bis zum anderen, 150-mal wiederholt, ergibt das eine Werst. Ich nahm mir vor, täglich sieben Werst zu laufen, also etwa fünf Meilen: zwei Werst am Morgen, zwei vor dem Mittagessen, zwei danach und eine Werst vor dem Schlafengehen.

Die eine Stunde vor dem Frühstück ist so etwas wie ein Aussichtsbalkon, eine Plattform für meinen Tag. Es ist so still um mich, auch wenn die Nachbarn das Radio angestellt haben und Han, wenn auch pianissimo, hinter mir schnarcht. Es gibt weder Unrast noch Hast um mich.

Manchmal, wenn ich auf meinem Rad durch die Straßen fahre, sehr langsam und ganz vertieft in das, was in mir vorgeht, dann fühle ich den Ansatz zu einer Ausdruckskraft in mir, so zwingend und so sicher, dass es mich eigentlich verblüfft, wenn dann jeder Satz, den ich niederschreibe, so unbeholfen und schwach auf den Beinen steht. Die Wörter in mir haben oft einen so sicheren und überzeugenden Gang, dass es den Anschein hat, als könnten sie aus mir herauskommen und ihren Gang ebenso sicher auf einem beliebigen Stück Papier fortsetzen. Aber das scheint noch nicht zu gelingen. Ich frage mich bisweilen, ob ich meine Fantasie nicht zu sehr ihren eigenen Spielen überlasse und ihr zu wenig von außen entgegenkomme, um sie in Formen zu zwingen. Aber es ist keineswegs eine verwilderte, ausschweifende Fantasie. Es formen sich in der Tat Dinge in mir, mit immer schärferen Umrissen, in zunehmend konzentrierter, fasslicher Form – und doch begreife ich nicht, in welcher Weise das geschieht. Manchmal ist es, als wäre in mir eine große Werkstätte, in der hart gearbeitet wird, gehämmert oder so was. Und manchmal kommt es mir vor, als wäre ich innerlich aus Granit, ein Felsblock, auf den ständig große Wassermassen aufprallen und ihn aushöhlen. Ein ausgehöhlter Granitfels, dessen Konturen und Formen gemeißelt werden. Und vielleicht stehen die Formen eines schönen Tages fix und fertig mit scharfen Umrissen da, sodass ich nur zu schildern brauche, was ich in mir vorfinde. Stelle ich mir das nicht zu sehr vereinfacht vor? Verlasse ich mich nicht zu sehr darauf, dass die Arbeit für mich getan wird? Meinen ganzen Ernst, meine gesamte Aufmerksamkeit biete ich auf, damit sie in meinem Namen bei der Arbeit anwesend sind. Aber sie stehen nur als meine Gesandten in der Werkstätte, sie beobachten nur und leisten keinerlei tatkräftige Hilfe.

Freitag. (…) und jetzt will man anscheinend durchsetzen, dass Juden die Gemüseläden nicht mehr betreten dürfen, dass sie ihre Räder abliefern müssen, die Straßenbahn nicht mehr benutzen dürfen und abends nach 8 Uhr zu Hause sein müssen.

Wenn ich mich durch diese Maßnahmen deprimiert fühle, wie heute Morgen, als sie mich wie ein bleiernes Gewicht fast erstickten, dann geht es mir gar nicht um die Maßnahmen selbst. Dann ist in mir nur tiefe Traurigkeit, die nach einem Anlass sucht, um sich zu rechtfertigen.

Wenn ich eine unangenehme Stunde geben muss, flößt mir das ebenso viel Angst und Beklemmung ein wie die schlimmsten Maßnahmen unserer Besatzungsmacht. Es sind nie die äußeren Umstände, immer ist es das Gefühl in mir, Niedergeschlagenheit, Unsicherheit oder was auch immer, das den äußeren Umständen einen traurigen oder drohenden Anschein verleiht. Bei mir wirkt immer alles von innen nach außen, nie von außen nach innen. Die drohendsten Verordnungen – und es gibt wahrhaftig genug davon – zerschellen meist an meiner inneren Sicherheit und meinem Vertrauen und verlieren, wenn ich sie innerlich verarbeitet habe, viel von ihrer Bedrohlichkeit.

Auch mit der Kälte und Unbehaglichkeit muss ich versuchen zurechtzukommen, denn sie nagen an meiner Energie und Arbeitslust. Ich muss endlich die Vorstellung aufgeben, ich sei, nur weil ich so unter der Kälte und Erkältung leide und eine verstopfte Nase habe, dazu berechtigt, mich gehen zu lassen und weniger gut zu arbeiten. Ganz im Gegenteil, würde ich sagen, obwohl man auch hier nichts erzwingen darf. Wegen des immer schlechteren Ernährungszustandes werden wir auch der Kälte immer weniger Widerstand leisten können, zumindest bei mir ist das der Fall. Und der Winter kommt erst noch. Und man muss dennoch weitermachen und produktiv bleiben. Ich glaube, ich sollte mich jetzt schon auf diese körperliche Beeinträchtigung vorbereiten, damit sie nicht jedes Mal unerwartet als äußeres Hindernis auftritt und mich für kürzere oder längere Zeit lahmlegt, aber ich muss die Behinderung sozusagen an meinen täglichen Zustand, an meine ganze Person anpassen, damit ich sie beherrsche und sie mir nicht mehr lästig ist; und damit sie folglich nicht ständig als neuer hemmender Faktor auftritt, der mich jedes Mal viel Zeit und Kraft kostet, sondern zu einem Faktor wird, den ich innerlich verarbeitet habe, sodass ich ihn nicht mehr zu beachten brauche. Das ist zwar grauenhaft unbeholfen formuliert, aber ich weiß selbst sehr genau, was ich damit meine.

Samstagmorgen. So müde und mutlos und hinfällig wie eine alte Jungfer. Und so trübselig wie draußen der kalte Nieselregen. Und so kraftlos. Aber dann solltest du auch nicht im Badezimmer bis 1 Uhr nachts lesen, wenn du die Augen vor Schlaf kaum noch offen halten kannst. Natürlich liegt es nicht nur daran. Wachsende Unlust und Müdigkeit. Vielleicht doch nur körperlich? So viele Splitter des eigenen Ichs, die den Weg zu offeneren Gebieten versperren. Das begrenzte Ich mit all seinen Wünschen, die nur die Befriedigung jenes höchst beschränkten Ichs wollen, ausrotten und auslöschen.

Je müder und kraftloser ich mich fühle, desto mehr verwirren mich seine Kräfte und seine Liebe, die er immer und für alle bereithält. Dann bin ich geradezu entsetzt, dass er in diesen Tagen so viel Kraft übrig hat. Jeden Augenblick kann man in eine Baracke nach Drenthe geschickt werden, und an den Gemüseläden hängen Tafeln: Für Juden verboten. Einem gewöhnlichen Menschen würde das zurzeit genügen. Er dagegen empfängt täglich noch 6 Patienten und verbringt intensive Stunden mit ihnen, er öffnet ihre Wunden und lässt den Eiter abfließen, er bohrt den Brunnen an, in dem sich Gott bei vielen Menschen verborgen hält, ohne dass sie es selbst wissen, er arbeitet so lange mit ihnen, bis die Gewässer in ihren vertrockneten Seelen wieder zu fließen beginnen. Auf seinem kleinen Tisch stapeln sich die Lebensbeichten, und fast jede endet mit: O hilf mir doch. Und er ist für jeden da und hilft. Gestern Abend im Badezimmer las ich Folgendes über einen Priester: *Er war als Mittler zwischen Gott und den Menschen gestanden. Nichts vom Alltag hatte ihn berühren können. Und gerade darum verstand er die Not aller Werdenden so gut.* Es gibt Tage, in denen ich nicht mithalten kann, aus Ermüdung oder sonst was. Und dann möchte ich, dass seine ganze Aufmerksamkeit und Liebe allein für mich da ist. Dann bin ich nichts weiter als ein engumgrenztes Ich, und die kosmischen Räume sind vor mir verriegelt. Und natürlich verliere ich dann den Kontakt mit ihm. Dann möchte ich, dass er auch nur ein »Ich« sei, ebenso begrenzt, und nur für mich da. Ein sehr verständliches weibliches Verlangen. Aber ich bin schon ein ganzes Stück Weg von dem eigenen »Ich« abgerückt, und ich werde den Weg auch weitergehen. Und Tiefpunkte gehören zu diesem Weg. Früher schrieb ich manchmal spontan: Ich habe ihn so lieb, so unendlich lieb. Und dieses Gefühl ist jetzt fort. Vielleicht fühle ich mich deshalb so schwer und traurig und verbraucht. Und beten kann ich auch nicht in den letzten Tagen. Und ich kann mich selber nicht leiden. Diese drei Dinge dürften wohl zusammenhängen. Und dann bin ich auf einmal so störrisch wie ein Esel, der auf einem felsigen Pfad keinen Schritt mehr vorwärts tut. Wenn mein Gefühl für ihn dann wie tot ist – ohne Kraft und Raum, um ihn in mir zu beleben –, frage ich mich plötzlich: Hat er mich denn auch losgelassen? Werden seine Kräfte so sehr von den vielen Menschen aufgezehrt, die ihn täglich brauchen, dass er sich von mir abwendet? Etty, du ekelst mich an. So egozentrisch und klein. Statt ihm mit deiner Liebe und deinem Interesse beizustehen, fragst du wie ein quengeliges Kind, ob er dir wohl um Himmels willen auch genügend Aufmerksamkeit widmet. Es ist das Weibchen, das alle Aufmerksamkeit und Liebe für sich beansprucht. Soeben ein kurzes, sachliches und farbloses Telefongespräch mit ihm. Und ich glaube, dass bei mir auch das eine Rolle spielt: ein *»Sich hineinsteigern«* in ein sogenanntes tragisches Gefühl. Nicht nur sich unglücklich fühlen, sondern sich immer mehr unglücklich fühlen wollen. Die dramatischen Situationen auf die Spitze treiben und dann so schön darunter leiden. Ein Rest meines Masochismus? Und es nützt nichts, wenn man in seinen »oberen Schichten« vernünftig und erwachsen argumentiert, solange in den unteren Schichten die giftig wuchernden Pflanzen nicht mit Stumpf und Stiel ausgerottet werden. Er würde wahrscheinlich lauthals lachen, wenn er von meinen Fantasien über die »toten Gefühle« für ihn wüsste. Er würde sehr sachlich und beruhigend und ernsthaft sagen: »In jedem Verhältnis kommt es hin und wieder zu einer Krise, die muss man ruhig vorbeigehn lassen, es wird alles wieder gut.«

Ich fasse solche Augenblicke wieder viel zu absolut auf. Es ist aber auch verdammt albern von dir, dich in dieser Zeit, die so sehr an den Kräften zehrt, unglücklich zu fühlen, weil die Spannung zwischen dir und einem Mann etwas nachgelassen hat. Du, die nicht stundenlang Schlange zu stehen braucht. Das Essen steht jeden Tag auf dem Tisch, dafür sorgt Käthe. Und der Schreibtisch mit den Büchern wartet jeden Morgen einladend auf dich. Und der Mann, der für dich das Wichtigste im Leben ist, wohnt ein paar Straßen entfernt und ist noch nicht abgeholt worden. Schlaf dich lieber aus. Du solltest dich schämen. Und trage deine Kämpfe mit dir selber aus, und quäle die anderen nicht mit deiner Gereiztheit. Und gib dich nicht dermaßen einer Stimmung, einem Augenblick hin, auch nicht einem schläfrigen Augenblick, sondern behalte die große Linie, den großen Weg im Auge. Sei meinetwegen traurig, einfach und ehrlich traurig, aber mache kein Drama daraus. Auch in seiner Trauer muss der Mensch einfach sein, sonst ist es nichts als Hysterie. Du solltest dich in einer kahlen Zelle einschließen können und solange mit dir allein sein, bis du wieder vernünftig geworden bist und die Hysterien sich alle gelegt haben.

19. Juni, Freitagmorgen, halb 10. Weißt du, was ich an dir so widerlich finde, mein Kind? Deine halbherzige Offenheit und deine Überheblichkeit. Gestern Abend wollte ich

noch ein paar Worte schreiben, aber eigentlich war es nur verschwommener Unsinn. Ich habe manchmal Angst, die Dinge beim Namen zu nennen. Weil dann möglicherweise nichts mehr übrig bleibt? Die Dinge müssen es vertragen können, dass man sie präzise beim Namen nennt. Wenn sie es nicht vertragen, haben sie keine Daseinsberechtigung. Vieles im Leben versucht man durch eine Art vager Mystik zu retten. Mystik muss auf kristallklarer Ehrlichkeit beruhen. Nachdem man zuvor die Dinge bis zur nackten Realität durchforscht hat.

Wenn ich abends nach Hause komme, meine ich (oft), großartige Dinge erlebt zu haben, für die ich noch rasch eine unsterbliche Formulierung finden möchte. Nicht nur einfach, mit zur Not unbeholfenen Wörtern niederschreiben, was ich erlebt habe – schließlich ist dies ein Tagebuch –, ich möchte aus den einfachsten Erlebnissen am liebsten gleich Aphorismen und ewige Weisheiten keltern. Mit weniger gebe ich mich absolut nicht zufrieden. An diesem Punkt beginnt schon die Verschwommenheit und das Verallgemeinern. Ich finde es unter meiner hochgeistigen Würde, etwa über meinen Bauch zu schreiben (was für eine plumpe und krude Bezeichnung eigentlich für diesen höchst belangreichen Körperteil). Wenn ich meine Stimmung von gestern Abend beschreiben will, dann sollte ich erst ganz ehrlich und sachlich eingestehen: es war am Tag vor meiner Menstruation, und dann bin ich nur halb zurechnungsfähig. Wenn Han mich nicht um halb 1 ins Bett gejagt hätte, säße ich jetzt noch am Schreibtisch. Und ich glaube nicht, dass es sich in dem Fall um echte schöpferische Momente bei mir handelt, sondern um scheinbar schöpferische Momente. Dann ist alles in mir in Aufruhr und Bewegung. Mich überkommt eine gewisse Zerstreutheit und Nachlässigkeit, manchmal sogar Leichtsinn, die keine andere Ursache haben als den weiblichen, bei mir leider dreiwöchentlichen Prozess südlich meines Zwerchfells. Und derselbe Prozess bestimmte gestern Abend bei mir auch verschiedene andere Reaktionen.

»Demnächst haben wir noch Fettflecke auf den Büchern und Tintenkleckse auf dem Butterbrot«, sagt Papa Han, »du wärst dazu imstande«. Die Familie sitzt noch beim Mittagessen, ich habe meinen Teller zur Seite geschoben und schreibe über Rilke, mitten zwischen den seltenen Erdbeeren und dem sonderbaren Kaninchenfutter, das wir essen … Und jetzt ist das Zimmer leer, und ich bin allein mit den Krümeln auf dem Tischtuch und einem einsamen Radieschen und den schmutzigen Servietten. Käthe ist in der Küche und wäscht ab. Es ist jetzt halb zwei. Ich lege mich erst mal eine Stunde schlafen, bis sich die schlimmsten Bauchschmerzen beruhigt haben. Um 5 Uhr kommt irgendein Mann, von Becker geschickt, der vermutlich Russischunterricht nehmen möchte. Heute Abend noch ein Stündchen Puschkin lesen. Ich brauche nicht Schlange zu stehen und mich kaum um den Haushalt zu kümmern. Ich glaube kaum, dass es außer mir noch einen Menschen in Holland gibt, der unter so günstigen Bedingungen lebt, so will es mir wenigstens scheinen. Und ich fühle schwer die Verpflichtung auf mir lasten, all die Zeit, die ich, unbeschwert von alltäglichen Sorgen, für mich verwenden darf, gut zu nutzen, in jeder Minute. Jeden Tag stelle ich erneut fest, dass ich nicht genügend konzentriert und intensiv arbeite. Ich habe echte Verpflichtungen, moralische Verpflichtungen.

Samstagabend, halb 1. (…) Zur Erniedrigung sind zwei Leute notwendig. Einer, der erniedrigt, und einer, den man erniedrigen will, oder vor allem: der sich erniedrigen *lässt*. Entfällt das Letztere, ist also die passive Seite gegen jede Erniedrigung immun, dann verpuffen die Erniedrigungen in der Luft. Was übrig bleibt, sind nur lästige Verordnungen, die das tägliche Leben beeinflussen, aber keine Erniedrigung oder Unterdrückung darstellen, die die Seele bedrängen. Zu dieser Einstellung müsste man die Juden erziehen. Ich radelte heute Morgen über den Stadionkade, genoss den weiten Himmel über dem Stadtrand und atmete die frische, nicht rationierte Luft. Und in der freien Natur, überall Tafeln auf den Wegen, die für Juden gesperrt sind. Aber auch über dem einzigen Weg, der uns verblieben ist, wölbt sich der gesamte Himmel. Man kann uns nichts anhaben, man kann uns wirklich nichts anhaben. Man kann es uns recht ungemütlich machen, man kann uns der materiellen Güter berauben, auch der äußeren Bewegungsfreiheit, aber letzten Endes berauben wir uns selbst unserer besten Kräfte durch unsere falsche Einstellung. Weil wir uns verfolgt, erniedrigt und unterdrückt fühlen. Durch unseren Hass. Durch unsere Wichtigtuerei, hinter der sich die Angst verbirgt. Man darf durchaus manchmal traurig und niedergeschlagen über das uns Angetane sein; das ist menschlich und verständlich. Und dennoch: Den größten Raubbau an uns treiben wir selbst. Ich finde das Leben schön und fühle mich frei. Der Himmel ist in mir ebenso weit gespannt wie über mir. Ich glaube an Gott, und ich glaube an die Menschen, das wage ich ohne falsche Scham zu sagen. Das Leben ist schwer, aber das ist nicht schlimm. Man muss beginnen, sich selbst ernst zu nehmen, und das

Übrige kommt von selbst. Und das »Arbeiten an sich selbst« ist weiß Gott kein kränklicher Individualismus. Der Frieden kann nur dann zum echten Frieden werden, irgendwann später, wenn jedes Individuum den Frieden in sich selbst findet, und den Hass gegen die Mitmenschen, gleich welcher Rasse oder welchen Volkes, in sich ausrottet, besiegt und zu etwas verwandelt, das kein Hass mehr ist, sondern auf weite Sicht vielleicht sogar zu Liebe werden könnte. Aber das ist vermutlich zu viel gefordert. Und doch ist es die einzige Lösung. So könnte ich weitermachen, viele Seiten lang. Das Stückchen Ewigkeit, das man in sich trägt, kann man ebenso in einem einzigen Wort ausdrücken wie in zehn dicken Bänden abhandeln. Ich bin ein glücklicher Mensch und preise dieses Leben, jawohl, im Jahre des Herrn 1942, dem soundsovielten Kriegsjahr.

Sonntagmorgen, 8 Uhr. (…) Mein Frühstück steht neben mir: ein Glas Buttermilch, zwei Schnitten Graubrot mit Butter, Gurke und Tomaten. Ich habe auf den Becher Kakao verzichtet, den ich mir am Sonntagmorgen immer heimlich genehmige, und will mich mit diesem mönchischen Frühstück begnügen, weil es mir besser bekommt. So ermittle ich meine »Gelüste« bis in die geheimsten und nebensächlichsten Gebiete und tilge sie aus. Es ist besser. Wir müssen lernen, sehr unabhängig, immer unabhängiger zu werden von den leiblichen Bedürfnissen, die über das Allernotwendigste hinausgehen. Wir müssen unseren Körper dazu erziehen, dass er nicht mehr von uns fordert als das Allernötigste, vor allem auf dem Gebiet der Ernährung, denn es sieht so aus, als kämen diesbezüglich schwere Zeiten auf uns zu. Nicht: als kämen sie, sie sind bereits da. Und doch finde ich, dass es uns immer noch erstaunlich gut geht. Aber man kann sich in Zeiten verhältnismäßigen Überflusses leichter zu einer gewissen Enthaltung erziehen, freiwillig, als wenn man in kargen Zeiten dazu gezwungen wird. Was man freiwillig aus eigenem Antrieb fertigbringt, ist besser fundiert und beständiger als das, was unter Zwang zustande kommt. (Erinnert mich an Professor Becker und sein Päckchen Zigarettenstummeln.) Wir müssen so unabhängig von den materiellen und äußeren Dingen werden, dass der Geist unter allen Umständen seinen Weg weiter verfolgen und seine Arbeit verrichten kann. Und deshalb: keine Schokolade, sondern Buttermilch. Jawohl!

Was gibt es hier auf meinem Schreibtisch doch viel zu tun. Die Geranie von Tide, die sie mir vorige Woche (erst vor einer Woche!) nach dem plötzlichen Tränenausbruch mitgab, steht noch da. Und die Tannenzapfen, ich erinnere mich, wann ich sie gesammelt habe. Es war auf der Heide, gleich hinterm Landhaus von Frau Rümke. Es war, glaube ich, das erste Mal, dass ich einen ganzen Tag mit ihm in der freien Natur verbrachte. Wir führten ein Gespräch über das Dämonische und Undämonische. Ja, jetzt werden wir die Heide lange nicht sehen, was ich ganz selten als etwas Erdrückendes und Verarmendes empfinde, aber meistens weiß ich: Auch wenn uns nur eine enge Straße bleibt, auf der wir gehen dürfen, steht über dieser Straße der ganze Himmel. Und die drei Tannenzapfen werden mich, wenn es sein muss, nach Polen begleiten. Du meine Güte, dieser Schreibtisch ähnelt der Welt am ersten Schöpfungstag. Außer den exotischen japanischen Lilien, der Geranie, verwelkten Teerosen, Tannenzapfen, die zu heiligen Reliquien geworden sind, und dem marokkanischen Mädchen mit dem zugleich heiteren und animalischen Blick versammeln sich da noch der hl. Augustinus und die Bibel, eine russische Grammatik und Wörterbücher, Rilke und unzählige Notizzettel, eine Flasche Limonadenersatz, Schreibmaschinen- und Kohlepapier und Rilkes gesammelte Werke, nun ja, und Jung. Und das liegt alles nur so zufällig herum.

Dienstagmorgen, halb 9. (…) Vor ein paar Tagen hatte ich noch Rachegedanken und fühlte mich zurückgesetzt, heute Morgen im Bett musste ich auf einmal lauthals lachen über so viel infantilen Wahnsinn. Ich stand vor der Kommode, vor Herthas starrem Gesicht mit dem prolongierten Lächeln, während sein Bett schon für die Nacht aufgeschlagen war. Ich stand an der Tür und wollte mich verabschieden. Mit einem Auge schielte ich auf das für mich nun seit 16 Monaten unveränderte Lächeln und mit dem anderen auf das offene Bett, und dachte wild und traurig und vereinsamt zur gleichen Zeit: Jawohl, das farbige Bett da ist für das stinklangweilige Fräulein mit ihrem leblosen Lächeln bestimmt. Er würde vermutlich lachen, dass die Wände wackeln, wenn er diesen gekränkten weiblichen Herzenserguss läse. Arme Hertha, wie ungerecht bin ich gegen dich. Manchmal flitzt mir der Gedanke durch den Kopf, wie du dort in London wohl lebst. Das frage ich mich, wenn ich auf dem Rad in seine stille Straße einbiege und von Weitem seine aus dem Fenster vorgebeugte Gestalt und seinen Arm ungeduldig winken sehe. Er beugt sich dann weit vor über die dichten Geranienranken, die vor seinem Fenster verbluten. Dann laufe ich die Steinstufen zur Haustür hinauf, die er meist bis dahin aufgerissen hat, und stürze atemlos in seine beiden kleinen Zimmer. Manchmal steht er in der Zimmermitte und sieht so gewaltig und eindrucksvoll aus, als wäre er aus dem grauen Stein eines Felsens gehauen, der schon am dritten Schöpfungstag stand. Und manchmal ist er überhaupt nicht eindrucksvoll, sondern gutmütig und plump wie ein ungelenker Bär und so lieb, wie ich nie geglaubt hätte, dass ein Mann lieb sein kann, ohne dabei jemals langweilig oder weiblich zu wirken. Gelegentlich modelliert ein Gedanke plötzlich seine Züge, die sich dann wie Schiffssegel im Wind spannen, und er sagt: *»Hören Sie mal …«* und dann kommt etwas, woraus ich meist etwas lerne. Und immerzu die großen und guten Hände, die ständigen Wärmeleiter einer Zärtlichkeit, die nicht aus dem Körper, sondern aus der Seele kommt. Arme Hertha dort in London. Von den Gemeinsamkeiten in unserem Leben fällt mir der größte Anteil zu. Ich werde dir später viel über ihn erzählen können. Unter Qualen lerne ich, mich damit abzufinden, dass man seine Liebe mit der ganzen Schöpfung, mit dem gesamten Kosmos teilen muss. Aber dadurch erhält man selbst auch Zugang zum Kosmos. Doch der Preis für die Eintrittskarte ist hoch, und man muss lange mit Blut und Tränen dafür sparen. Aber weder mit Leid noch mit Tränen ist sie zu hoch bezahlt. Und du wirst ganz von vorn anfangen müssen. Wenn diese Zeit kommt, werde ich wie eine Verrückte in der Welt herumreisen, weil ich doch nicht völlig im Kosmos aufgehen werde und irgendwie immer eine kleine Frau bleiben werde.

Und du wirst wahrscheinlich einen ähnlichen Weg gehen müssen wie ich, denn dieser Mann ist so durch und durch von Ewigkeit durchtränkt, dass er sich kaum mehr ändern wird. Und ich glaube, dass wir beide, du und ich, viel Gemeinsames haben müssen, sonst hätte sich diese

Freundschaft zwischen ihm und mir nicht entwickeln können. Du wirst möglicherweise etwas schüchterner und einsamer sein, als ich jetzt bin. Du dürftest etwas ausgeglichener sein, während bei mir mehr Bizarrheiten vorkommen. Und mein Verzicht wird mit deinem leiblichen Eintritt in unser Leben beginnen. Er würde diese Worte als närrisch bezeichnen, denn sein Überfluss reicht für mehr als nur einen einzigen Menschen, und bei ihm braucht niemand zu darben. Aber wir Frauen sind nun einmal so sonderbar geartet. Mein Leben kreuzt sich oft mit dem deinen, wie wird es später in Wirklichkeit sein? Wenn wir einander später wirklich begegnen sollten, müssen wir uns vorher versprechen, einander freundlich gesinnt zu sein, was auch immer kommen mag. Denn das würde bedeuten, dass die Geschichte sich wieder in Bahnen bewegt, die es uns ermöglichen, frei zu atmen und zu leben. Und das gemeinsame Erleben dieses großen Geschehens sollte alle Gegensätze zwischen den einzelnen Menschen auslöschen.

Bist du manchmal nicht verzweifelt, dort drüben an der anderen Seite des Kanals? Natürlich, ich kenne ja deine Briefe. Und dass du kleines Mädchen das alles in der großen bombardierten Stadt allein ertragen musst, wie schaffst du das? Eigentlich bewundere ich dich, und sollte ich einmal damit beginnen, dich zu bemitleiden, so würde das kein Ende nehmen.

In Amsterdam lebt eine Frau, die jeden Abend für dich betet, was sehr großherzig von dieser Frau ist, denn außer Gott liebt sie nur ihn mit einer Liebe, die die erste und letzte in ihrem Leben ist. Ich bin froh, dass jemand für dich betet, dein Leben ist dadurch beschützter, und ich bin dazu noch nicht imstande. Ich bin nicht wirklich groß, außer vielleicht in einzelnen erleuchteten Augenblicken, aber sonst bin ich mit allen Untugenden ausgestattet, die die Schritte des Menschen auf seiner Pilgerfahrt zum Himmel erschweren. Eifersucht, kleinbürgerliche Voreingenommenheit und was du nur willst. Zum Glück kenne ich die wenigen Dinge, auf die es im Leben ankommt, und vielleicht kommt noch einmal der Abend, an dem ich für dich bete, frei von allen kleinlichen Hintergedanken und Eifersucht. Und an dem Abend wirst du plötzlich vergnügt und mit dem Leben versöhnt sein wie schon lange nicht mehr, und dann wirst du nicht verstehen, woher das Gefühl kommt. Aber so weit bin ich noch nicht. Und jetzt muss ich an die Arbeit. Was tust du in diesem Augenblick? Dein täglicher Kampf ums Dasein ist so viel schwerer als der meine, dass ich dir gegenüber Schuldgefühle haben müsste, wie allen gegenüber, die sich um ihre tägliche Nahrung abplagen müssen, Schlange stehen müssen und so fort. Das legt mir eine große moralische Verpflichtung und Verantwortung auf. Eine meiner Hauptbeschäftigungen ist das Studium der russischen Sprache und jenes lieben, großen Landes, wo diese Sprache gesprochen wird. An dem Tag, an dem du hier den Fuß an Land setzest, laufe ich blindlings zum Bahnhof und löse eine Karte, die mich geradewegs ins Herz jenes Landes führt. Was sagst du zu so viel infantiler Romantik am frühen Morgen? In einer Zeit wie dieser? Ja, natürlich schäme ich mich, aber die Wahrheit ist, dass es in meiner Fantasie manchmal so zugeht. Ach Hertha, wenn du nur wüsstest, wie bedroht unser Leben hier ist. Ich schreibe an diesem sonnigen Morgen so arglos »den Fuß an Land setzen« und »einander begegnen«, aber vielleicht sind wir bis dahin längst in einem unwirtlichen Lager umgekommen. Unser Leben ist hier von Tag zu Tag stärker bedroht, und wie das alles enden wird, wissen wir nicht.

Donnerstagnachmittag. Aus einem Brief meines Vaters in seinem unnachahmlichen Humor:

– Heute hat das fahrradlose Zeitalter begonnen. Ich habe Mischas Rad persönlich abgeliefert. Wie ich in der Zeitung lese, dürfen die Juden in Amsterdam noch Rad fahren. Was für ein Vorrecht! Wir brauchen jetzt keine Angst mehr zu haben, dass unsere Fahrräder gestohlen werden. Unseren Nerven tut das ausgesprochen gut. Seinerzeit in der Wüste haben wir 40 Jahre lang auch ohne Fahrräder auskommen müssen.

27. Juni, Samstagmorgen, halb 9. Mehrere Leute in einer engen Zelle. Ist es dann nicht unsere Aufgabe, inmitten der üblen Körperausdünstungen »den Duft unserer Seelen zu erhalten«?

Gestern an unserem Musiknachmittag sagte S. nach einem vierhändigen Stück von Schubert und einem anschließenden von Mozart: *»Bei Schubert denke ich an die Grenzen des Klaviers, bei Mozart an die Vorzüge.«*

Und Mischa, zögernd und nach einer Formulierung suchend, aber mit durchschlagendem Effekt: *»Ja, Schubert missbraucht in diesem Stück das Klavier, um Musik zu produzieren.«* Am Ende des Nachmittags ging ich noch ein Stück mit ihm auf dem Kai spazieren. Plötzlich übermannte mich das Gefühl eines rasch nahenden Abschieds und ich sagte: »… Vielleicht haben wir überhaupt keine Zukunft mehr …« Seine Antwort darauf lautete: »Ja, wenn man den

Begriff der Zukunft im materialistischen Sinn auffasst, ja …«

»Ohne Kaffee und Zigaretten kann man leben«, sagte Liesl empört, »aber ohne die Natur, nein, das geht nicht, die darf man doch niemandem wegnehmen«. Ich sagte: »Stell dir vor, du müsstest eine Gefängnisstrafe absitzen, meinetwegen von ein paar Jahren, und betrachte die paar Bäume gegenüber deinem Haus als einen Wald. Und für ein Gefängnis haben wir immerhin noch recht viel Bewegungsfreiheit.«

Liesl, manchmal ist sie wie eine kleine Elfe, die in warmen Sommernächten im Mondlicht badet. Aber sie putzt außerdem drei Stunden pro Tag Spinat und steht Schlange um Kartoffeln, bis sie beinahe bewusstlos wird. Und manchmal stößt sie kleine Seufzer aus, die ganz tief aus ihr hervorbrechen und ihren kleinen Körper bis obenhin erschüttern. Sie hat eine große Schüchternheit und Keuschheit an sich, obwohl die Fakten ihres Lebens keineswegs keusch klingen, und gleichzeitig auch etwas Kräftiges, eine ursprüngliche Naturkraft. Ihre kurze Anwandlung von Niedergeschlagenheit war nur von vorübergehender Art. Und sie wäre sehr erstaunt, wenn sie wüsste, was ich hier niederschreibe: Eigentlich ist sie meine einzige wirklich frauliche Freundin.

Montagmorgen, 10 Uhr. (…) Gott ist uns keine Rechenschaft schuldig, wohl aber wir ihm. Ich weiß, was uns noch erwarten kann. Ich bin jetzt von meinen Eltern getrennt und kann sie nicht erreichen, auch wenn sie nur eine zweistündige Reise von mir entfernt sind. Aber ich weiß immerhin, in welchem Haus sie wohnen und dass sie keinen Hunger leiden und dass viele wohlgesinnte Menschen um sie sind.

Und sie wissen ebenfalls, wo ich bin. Aber ich weiß, dass eine Zeit kommt, in der ich nicht wissen werde, wo sie sind, nur dass sie deportiert wurden und elend umkommen werden. Ich weiß, dass es so kommen wird. Nach den letzten Nachrichten sollen alle Juden aus Holland deportiert werden, über Drenthe nach Polen. Und der englische Sender berichtete, dass seit dem vergangenen Jahr 700.000 Juden in Deutschland und in den besetzten Gebieten umgekommen sind. Und falls wir am Leben bleiben, sind das ebenso viele Wunden, an denen wir unser ganzes Leben lang tragen müssen. Und dennoch halte ich das Leben nicht für sinnlos, Gott, ich kann mir nicht helfen. Gott ist uns auch keine Rechenschaft schuldig für die Sinnlosigkeit, die wir selbst anrichten. Wir sind Rechenschaft schuldig! Ich bin schon tausend Tode in tausend Konzentrationslagern gestorben. Ich weiß über alles Bescheid und neue Nachrichten beunruhigen mich nicht mehr. Auf eine oder andere Art ist mir das alles bewusst. Und doch finde ich das Leben schön und sinnvoll. Jede einzelne Minute.

1. Juli, morgens. Mein Geist hat die Nachrichten der letzten Tage schon verarbeitet – die Gerüchte sind bis jetzt schrecklicher als die Tatsachen, zumindest die Tatsachen, die uns angehen, denn in Polen scheint das Morden in vollem Gang zu sein –, aber mein Körper offenbar noch nicht. Er ist wie in tausend Stücke zersplittert, und jedes Stückchen hat einen anderen Schmerz. Komisch, wie mein Körper die Dinge nachträglich verarbeiten muss.

Wie oft habe ich gebetet, noch vor weniger als einem Jahr: O Herr, lass mich doch etwas einfacher werden. Wenn dieses Jahr mir etwas gebracht hat, dann ist es diese große innere Einfachheit. Und ich glaube, dass ich später auch die schwierigsten Dinge des Lebens in ganz einfachen Worten werde sagen können. Später.

Und jetzt kann ich kein Körperglied mehr rühren, keinen Gedanken mehr fassen, so angegriffen bin ich körperlich. Es ist jetzt fast 1 Uhr. Nach dem Kaffee werde ich versuchen, ein wenig zu schlafen. Und um Viertel vor 5 bei S. Mein Tag setzt sich manchmal aus hundert Tagen zusammen. Jetzt bin ich völlig kaputt. Heute Morgen um 7 Uhr brach eine ganze Hölle der Unruhe und Aufregung in mir los, und das ist gut, ich kann dadurch ein wenig die Angst der anderen nachempfinden, denn mir ist die Angst immer mehr fremd geworden. Um 8 Uhr war ich bereits wieder die Ruhe selbst. Und ich war beinahe stolz darauf, dass ich in dem ramponierten Körperzustand noch 1½ Stunden russischen Konversationsunterricht abhalten konnte, früher hätte ich in einem solchen Fall unter Berufung auf meinen Zustand telefonisch abgesagt. Und heute Abend ist wieder ein neuer Tag, dann kommt wieder jemand, der Schwierigkeiten hat, ein katholisches Mädchen. Wenn man in der gegenwärtigen Zeit als Jude einem Nichtjuden bei seinen Schwierigkeiten helfen kann, gibt einem das ein sonderbares Gefühl der Kraft.

Nachmittags, Viertel nach 4. Sonne auf der Veranda, ein leichter Wind weht durch den Jasmin. Siehst du, jetzt hat schon wieder ein neuer Tag begonnen, der wievielte seit heute Morgen 7 Uhr? Ich bleibe noch zehn Minuten beim Jasmin, dann auf dem uns gestatteten Rad zu meinem Freund, der seit 16 Monaten zu meinem Leben gehört, obwohl es mir vorkommt, als würde ich ihn schon seit 1000 Jahren kennen, der mir aber manchmal plötzlich wieder so neu erscheint, dass mir vor Verwunderung der Atem stockt. Wie seltsam ist dieser Jasmin, mitten im grauen und schmutzigen Dunkel steht er so strahlend und zierlich da. Ich verstehe den Jasmin nicht. Man braucht es auch nicht zu verstehen. Man darf auch in diesem 20. Jahrhundert noch an Wunder glauben. Und ich glaube an Gott, auch wenn mich demnächst die Läuse in Polen auffressen.

Das Leiden tastet die Würde des Menschen nicht an. Ich meine damit: Man kann menschenwürdig und menschenunwürdig leiden. Ich meine damit: Die meisten Menschen des Westens verstehen die Kunst des Leidens nicht und haben tausend Ängste davor. Das ist kein Leben mehr, wie die meisten Menschen leben: in Angst, Resignation, Verbitterung, Hass, Verzweiflung. Mein Gott, man kann es so gut verstehen. Aber wenn ihnen dieses Leben genommen wird, dann wird ihnen doch nicht viel genommen? Man muss den Tod als einen Teil des Lebens akzeptieren, auch den schrecklichsten Tod. Aber erleben wir nicht jeden Tag ein ganzes Leben, und macht es denn viel aus, ob wir ein paar Tage mehr oder weniger leben? Ich bin jeden Tag in Polen, auf den Schlachtfeldern, so könnte man sagen, manchmal drängt sich mir eine Vision von giftgrünen Schlachtfeldern auf; ich bin bei den Hungernden, bei den Misshandelten und Sterbenden, jeden Tag bin ich dort, aber ich bin auch hier bei dem Jasmin und dem Stück Himmel vor meinem Fenster, in einem einzigen Leben ist für alles Platz. Für den Glauben an Gott und für einen elenden Untergang.

Man muss auch die Kraft haben, allein zu leiden und andere nicht mit den eigenen Ängsten und Sorgen zu belasten. Das müssen wir noch lernen, und man sollte einander dazu erziehen, und wenn es nicht mit Milde geht, dann mit Strenge. Wenn ich sage: Ich habe auf die eine oder andere Weise mit dem Leben abgerechnet, dann ist das keine Resignation. *»Alles Gerede ist Missverständnis.«* Wenn ich so etwas mal sage, fasst der andere es anders auf, als ich es gemeint habe. Es ist keine Resignation, bestimmt nicht. Was also meine ich damit? Vielleicht dies: Ich habe das Leben so tausendfach gelebt und bin schon so tausendfach gestorben, dass nichts Neues mehr kommen kann? Ist das eine Art Blasiertheit? Nein. Es ist ein von Minute zu Minute tausendfaches Erleben und dazu gehört, dem Leiden einen Platz einzuräumen. Und es ist wahrhaftig kein geringer Platz, den das Leiden heutzutage fordert. Und macht es letzten Endes viel aus, ob in dem einen Jahrhundert die Inquisition herrscht und in einem anderen Krieg und Pogrome den Menschen Leiden zufügen? Sinnloses Leiden, wie sie selbst sagen? Das Leiden hat immer seinen Platz und sein Recht gefordert, und es kommt sehr darauf an, in welcher Form es auftritt: Es macht viel aus, wie man es erträgt und ob man es in sein Leben einzuordnen vermag und das Leben dennoch bejaht. Theoretisiere ich jetzt am Schreibtisch, wo jedes Buch mich mit seiner eigenen Vertrautheit umgibt, wie der Jasmin da draußen? Ist es lediglich Theorie, noch nicht in der Praxis erprobt? Ich glaube kaum. Bald wird mir nur die letzte Konsequenz bleiben. Unsere Gespräche sind jetzt mit Sätzen gespickt wie: Ich hoffe, dass er von diesen Erdbeeren noch kosten darf. Ich weiß, dass Mischa mit seiner anfälligen Gesundheit bis zur Centraal Station (Hauptbahnhof) laufen muss, ich denke an die blassen Kindergesichter von Mirja und Renate und an die Sorgen vieler anderer, das alles, alles ist mir in jedem Augenblick voll bewusst, und manchmal beuge ich den Kopf wie unter einer großen Last, die sich mir in den Nacken legt, und während ich den Kopf beuge und mir alles bewusst ist, habe ich gleichzeitig das Bedürfnis, mit einer fast automatischen Gebärde die Hände zu falten. So könnte ich stundenlang sitzen; ich weiß über alles Bescheid und kann alles ertragen und werde immer stärker im Ertragenkönnen, und zugleich ist da die Gewissheit, dass ich das Leben als schön und lebenswert und sinnvoll empfinde. Trotz allem. Das soll aber nicht heißen, dass man immer in erhabenster und gläubigster Stimmung ist. Man kann nach einem langen Weg, vom Warten in einer Schlange hundemüde sein, aber auch das gehört zum Leben, und i r g e n d w o i n d i r i s t e t w a s , d a s d i c h n i e m a l s m e h r v e r l a s s e n w i r d .

3. Juli 1942, Freitagabend, halb 9. Es ist wahr, ich sitze noch am selben Schreibtisch, aber mir ist, als müsste ich unter all das Vorangegangene einen Strich ziehen und in einem neuen Ton weiterschreiben. Man muss seinem Leben eine neue Gewissheit einverleiben und ihr einen Platz einräumen: Es geht um unseren Untergang und unsere Vernichtung, darüber sollte man sich keinerlei Illusionen mehr machen. Man will unsere völlige Vernichtung, damit muss man sich abfinden, und dann geht es wieder. Heute überkam mich zunächst eine tiefe Mutlosigkeit, und damit muss ich nun versuchen, fertigzuwerden. Denn wenn wir schon vor die Hunde gehen, dann so graziös wie möglich. Aber so trivial wollte ich es nicht sagen. Warum gerade jetzt dieses

Gefühl? Wegen der Blasen an meinen Füßen vom Laufen durch diese heiße Stadt, in der so viele Menschen wundgelaufene Füße haben, seit sie nicht mehr mit der Straßenbahn fahren dürfen, wegen Renates blassen Gesichtchens, die mit ihren kurzen Beinchen in dieser Hitze zur Schule laufen muss, eine Stunde hin und eine Stunde zurück? Weil Liesl Schlange stehen muss und trotzdem kein Gemüse bekommt? Wegen so vieler Dinge, an sich nur Kleinigkeiten, aber alles Teilchen des großen Vernichtungskampfes gegen uns. Und alles andere ist vorläufig nur grotesk und kaum vorstellbar: dass S. mich nicht mehr in diesem Haus besuchen darf, auf seinen Flügel und seine Bücher verzichten muss. Dass ich nicht mehr zu Tide darf usw.

Gut, diese neue Gewissheit, dass man unsere totale Vernichtung will, nehme ich hin. Ich weiß es nun. Ich werde den anderen mit meinen Ängsten nicht zur Last fallen, ich werde nicht verbittert sein, wenn die anderen nicht begreifen, worum es bei uns Juden geht. Die eine Gewissheit darf durch die andere weder angetastet noch entkräftet werden. Ich arbeite und lebe weiter mit derselben Überzeugtheit und finde das Leben sinnvoll, t r o t z d e m sinnvoll, auch wenn ich mir das kaum noch in Gesellschaft zu sagen getraue.

Das Leben und das Sterben, das Leid und die Freude, die Blasen an meinen wundgelaufenen Füßen und der Jasmin hinterm Haus, die Verfolgung, die zahllosen Grausamkeiten, all das ist in mir wie ein einziges starkes Ganzes, und ich nehme alles als ein Ganzes hin, und beginne immer mehr zu begreifen, nur für mich selbst, ohne es bislang jemand erklären zu können, wie alles zusammenhängt. Ich möchte lange leben, um es später doch noch einmal erklären zu können, und wenn mir das nicht vergönnt ist, nun, dann wird ein anderer mein Leben von dort an weiterleben, wo das meine unterbrochen wurde, und deshalb muss ich es so gut und so überzeugend wie möglich weiterleben bis zum letzten Atemzug, sodass derjenige, der nach mir kommt, nicht ganz von Neuem anfangen muss und es nicht mehr so schwer hat. Tut man damit nicht auch etwas für die nachkommenden Geschlechter? Bernards jüdischer Freund ließ mich nach den letzten Verordnungen fragen: ob ich denn immer noch nicht der Meinung sei, sie müssten alle umgebracht werden, und zwar möglichst Stück für Stück filetiert.

3. Juli 1942. Ach, wir tragen ja alles mit uns, Gott und den Himmel, Hölle und Erde, Leben und Tod und Jahrhunderte, viele Jahrhunderte. Die Kulissen und die Handlung der äußeren Umstände wechseln. Aber wir tragen alles in uns, und die Umstände sind nicht entscheidend, niemals, da es immer Umstände gibt, gute oder schlechte, und mit der Tatsache, dass es gute und schlechte Umstände gibt, muss man sich abfinden, was nicht hindert, dass man sein Leben für die Verbesserung der Umstände einsetzt. Aber man muss sich im Klaren darüber sein, aus welchen Motiven man den Kampf aufnimmt, und man muss bei sich selbst anfangen, jeden Tag von Neuem bei sich selbst.

Früher glaubte ich, ich müsse jeden Tag eine Menge genialer Gedanken produzieren, und jetzt bin ich wie ein Brachland, auf dem nichts wächst, über dem aber ein hoher, stiller Himmel hängt. So ist es besser. Zurzeit misstraue ich der Vielfalt der in mir aufsteigenden Gedanken, lieber liege ich brach und warte ab. In den letzten Tagen hat sich sehr viel in mir ereignet, und jetzt hat sich endlich etwas herauskristallisiert. Ich habe unserem Untergang ins Auge geblickt, unserem vermutlich elenden Untergang, der sich jetzt schon in vielen Kleinigkeiten des täglichen Lebens ankündigt, und diese Möglichkeit habe ich in mein Lebensgefühl einbezogen, ohne dass mein Lebensgefühl dadurch an Kraft verloren hätte. Ich bin nicht verbittert und wehre mich nicht dagegen, ich bin auch nicht mehr mutlos und schon gar nicht resigniert. Meine Entwicklung geht von Tag zu Tag ungehindert weiter, auch mit der Möglichkeit der Vernichtung vor Augen. Ich will nicht mit Wörtern kokettieren, die doch nur Missverständnisse hervorrufen: Ich habe mit dem Leben abgerechnet, mir kann nichts mehr passieren, denn es geht ja nicht um meine Person, und es kommt nicht darauf an, ob ich zugrunde gehe oder ein anderer, sondern es geht um den allgemeinen Untergang.

Manchmal rede ich darüber mit den anderen, obwohl es nicht viel Sinn hat und ich nicht ganz klar ausdrücken kann, was ich meine, aber auch das tut nichts zur Sache.

Wenn ich sage, »mit dem Leben abgerechnet«, so meine ich damit: Die Möglichkeit des Todes ist mir absolut gegenwärtig; mein Leben hat dadurch eine Erweiterung erfahren, dass ich dem Tod, dem Untergang ins Auge blicke und ihn als einen Teil des Lebens akzeptiere. Man darf nicht vorzeitig einen Teil des Lebens dem Tod zum Opfer bringen, indem man sich vor ihm fürchtet und sich gegen ihn wehrt, das Widerstreben und die Angst lassen uns nur ein armselig verkümmertes Restchen Leben übrig, das man kaum noch Leben nennen kann. Es klingt fast paradox: Wenn man den Tod aus seinem Leben verdrängt, ist das Leben niemals vollständig, und indem man den Tod in sein Leben einbezieht, erweitert und bereichert man das Leben. Dies ist meine erste Konfrontation mit dem Tod. Ich habe keinerlei Erfahrung mit ihm. Dem Tod gegenüber bin ich jungfräulich. Ich habe noch nie einen Toten gesehen. Man stelle sich das vor, in dieser mit Millionen Leichen übersäten Welt habe ich in meinem 28. Lebensjahr noch nie einen Toten gesehen. Ich habe mich zwar manchmal gefragt: Wie stehe ich eigentlich zum Tod? Aber für meine Person habe ich ihn nie ernstlich in Betracht gezogen, dazu hatte ich keine Zeit. Und jetzt ist der Tod gekommen, in seiner vollen Größe, zum ersten Mal und doch wie ein alter Bekannter, der zum Leben gehört und akzeptiert werden muss. Es ist alles ganz einfach. Es bedarf keiner tiefsinnigen Betrachtungen. Unversehens ist der Tod in mein Leben getreten, groß und einfach und selbstverständlich und fast geräuschlos. Er hat seinen Platz darin eingenommen, und ich weiß jetzt, dass er zum Leben dazugehört.

So, jetzt kann ich ruhig schlafen gehen, es ist 10 Uhr abends. Heute habe ich nicht viel getan, ich habe in der heißen Stadt Kleinigkeiten erledigt, wobei mir die Blasen an den Füßen ziemlich zu schaffen machten. Danach überfiel mich große Mutlosigkeit und Unsicherheit. Später bin ich zu ihm gegangen. Er hatte Kopfschmerzen und war darüber beunruhigt, denn sonst funktioniert alles vortrefflich in seinem kräftigen Körper. Ich lag kurz in seinen Armen, und er war so sanft und lieb, beinahe wehmütig. Wie mir scheint, beginnt jetzt ein neuer Abschnitt in unserem Leben. Eine noch ernstere, noch intensivere Zeit, in der man sich nur auf das Allernotwendigste konzentrieren darf. Die Kleinlichkeiten fallen von uns ab, mit jedem Tag mehr. *»Es geht um unsere Vernichtung, das ist ja klar, darüber brauchen wir uns nicht zu täuschen.«* Morgen Nacht schlafe ich in

Dickys[21] Bett, und ein Stockwerk tiefer schläft er, und am Morgen wird er mich wecken. Das alles gibt es noch. Und wie wir einander in diesen Zeiten beistehen können, wird sich noch zeigen.

Etwas später:

Und obwohl mir dieser Tag sonst nicht viel gebracht hat, als zuletzt die notwendige und rückhaltlose Konfrontation mit Tod und Untergang, so darf ich doch den deutschen Soldaten nicht vergessen, der mit einer Tüte Möhren und Blumenkohl am Kiosk stand. Erst steckte er dem Mädchen in der Straßenbahn einen Zettel in die Hand, und später kam ein Brief, den ich nochmals lesen muss: Sie erinnere ihn so sehr an die verstorbene Tochter eines Rabbiners, die er auf ihrem Sterbebett hatte pflegen dürfen, tage- und nächtelang. Und heute Abend kommt er zu Besuch.

Als Liesl mir das alles erzählte, wusste ich plötzlich: Auch für diesen deutschen Soldaten werde ich heute Abend beten. Eine der vielen Uniformen hat nun ein Gesicht bekommen. Und es dürfte noch viele solcher Gesichter geben, aus denen wir etwas herauslesen können, das wir verstehen. Er leidet ebenfalls. Es gibt keine Grenzen zwischen leidenden Menschen, beiderseits aller Grenzen gibt es Leidende, und man muss für alle beten. Gute Nacht. Seit gestern bin ich wieder älter geworden, auf einen Schlag um viele Jahre älter, und dem Sterben näher. Die Mutlosigkeit ist von mir abgefallen, und an ihre Stelle ist eine größere Kraft als zuvor getreten. Und noch dies: Dadurch, dass man seine eigenen Kräfte und Unzulänglichkeiten kennenlernt und sie als gegeben hinnimmt, verstärkt man seine Kraft. Es ist alles so

---

[21] Dicky de Jonge.

einfach, für mich wird es immer verständlicher, und ich möchte lange leben, um es auch anderen verständlich zu machen. Und jetzt wirklich gute Nacht.

Samstagmorgen, 9 Uhr. Es ist, als würden große Veränderungen in mir vorgehen, und ich glaube, dass es sich um mehr handelt als nur um Stimmungen.

Gestern Abend gelangte eine neue Einsicht in mir zum Durchbruch, zumindest, wenn man etwas Derartiges als Einsicht bezeichnen kann, und heute Morgen war in mir wieder Ruhe und auch eine Heiterkeit und Sicherheit, wie schon seit Langem nicht. Und das alles hat die kleine Blase an meinem linken Fuß bewirkt. Mein Körper ist ein Speicher für vielerlei Schmerzen, die in allen Ecken versteckt liegen, wobei einmal der eine Schmerz zum Vorschein kommt und dann wieder ein anderer. Auch damit habe ich mich abgefunden. Und ich bin selbst darüber erstaunt, wie gut ich bei alledem arbeiten und mich konzentrieren kann. Aber ich muss mir auch vor Augen halten, dass man mit Geisteskräften allein nicht sehr weit kommt, wenn es hier ernst wird. Der kleine Spaziergang zur Steuerbehörde und zurück hat es mich gelehrt. Zuerst liefen wir wie fröhliche Touristen durch eine schöne sonnige Stadt. Während wir gingen, fing seine Hand die meine ein, und unsere Hände schmiegten sich so gut und vertraut ineinander. Als ich jedoch nach einiger Zeit sehr müde wurde, war es schon ein recht sonderbares Gefühl, dass man in dieser Stadt mit ihren endlosen Straßen nicht mit der Straßenbahn fahren und sich nirgends auf eine Café-Terrasse setzen darf (von vielen Terrassen wusste ich ihm etwas zu erzählen: »Schau, da habe ich vor zwei Jahren nach meinem Doktorexamen mit meinen Freunden gesessen«). Und ich dachte, oder eigentlich dachte ich es gar nicht, es war eher eine Empfindung: In allen Jahrhunderten hat es müde Menschen gegeben, die sich in Kälte und Hitze auf Gottes Erde die Füße wundgelaufen haben, auch das gehört zum Leben. In letzter Zeit kommt es immer häufiger bei mir vor, dass ich bis in meine kleinsten täglichen Verrichtungen und Empfindungen einen Anflug von Ewigkeit verspüre. Ich bin nicht die Einzige, die müde oder krank oder traurig oder ängstlich ist, sondern ich teile das Los von Millionen anderer Menschen aus vielen Jahrhunderten. All das ist ein Teil des Lebens, und trotzdem ist das Leben schön und sinnvoll noch in seiner Sinnlosigkeit, wenn man nur allen Dingen einen Platz im Leben einräumt und das ganze Leben als Einheit in sich aufnimmt, sodass es dennoch zu einem geschlossenen Ganzen wird. Und sobald man Teile davon ausschließt und ablehnt, sobald man eigenmächtig und willkürlich dies eine vom Leben annimmt, jenes andere aber nicht, ja, dann wird es in der Tat sinnlos, weil es nun kein Ganzes mehr ist und alles willkürlich wird.

Und am Ende unseres langen Ausfluges erwartete uns ein sicheres Zimmer mit einem Diwan, auf dem man sich ausstrecken konnte, nachdem man die Schuhe ausgezogen hatte. Der Empfang war sehr herzlich, Freunde hatten einen Korb Kirschen aus der Betuwe geschickt. Früher war ein gutes Essen eine Selbstverständlichkeit für uns, jetzt wird es zum unerwarteten Geschenk, und obwohl das Leben einerseits härter und gefährdeter geworden ist, ist es andrerseits auch reicher, da man keine Forderungen mehr stellt und alles Gute zum unerwarteten Geschenk wird, das man dankbar annimmt. Jedenfalls empfinde ich es so, und er auch, wir sprechen manchmal darüber, wie sonderbar es ist, dass wir überhaupt keinen Hass, keine Entrüstung und Verbitterung empfinden. Man kann das nicht mehr offen in Gesellschaft aussprechen, wir würden mit unserer Gesinnung allein dastehen und Bestürzung hervorrufen. Während wir noch gingen, wusste ich, dass uns am Ende des Weges ein sicheres Haus erwartete, aber mir war gleichzeitig bewusst, dass eine Zeit kommen wird, in der kein Haus auf uns wartet, sondern wo am Ende des Weges eine Baracke steht, in der wir mit vielen zusammen hausen müssen. Das alles war mir bewusst, während wir gingen, und zwar nicht nur für mich selbst, sondern auch für die anderen, und ich habe es hingenommen. Und noch etwas hat mich der Spaziergang gelehrt, das ich mir vor Augen halten muss: Von den zwei kurzen Stunden Laufen habe ich Kopfschmerzen bekommen, so schlimm, dass ich glaubte, mein Schädel kracht in allen Fugen und platzt an allen Nähten. Und meine Füße taten so weh, dass ich dachte: Wie werde ich bloß jemals wieder laufen können? Und von den vielen Aspirin-Tabletten, die ich genommen habe (ich hielt es für nötig, da ich mich sonst hätte hinlegen müssen, aber sollte man nicht allmählich lernen, seine Schmerzen ohne künstliche Mittel zu ertragen?), hatte ich noch den ganzen folgenden Tag ein dumpfes Gefühl der Vergiftung im Körper. An sich fand ich das nicht schlimm, mein Leben war deshalb keinen Augenblick lang weniger intensiv und schön, aber ich musste doch sachlich von mir feststellen: Du taugst nicht viel, Mädchen. Dein Körper ist völlig untrainiert und widerstandslos, in einem Arbeitslager würdest du nach drei Tagen umfallen, und alle Geisteskräfte der Welt können dich nicht retten, wenn du schon nach einem gemütlichen Spaziergang von kaum zwei Stunden mit solchen Kopfschmerzen und solcher Müdigkeit reagierst, wo du jetzt noch allen Komfort im Hintergrund hast. Für mich ist das alles nicht schlimm. Ich strecke mich auf dem Boden aus, übergebe mich, und dann ist es vorbei, und ich kann Gott und das Leben weiterhin preisen, so etwa stelle ich mir das jetzt vor. Aber da ist wiederum der Ärger und die Furcht, anderen zur Last zu fallen und wie ein Gewicht an den anderen zu hängen, sodass der Weg für sie noch schwerer wird. Früher habe ich es immer vor den anderen verheimlicht, wenn etwas weit über meine körperlichen Kräfte ging, ich wollte keine Last sein, ich lief mit, ich feierte mit, ich ging sehr spät zu Bett, ich war überall dabei. War das nicht auch eine Art Ehrgeiz? Zu befürchten, dass die anderen einen nicht mehr so nett finden, dass sie sich ärgern und einen fallen lassen, wenn man ihr Vergnügen durch die eigene Müdigkeit stört? Das war auch ein Grund für meine Minderwertigkeitskomplexe. Und zu unserem Spaziergang kam noch hinzu: Wir hatten uns verabredet, morgen früh im Judenviertel einige Adressen zu besuchen, wo wir möglicherweise helfen können, und der Weg dorthin ist noch viel weiter als der Weg zur Steuerbehörde am Donnerstagmorgen.

Bis gestern Abend fand ich nicht den Mut zu sagen, dass ich nicht so weit laufen könne. Denn ich weiß, dass ein langer Spaziergang für ihn eine Erholung ist. Und da dachte ich so ungefähr: Mit Tide kann er stundenlang laufen, dann muss ich das doch auch können? Es ist immer wieder die kindische Angst, die Liebe des anderen einzubüßen, wenn man sich ihm nicht völlig anpasst. Aber nun beginne ich mich allmählich von diesen Dingen zu befreien.

Man muss seine Unzulänglichkeiten eingestehen können, auch im körperlichen Bereich. Und man muss sich damit abfinden, dass man für einen anderen nicht all das sein kann, was man gern sein möchte.

Schwächen einzugestehen heißt noch nicht, darüber zu klagen, damit fängt das Elend erst richtig an, auch für den anderen. Ich glaube, das bewog mich am meisten, gestern Abend kurz vor 8 Uhr noch zu ihm hinzurennen und ganz gegen meine Gewohnheit einem Schüler telefonisch abzusagen, nur um noch einmal kurz bei ihm sein zu können. Und als ich neben ihm auf dem Diwan lag, sagte ich gleich, ich sei deswegen so bedrückt, dass der lange Spaziergang mich gestern so ermüdet habe, weil ich daran ermessen konnte, wie wenig Illusionen ich mir über meine körperliche Verfassung machen darf. Und er sagte sofort, als sei dies die selbstverständlichste Sache der Welt: »Dann ist es wohl besser, wenn wir am Sonntagmorgen nicht so weit laufen.« Ich schlug vor, ich könnte ja mein Fahrrad an der Hand mitführen und mich auf dem Rückweg draufsetzen. An sich eine Kleinigkeit, aber für mich war es eine Leistung, denn sonst hätte ich mir vielleicht die Füße wundgelaufen, nur um ihm einen Gefallen zu tun und seinen Ärger nicht dadurch hervorzurufen, dass ich ihm den Spaziergang verdarb.

Natürlich existieren diese Dinge nur in meiner Fantasie. Und jetzt habe ich ganz einfach und selbstverständlich gesagt: »Schau, bis dahin reichen meine Kräfte, weiter kann ich nicht, ich kann nichts dafür, du musst mich nehmen, wie ich bin.« Das bedeutet für mich einen weiteren Schritt zum Erwachsensein und zur Unabhängigkeit, denen ich jetzt jeden Tag näherzukommen scheine.

Viele Leute, die sich heutzutage über die Ungerechtigkeit entrüsten, sind nur deshalb entrüstet, weil diese Ungerechtigkeit i h n e n widerfährt. Es ist daher keine echte, tief verwurzelte Entrüstung.

Ich weiß, dass ich in einem Arbeitslager innerhalb von drei Tagen sterben werde, ich werde mich hinlegen und sterben und das Leben trotzdem nicht ungerecht finden.

Am späten Morgen. Es ist jedes Mal ein kleines Fest, wenn man sich ein sauberes Hemd anzieht. Auch wenn man sich mit duftender Seife in einem Badezimmer wäscht, das einem eine halbe Stunde lang allein gehört. Es ist, als ob ich ständig damit beschäftigt wäre, von den Errungenschaften der Zivilisation Abschied zu nehmen. Und wenn ich sie später einmal entbehren muss, werde ich immerhin wissen, dass es sie gibt und dass sie das Leben angenehm machen, und ich werde sie loben als Freuden des Lebens, auch wenn ich nicht mehr an ihnen teilhabe. Denn dass sie jetzt zufällig mir noch zuteilwerden, ist doch nicht entscheidend?

Man muss alles verarbeiten, was auf einen zukommt. Auch wenn ein sogenannter Mitmensch auf dich zugeht, wenn du gerade eine Apotheke verlässt, in der du Zahnpasta gekauft hast, dich mit dem Zeigefinger anstupst und mit dem Gesicht eines Inquisitors fragt: »Dürfen Sie dort einkaufen?« Und ich erwiderte schüchtern, aber gefasst und mit meiner üblichen Freundlichkeit: »Ja, Mijnheer, das ist nämlich eine Apotheke.« »So«, sagte er dann sehr kurz und misstrauisch, und ging weiter. Ich bin nicht sehr schlagfertig. Schlagfertig bin ich höchstens in einem geistreichen Gespräch mit meinesgleichen. Dem Gesindel auf der Straße, um es mal krass auszudrücken, bin ich vollkommen wehrlos ausgeliefert. Ich werde in einem solchen Fall verlegen, bin traurig und erstaunt, dass Menschen so miteinander umgehen können, aber mir innerhalb der Grenzen des Erlaubten eine scharfzüngige Antwort abzuringen, dazu bin ich nicht imstande. Der Mann hatte gar kein Recht, mich zur Rede zu stellen. Sicherlich ein Idealist, der mitzuhelfen gedenkt, die Gesellschaft von jüdischen Elementen zu säubern. Jedem sein Pläsier in diesem Leben. Aber so eine kleine Berührung mit der Außenwelt muss verkraftet werden. Ich bin nicht im Geringsten daran interessiert, gegenüber irgendwelchen Fanatikern der Außenwelt die Heldenfigur zu spielen, und werde mich nie um diese Rolle bemühen. Sie dürfen meine Traurigkeit ruhig sehen, und auch, dass ich ihnen hilflos ausgeliefert bin. Ich habe kein Bedürfnis, nach außen hin eine glänzende Rolle zu spielen, ich besitze meine innere Kraft, und die genügt, der Rest ist belanglos.

Halb 9 Uhr morgens. Er trug einen hellblauen Pyjama und machte ein verlegenes Gesicht, als er hereinkam. Er sah so lieb aus. Und dann saß er auf der Bettkante, und wir redeten. Jetzt ist er fort, und es wird eine Stunde dauern, bis er fertig ist: Waschen, Turnen, Lesen. Beim Lesen darf ich ihm Gesellschaft leisten. Als er sagte: »Jetzt brauche ich noch eine Stunde«, wurde ich so traurig, als müsste ich für immer Abschied von ihm nehmen. Eine plötzliche Welle der Traurigkeit schlug über mir zusammen. Oh, jemand, den man liebt, freizugeben, ihm ganz sein eigenes Leben zu lassen, ist das Schwierigste, was es gibt. Ich lerne es, ich lerne es ihm zuliebe.

Draußen eine wahre Orgie von Vogelstimmen, ein flaches Dach mit Kieselsteinen und eine Taube vor meinem weitgeöffneten Fenster. Und die Morgensonne. Er hustete heute Morgen, er hat immer noch die schmerzende Stelle am Kopf und sagte: »Wir sollten nicht zu Adri essen gehen.« Er hatte einen Albtraum, den er einen »Warnungstraum« nannte.

Um halb 6 war ich wach. Um halb 8 habe ich mich ganz nackt gewaschen und ein wenig Gymnastik getrieben, und bin dann wieder unter die Decke gekrochen. Dann kam er zögernd in seinem hellblauen Pyjama herein, war verlegen und hustete und sagte: *»Erschöpfungszustand.«* Wir gehen heute Morgen zum Arzt, statt uns auf den weiten Weg zu machen. Ich werde mich heute zurückziehen und in meiner inneren Stille ausruhen. In dem inneren Raum der Stille, die mir ein ganzer Tag der Gastfreundschaft gewährt. Vielleicht ruhe ich mich dann aus. Körper und Kopf sind sehr müde und in schlechter Verfassung. Aber ich brauche heute nicht zu arbeiten, es wird schon gehen. Die Sonne scheint auf das Dach, draußen das Vogelgezwitscher, und das Zimmer ist so freundlich, dass ich beten möchte. Wir haben alle beide ein recht wildes Leben hinter uns, er mit Frauen und ich mit Männern. Er saß im hellblauen Pyjama auf dem Rand meines Bettes und ließ seinen Kopf auf meinem nackten Arm ruhen, und wir redeten ein wenig, ehe er wegging. Das war eigentlich sehr rührend. Keiner von uns beiden beging die Geschmacklosigkeit, eine günstige Gelegenheit auszunutzen. Wir haben beide ein wildes und ungebundenes Leben hinter uns und können doch wieder jedes Mal aufs Neue schüchtern sein. Ich finde das sehr schön und freue mich darüber. Jetzt ziehe ich meinen bunten Morgenrock an und gehe hinunter, um mit ihm zusammen in der Bibel zu lesen. Danach werde ich mich den ganzen Tag über in eine Ecke setzen und die große Stille in mir genießen. Ich habe noch ein sehr bevorzugtes Leben. Ich brauche heute weder im Haushalt zu arbeiten noch Unterricht zu geben. Mein Frühstück liegt hier in Papier verpackt, und Adri bringt uns etwas Warmes zu essen. Ich bleibe müde in meiner stillen Ecke sitzen wie ein Buddha mit untergeschlagenen Beinen, und lächle vor mich hin, innerlich, wohlverstanden.

Viertel vor 10. Es war eine gute Speise auf nüchternen Magen, diese paar Psalmen, die man in sein tägliches Leben einbeziehen kann.

Wir haben zusammen den Tagesbeginn erlebt, es war sehr schön. Und es war eine sehr nahrhafte Speise. Bloß wieder dieser dumme Stich in meinem Herzen, als er sagte: »Nun möchte ich turnen und mich anziehen.« Und ich verstand: Jetzt soll ich wieder in mein Zimmer hinaufgehen, und ich fühlte mich abermals völlig allein und verlassen in dieser Welt. Ich habe einmal geschrieben: Ich möchte meine Zahnbürste mit ihm teilen. Das Verlangen, auch bei den kleinsten alltäglichen Verrichtungen bei ihm zu sein. Und doch ist die Distanz gut und förderlich. Man findet immer wieder erneut zueinander, gleich wird er mich zum Frühstück an den kleinen, runden Tisch vor den Geranien rufen, die noch tagtäglich blutrot verblühen. Oh, die Vögel und die Sonne auf dem Dach mit den Kieseln. Und in mir wieder große Heiterkeit und Gelassenheit. Und eine Zufriedenheit, die in Gott ruht. Vom Alten Testament gehen Urkräfte aus, aber es ist auch etwas »Volkstümliches« darin.

Prächtige Kerle, voller Leben. Dichterische, strenge Form. Die Bibel ist eigentlich ein ungemein spannendes Buch, hart und gefühlvoll, naiv und weise zugleich. Nicht nur was darin ausgesagt wird, ist interessant, sondern auch die Person derer, die etwas aussagen.

Abends 10 Uhr. Nur noch dies: Die einzelnen Minuten des heutigen Tages sind gleichsam wie im Nu verflogen, der ganze Tag jedoch ruht in mir als ein unvergängliches und trostreiches Ganzes, als eine Erinnerung, die man irgendwann dringend nötig haben wird und die man mit sich trägt wie eine stets gegenwärtige Realität. Auf jede Phase des Tages folgte eine andere, vor der alles Vorherige verblasste. Man darf sich weder auf die Rettung noch auf den Untergang verlassen. Beide sind als äußerste Möglichkeiten vorhanden, aber man darf mit keiner von beiden rechnen. Vorerst geht es um dringende Alltagsdinge. Wir sprachen über Arbeitslager. Ich sagte: »Ich brauche mir keinerlei Illusionen zu machen, ich weiß, dass ich in drei Tagen tot sein werde, weil mein Körper nichts aushält.« Werner hatte in Bezug auf sich dieselbe Meinung. Liesl sagte jedoch: »Ich weiß nicht, ich habe das Gefühl, dass ich trotz allem durchkommen werde.« Ich kann sie gut verstehen, das Gefühl hatte ich früher auch. Ein Gefühl unverwüstlicher Spannkraft. Das Gefühl ist zwar noch im Kern vorhanden, aber man darf es nicht zu materiell auffassen. Es geht nicht darum, ob der untrainierte Körper alles aushält, das ist verhältnismäßig nebensächlich; die Urkraft besteht vielmehr darin, dass man, auch wenn man elend umkommt, bis zum letzten Augenblick das Leben als sinnvoll und schön empfindet in dem Gefühl, dass man alles in sich verwirklicht hat und dass es gut war zu leben. Ich kann das nicht so recht erklären, ich benutze immer wieder dieselben Wörter.

Montagmorgen, 11 Uhr. Vielleicht kann ich jetzt eine Stunde lang ungestört über die nötigsten Dinge schreiben. Rilke schreibt irgendwo an seinen lahmen Freund Ewald: *Aber es gibt auch Tage, da er altert, die Minuten gehen wie Jahre über ihn.* So gingen gestern die vielen Stunden des Tages über uns hinweg. Beim Abschied schmiegte ich mich leicht an ihn und sagte: *»Ich möchte doch noch so lange wie möglich mit dir zusammen sein.«* Und sein Mund lag so sanft und wehrlos und wehmütig in seinem Gesicht, und er sagte fast verträumt: *»Ja, so wird wohl jeder noch seine eigenen Wünsche haben?«*

Und jetzt frage ich mich: Sollten wir uns nicht auch schon von unseren Wünschen verabschieden? Wenn man beginnt, sich abzufinden, muss man sich dann nicht mit allem abfinden? Er lehnte sich gegen die Wand in Dickys Zimmer, und ich schmiegte mich sanft und zärtlich an ihn. Äußerlich gab es keinen Unterschied zu zahllosen ähnlichen Augenblicken in meinem Leben, aber mir war plötzlich, als spannte sich über uns ein Himmel wie in einer griechischen Tragödie: Einen Augenblick lang verschwamm alles vor meinen Sinnen, und ich stand mit ihm zusammen in einem unendlichen Raum, der von Bedrohungen, aber auch von Ewigkeit durchdrungen war. Vielleicht war dies gestern der Augenblick, in dem sich eine große Wandlung für immer in uns vollzog. Er blieb noch einen Augenblick an die Wand gelehnt stehen und sagte mit beinahe klagender Stimme: *»Ich muss heute Abend an meine Freundin schreiben, die schon bald Geburtstag hat, aber was soll ich ihr schreiben, mir fehlt die Lust und die In-*

spiration.« Und ich sagte zu ihm: »Du musst jetzt schon versuchen, sie mit dem Gedanken vertraut zu machen, dass sie dich nie wiedersehen wird, du musst ihr einen Halt für das weitere Leben mitgeben. Du musst sie darauf hinweisen, wie ihr all die Jahre trotz der körperlichen Trennung miteinander weitergelebt habt, und dass sie die Pflicht hat, in deinem Geist weiterzuleben und auf diese Weise etwas von deinem Geist für die Welt zu bewahren, nur das ist jetzt wichtig.« Ja, so redet man heutzutage miteinander, und es klingt überhaupt nicht mehr unwirklich, wir sind in eine neue Wirklichkeit eingetreten, in der alles andere Farben und andere Akzente bekommen hat. Und zwischen unseren Augen und Händen und Mündern fließt ununterbrochen ein Strom sanfter Zärtlichkeit, in der jede kleinliche Begierde ausgelöscht ist, es geht nur noch darum, gut zueinander zu sein mit aller Güte, deren wir fähig sind. Und jedes Zusammensein ist auch ein Abschiednehmen. Heute Morgen rief er an und sagte versonnen: *»Es war schön gestern,* wir müssen tagsüber noch so viel wie möglich zusammensein.«

Und gestern Mittag, als wir zwei verwöhnte *»Junggesellen«,* die wir beide immer noch sind, an seinem runden Tischchen ein üppiges Mittagessen verzehrten, dem jegliche Kausalität zu dieser Zeit fehlte, und ich dann sagte, dass ich ihn nicht verlassen wolle, wurde er auf einmal streng und sagte eindringlich. *»Vergessen Sie ja nicht alles, was Sie immer sagen. Sie dürfen das nicht vergessen.«* Und ich hatte nun nicht mehr das Gefühl, als kleines Mädchen eine Rolle zu spielen in einem Theaterstück, das weit über mein Begriffsvermögen hinausging (wie es früher oft der Fall war), hier ging es um mein Leben und um mein Schicksal, das mir auferlegt ist, und dieses Schicksal voller Bedrohungen und

Unsicherheiten, Glauben und Liebe umschloss mich und passte mir wie ein genau nach meinen Maßen angefertigtes Kleidungsstück. Ich liebe ihn mit aller Selbstlosigkeit, die ich neuerdings an mir feststelle, und will nicht das kleinste Gewicht meiner Ängste und Sehnsüchte an ihn hängen. Sogar den Wunsch, bis zum letzten Augenblick bei ihm bleiben zu dürfen, werde ich aufgeben. Mein Wesen verwandelt sich allmählich zu einem einzigen großen Gebet für ihn. Aber warum allein für ihn? Warum nicht auch für alle anderen Menschen? Es werden auch 16-jährige Mädchen in die Arbeitslager verschickt. Wir Älteren müssen sie in Schutz nehmen, wenn demnächst auch die holländischen Mädchen an der Reihe sind. Gestern Abend wollte ich Han noch fragen: Weißt du, dass auch 16-jährige Mädchen aufgerufen werden? Aber ich hielt die Frage zurück und dachte: Warum soll ich nicht gut zu ihm sein, warum es ihm noch schwerer machen, als er es ohnehin hat? Kann ich denn nicht allein mit diesen Dingen fertigwerden? Jedermann muss wissen, was geschieht, das ist wahr, aber man muss auch gut zu den anderen sein und sie nicht ständig mit Dingen belasten, die man sehr gut auch allein tragen kann.

Vor einigen Tagen dachte ich noch: Das Schlimmste für mich wird sein, wenn man mir Papier und Bleistift wegnimmt und nicht erlaubt, ab und zu Klarheit in mir selbst zu schaffen, das ist für mich das Aller- und Allernotwendigste, andernfalls zerbricht im Laufe der Zeit etwas in mir und vernichtet mich innerlich.

Und jetzt weiß ich: Wenn man einmal damit anfängt, seine Forderungen und Wünsche zurückzustellen, kann man auch auf vieles andere verzichten. Das habe ich in den wenigen Tagen gelernt.

Vielleicht darf ich noch einen Monat hierbleiben, bevor man entdeckt, dass ich bislang durch die Maschen der Verordnungen geschlüpft bin. Ich werde meine Papiere in Ordnung bringen und jeden Tag Abschied nehmen. Der wirkliche Abschied ist dann nur noch eine kleine äußerliche Bestätigung dessen, was Tag für Tag in mir vorgegangen ist.

Mir ist so sonderbar zumute. Bin das wirklich noch ich, die hier mit einer solchen Ruhe und Reife am Schreibtisch sitzt, und würde mich jemand verstehen, wenn ich sagte, dass ich mich merkwürdig glücklich fühle, dass ich nicht überspannt oder dergleichen bin, sondern ganz einfach glücklich darüber, dass Güte und Vertrauen tagtäglich in mir wachsen? Weil all das Verwirrende, Bedrohende und schwer zu Ertragende, das mir bevorsteht, keinen Augenblick lang meinen Geist verwirrt? Weil ich das Leben mit all seinen Konturen klar und deutlich erkenne und erlebe. Weil nichts mein Denken und Fühlen trübt. Weil ich alles ertragen und verarbeiten kann und weil das Bewusstsein von all dem Guten im Leben, auch in meinem Leben, nicht durch anderes verdrängt, sondern im Gegenteil immer stärker wird. Ich getraue mich kaum weiterzuschreiben, ich weiß nicht, was das ist, als ginge ich fast zu weit in meinem Bestreben, mich dem zu entziehen, was die meisten anderen Menschen beinahe in den Wahnsinn treibt. Wenn ich wüsste, ganz sicher wüsste, dass ich in der nächsten Woche sterben werde, könnte ich noch die ganze Woche an meinem Schreibtisch sitzen und in aller Gemütsruhe weiterlernen, ohne dass dies eine Flucht wäre, denn ich weiß jetzt, dass Leben und Sterben sinnvoll miteinander verknüpft sind. Es ist ein Übergang, auch wenn das Ende in seiner äußerlichen Form jämmerlich oder grauenhaft ist.

Wir müssen noch viel erdulden. Wir werden bald bettelarm sein, und wenn das noch lange so weitergeht, verkümmern wir innerlich, unsere Kräfte verfallen von Tag zu Tag, nicht nur aus Angst und Unsicherheit, sondern auch wegen einer Vielzahl von Kleinigkeiten, etwa weil immer mehr Geschäfte für uns verboten sind und weil wir alle Wege zu Fuß zurücklegen müssen, was viele meiner Bekannten sehr erschöpft. Von allen Seiten schleicht sich die Vernichtung heran, und bald wird der Kreis um uns geschlossen sein, sodass auch die gutgesinnten Menschen uns nicht mehr helfen können. Jetzt gibt es noch viele Lücken, aber die werden bald geschlossen sein. Es ist schon sonderbar: Jetzt ist es regnerisch und kalt. Als ob man von der Hochebene einer schwülen Sommernacht über einen steilen Abhang plötzlich in ein kaltes, feuchtes Tal hinabgerutscht wäre. Das letzte Mal, als ich die Nacht bei Han verbracht habe, war auch so ein scharfer Übergang von Wärme zur Kälte. Als wir gestern Abend vor dem offenen Fenster über die letzten und gewichtigen Dinge sprachen, um die es jetzt geht, und ich in sein verzerrtes Gesicht blickte, hatte ich das Gefühl: Heute Nacht werden wir uns in den Armen liegen und weinen. Wir lagen uns zwar in den Armen, haben aber nicht geweint. Erst als sein Körper in letzter Ekstase über mir lag, erhob sich plötzlich eine Flutwelle tiefer Traurigkeit in mir, einer urmenschlichen Traurigkeit, und überspülte mich, ich hatte Mitleid mit mir selbst und allen anderen, bis ich wieder einsah, dass alles so sein müsse, wie es ist. Aber ich konnte im Dunkeln meinen Kopf an seiner nackten Schulter verbergen und meine Tränen heimlich verschlucken. Und dann fiel mir plötzlich ein, wie heute Mittag bei Frau W. die Erdbeeren von der Torte rutschten, und ich lächelte still in mich hinein, mit einem Gefühl beinahe strahlenden Humors. Und jetzt muss ich für das Mittagessen sorgen, und um 2 Uhr gehe ich zu ihm. Ich könnte noch erwähnen, dass mein Magen nicht in Ordnung ist, aber ich habe mir vorgenommen, nicht mehr über meine Gesundheit zu schreiben, es kostet zu viel Papier, und ich komme auch so damit klar. Früher musste ich viel darüber schreiben, weil ich nicht gut damit zurechtkam, aber das ist jetzt überwunden. Ich glaube es wenigstens. Bin ich also doch leichtsinnig und übermütig? Ich weiß es nicht.

7. Juli, Dienstagmorgen, halb 10. Mien hat gerade angerufen, dass Mischa gestern zur Untersuchung nach Drenthe einberufen wurde. Ergebnis noch unbekannt. Mutter sei außer sich, sagte sie, und Vater lese viel, er habe viel Kraft in sich. Die Straßen, durch die ich radle, sind auch nicht mehr wie früher, die Wolken hängen tief und drohend und erinnern an Gewitterwolken, auch bei strahlender Sonne. Man lebt jetzt Seite an Seite mit dem Verhängnis, oder wie immer man es nennen will, man gewöhnt sich an den täglichen Umgang mit ihm, aber alles ist ganz anders, als wir früher in den Büchern lesen konnten.

Was mich betrifft, so weiß ich jetzt: Man muss sogar die Sorgen um die anderen, die man liebt, fallen lassen. Ich meine damit: Alles was man an Liebe, Gottvertrauen und Kräften besitzt, die in letzter Zeit so erstaunlich in mir herangewachsen sind, muss man für jeden bereithalten, der uns zufällig über den Weg läuft und der uns braucht. *»Ich habe mich schlimm an Sie gewöhnt«*, sagte er gestern. Und Gott weiß, wie *»schlimm«* ich mich an ihn *»gewöhnt«* habe. Und doch muss ich auch ihn loslassen. Ich meine damit: Aus meiner

Liebe zu ihm muss ich Kraft und Liebe schöpfen für andere, die sie nötig haben, aber meine Liebe und Sorge für ihn dürfen mich nicht so stark beeinträchtigen, dass sie mir meine Kräfte rauben. Denn sogar das ist *»Ich-haft«*. Und auch aus dem Leiden kann man Kraft schöpfen. Und von der Liebe, die ich für ihn empfinde, kann ich ein ganzes Leben lang zehren und anderen abgeben. Man muss bis zuletzt konsequent sein. Man kann zwar sagen: Bis jetzt kann ich alles ertragen, aber wenn ihm etwas zustößt oder wenn ich von ihm getrennt werde, kann ich nicht weiterleben. Aber auch dann muss man weiterleben. Es gibt heutzutage nur zwei Möglichkeiten: Entweder man denkt nur noch *rücksichtslos* an sich und seine Selbsterhaltung, oder man muss auf alle persönlichen Wünsche verzichten und sich dem Schicksal ergeben. Für mich bedeutet Ergebung nicht Resignation oder Entsagung, sondern den Versuch, nach besten Kräften dort zu helfen, wo Gott mich zufällig hinstellt, und mich nicht nur dem eigenen Kummer und Ärger hinzugeben. Mir ist immer noch so sonderbar zumute. Ich könnte es so ausdrücken: Als ob ich nicht ginge, sondern schwebte; vielleicht stehe ich doch nicht ganz so fest in der Realität und weiß noch nicht genau, was uns erwartet.

Vor einigen Tagen habe ich noch geschrieben: Ich würde an meinem Schreibtisch sitzen bleiben und weiterstudieren. *Das gibt's nicht mehr.* Das heißt, das gibt es schon noch, aber den Anspruch darauf muss man aufgeben. Man muss alles aufgeben, um Tag für Tag die tausend kleinen Dinge zu tun, die getan werden müssen, ohne sich in ihnen zu verlieren. Werner sagte gestern: »Wir ziehen nicht um, *es lohnt sich nicht mehr.*« Und er schaute mich an und sagte: »Hoffentlich kommen wir zusammen fort.« Der kleine

Weyl besah sich traurig seine mageren Beine und sagte: *»Ich muss mir diese Woche noch zwei lange Unterhosen beschaffen, wie komme ich daran«*, und zu den anderen: *»Wenn ich nur mit euch in ein Abteil komme.«* Nächste Woche, um halb 2 in der Nacht, ist die Abfahrt, und die Bahnreise ist gratis, ja, tatsächlich gratis, man darf aber keinen lebenden Hausrat mitnehmen. Das stand alles im Aufruf. Auch dass man Arbeitsschuhe mitnehmen müsse und zwei Paar Socken und einen Löffel, nicht aber Gold und Silber und Platin, nein, das darf man nicht, nur der Ehering ist erlaubt, den darf man noch behalten. »Ich nehme keinen Hut mit«, sagte F., »nur eine Mütze, die wird uns gut stehen«.

Ja, so reden wir in unserer »Schnapsrunde«. Als ich gestern Abend vor unserem traditionellen Schnäpschen nach Hause kam, dachte ich unterwegs: Wie um Himmelswillen soll ich jetzt noch eine Stunde Unterricht geben – über die anderthalb Stunden mit W. mit ihrer glatten Bubikopffrisur und ihren großen, trotzigen Augen könnte ich auch ein ganzes Buch schreiben. Ich hoffe, dass ich alles aus dieser Zeit im Gedächtnis behalte und später darüber berichten kann. Es ist alles anders, als es in den Büchern steht, ganz anders.

Ich kann nicht all die tausend Einzelheiten niederschreiben, die ich täglich erlebe, aber ich möchte sie gern in der Erinnerung bewahren. Ich stelle an mir fest: Meine Beobachtungsgabe registriert alles lückenlos und sogar mit einer gewissen Freude. Trotz allem, was ich erdulden muss, trotz Ermüdung, Leiden und alles Übrigen bleibt immer noch dies: meine Freude, die Freude des Künstlers, die Dinge wahrzunehmen und daraus im Geist ein eigenes Bild zu gestalten. Ich werde interessiert den letzten Ausdruck vom

Gesicht der Sterbenden ablesen und in mir aufbewahren. Ich leide gemeinsam mit den Menschen, mit denen ich jetzt jeden Abend spreche und die ab der nächsten Woche an irgendeinem gefährlichen Ort dieser Erde, in einer Munitionsfabrik oder Gott weiß wo arbeiten werden, falls sie überhaupt noch arbeiten dürfen. Aber ich merke mir jede Gebärde, jedes Wort, jeden Ausdruck auf ihren Gesichtern mit einer fast kühlen und objektiven Sachlichkeit. Ich habe die Beobachtungsgabe des Künstlers, und ich glaube, dass ich später, wenn ich es für notwendig erachte, von allem zu berichten, auch genügend Talent dazu haben werde.

Mittags. Ein Freund von Bernard begegnete auf der Straße einem deutschen Soldaten, der ihn um eine Zigarette bat. Es entspann sich ein Gespräch, in dem sich herausstellte, dass der Soldat ein Österreicher war und früher Professor in Paris.

Einen Satz aus dem von Bernard nacherzählten Gespräch will ich festhalten. Er sagte: »In Deutschland sterben mehr Soldaten in den Kasernen als vor dem Feind.«

Der Börsenmann sagte am Sonntagmorgen zu Leo Krijn auf der Café-Terrasse: »Wir müssen inbrünstig darum beten, dass etwas Besseres kommt, solange wir noch die Bereitschaft zum Besseren in uns haben. Denn wenn wir durch unseren Hass zu ebensolchen wilden Bestien verkommen sind wie sie, nützt alles nichts mehr.«

Die größten Sorgen machen mir meine immer noch unbrauchbaren Füße. Ich hoffe, dass die Blase bis dahin völlig geheilt ist, sonst werde ich in der eng zusammengepferchten Gesellschaft der Zukunft nur eine lästige Figur. Außerdem sollte ich endlich mal zum Zahnarzt gehen, alle notwendigen Dinge, die man immerzu aufgeschoben hat, müssen jetzt dringend erledigt werden. Und ich werde aufhören, russische Grammatik zu büffeln, für die Schüler reichen meine Kenntnisse noch ein paar Monate aus, ich will lieber den »Idiot« zu Ende lesen.

Exzerpte von Büchern mache ich auch nicht mehr, es kostet zu viel Zeit, und viel Papier werde ich sowieso nicht mitschleppen dürfen. Ich werde mir von allem das Wesentliche einprägen, um es für die Zeiten der Entbehrung aufzubewahren. Und an die Tatsache, dass ich von hier fortgehen muss, werde ich mich auch leichter gewöhnen, wenn ich bei allem, was ich tue, mir ständig den Abschied vor Augen halte, sodass mich das *»letzte Ende«* nicht als allzu schwerer Schlag trifft; ich muss die Briefe, Papiere und den alten Kram in meinem Schreibtisch vernichten. Ich glaube nicht, dass Mischa für tauglich erklärt wird.

Ich muss früher zu Bett gehen, ich bin sonst am nächsten Tag zu schläfrig, und das darf nicht sein. Den Brief unseres deutschen Soldaten muss ich noch in Sicherheit bringen, bevor Liesl nach Drenthe geht, um ihn als »document humain« aufzuheben. Nach der ersten großen, niederschmetternden Verzweiflung zeichnen sich viele merkwürdige Wendungen in der Geschichte ab. Das Leben ist so grotesk und überraschend, so ungeheuer vielfältig, und nach jeder Wegbiegung ist die Aussicht wieder völlig anders. Die meisten Menschen haben Klischeevorstellungen über das Leben im Kopf, man muss sich innerlich von allen gewohnten Vorstellungen und Parolen befreien, man muss jegliche Geborgenheit aufgeben und den Mut haben, auf alles zu verzichten, jede Norm und jeden konventionellen

Halt loszulassen und den großen Sprung in den Kosmos zu wagen, und dann, erst dann wird das Leben überreich und unerschöpflich, auch im tiefsten Leid.

Ich möchte gern noch alles von Rilke lesen, ehe die Zeit kommt, in der ich vielleicht lange kein Buch in die Hände bekomme. Ich identifiziere mich sehr stark mit den Menschen der kleinen Gruppe, die ich zufällig bei Liesl und Werner kennengelernt habe und die nächste Woche deportiert werden, um unter Polizeibewachung in Deutschland zu arbeiten. Heute Nacht habe ich geträumt, ich müsste meinen Koffer packen. Es war eine qualvolle Nacht, vor allem das Schuhwerk brachte mich zur Verzweiflung, alle Schuhe taten mir weh. Wie soll ich all das Unterzeug, den Proviant für drei Wochen und die Decken in einen Koffer oder Rucksack hineinkriegen? Ob in einer Ecke noch ein Plätzchen für die Bibel bleibt? Und wenn möglich, für das *»Stundenbuch«* und die *»Briefe an einen jungen Dichter«* von Rilke? Und ich würde noch so gern meine beiden russischen Wörterbücher und den »Idiot« mitnehmen, um die Sprache nicht zu vergessen. Das kann eine schöne Geschichte werden, wenn ich bei der Registratur angebe: Lehrerin der russischen Sprache. Es dürfte sich um einen *Einzelfall* handeln, und die Konsequenzen sind kaum vorhersehbar. Gott weiß, auf welchen frustrierenden Umwegen ich vielleicht doch noch nach Russland komme, wenn sie mich mit meinen Sprachkenntnissen in ihre Klauen kriegen.

8 Uhr. Siehst du, jetzt klappt ein Deckel über dem Lärm des Tages zu, und der Abend gehört mir, mit aller Ruhe und Konzentration, deren ich fähig bin. Auf meinem Schreibtisch steht eine gelbe Teerose zwischen zwei kleinen Vasen

mit lila Stiefmütterchen. Die »Schnapsrunde« ist vorüber. S. fragte völlig erschöpft: »Wie halten die Levies das nur jeden Abend aus, ich kann nicht mehr, mir ist ganz elend.« Aber jetzt lasse ich alle Gerüchte und Tatsachen hinter mir, jetzt wird studiert und gelesen, den ganzen Abend lang. Wie kommt es eigentlich, dass nichts von den Sorgen und Ängsten des Tages an mir haften geblieben ist, ich sitze hier an meinem Schreibtisch wie *unberührt* und neugeboren, völlig auf meine Studien konzentriert, als ob es nichts anderes auf der Welt gäbe. Vieles ist von mir abgefallen, nichts hat eine Spur hinterlassen, und ich fühle mich *aufnahmefähig* wie noch nie. In der nächsten Woche werden vermutlich alle Holländer auf ihre Tauglichkeit untersucht. Von Tag zu Tag fallen immer mehr Wünsche und Sehnsüchte und Bindungen zu anderen Menschen von mir ab, ich bin zu allem bereit, ich gehe an jeden Ort dieser Erde, wohin Gott mich schickt, und ich bin bereit, in jeder Situation und bis in den Tod Zeugnis davon abzulegen, dass das Leben schön und sinnvoll ist und dass es nicht Gottes Schuld ist, dass alles so gekommen ist, sondern die unsere. Uns ist die Möglichkeit gegeben, alle unsere Fähigkeiten zu nutzen, aber wir müssen noch lernen, mit unseren Möglichkeiten umzugehen. Es ist, als fielen jeden Augenblick mehr Lasten von mir ab, als wären alle Grenzen für mich aufgehoben, die heutzutage die Menschen und Völker trennen. In manchen Augenblicken kommt es mir vor, als wäre das Leben für mich durchsichtig geworden, und auch die Herzen der Menschen, ich schaue und schaue, und begreife immer mehr, und ich werde innerlich immer friedvoller; in mir ist ein Vertrauen auf Gott, das mich zunächst durch sein rasches Wachstum fast ängstigte, das mir nun aber immer mehr zu eigen wird. Und jetzt an die Arbeit.

Donnerstagmorgen, halb 10. Wörter wie Gott und Tod und Leiden und Ewigkeit muss man wieder vergessen. Man muss wieder so einfach und wortlos werden wie das wachsende Korn oder der fallende Regen. Ausschließlich nur noch sein.

Bin ich mir selbst gegenüber wirklich ganz ehrlich, wenn ich sage: Ich hoffe, dass ich ins Arbeitslager komme, um dort den 16-jährigen Mädchen zu helfen, die auch mitmüssen?

Um von vornherein den zurückbleibenden Eltern sagen zu können: »Seid nicht besorgt, ich werde auf eure Kinder aufpassen.«

Wenn ich zu den anderen sage: »Fliehen oder Verstecken hat überhaupt keinen Sinn, es gibt kein Entkommen, wir müssen mitgehen und versuchen, den anderen, so gut wir können, zu helfen«, so klingt darin viel zu viel Resignation. Es schwingt etwas mit, das ich gar nicht meine. Für das ungebrochene und strahlende Gefühl in mir, das auch das Leiden und die Gewalt einbezieht, kann ich die richtige Sprache noch nicht finden. Ich rede noch in der hölzernen Sprache der Philosophie, als hätte ich mir eine tröstende Theorie ausgedacht, um mir das Leben etwas zu erleichtern. Ich sollte lernen, vorläufig zu schweigen und lediglich zu sein.

Freitagmorgen. Das eine Mal ist es ein Hitler, ein andermal meinetwegen ein Iwan der Schreckliche, einmal ist es Resignation, ein andermal sind es Kriege, Pest, Erdbeben oder Hungersnot. Entscheidend ist letzten Endes, wie man das Leiden, das in diesem Leben eine wesentliche Rolle spielt, trägt und erträgt und innerlich verarbeitet und dass man einen Teil seiner Seele unverletzt über alles hinwegrettet.

Später. Ich denke nach und grüble und versuche, die drückenden täglichen Sorgen in so kurzer Zeit wie möglich abzutun, aber es steckt ein Kloß in meiner Kehle, der bei jedem Atemzug schmerzt; man rechnet und sucht und unterbricht das Studium für eine Weile, man geht im Zimmer auf und ab, hat außerdem Bauchschmerzen usw. Und plötzlich kommt wieder die Gewissheit in einem auf: Später, wenn ich alles überlebt habe, werde ich Geschichten über diese Zeit schreiben, die sich wie dünne Pinselstriche vor einem großen wortlosen Hintergrund von Gott, Leben, Tod, Leiden und Ewigkeit abheben. Manchmal befallen uns die Sorgen wie Ungeziefer. Nun ja, dann kratzt man sich eben ein bisschen, auch wenn etwas Haut dabei abgeht, und dann muss dann wieder alles von sich abschütteln. Die kurze Zeit, die ich noch hierbleiben darf, sehe ich als ein Sondergeschenk an, als eine Art Urlaub. In den letzten Tagen gehe ich durchs Leben, als trüge ich eine fotografische Platte in mir, die alles um mich herum bis in die letzten Einzelheiten genau aufnimmt. Ich lebe sehr bewusst, damit alles mit scharfen Konturen in mich *hinein*dringt.

Später, viel später vielleicht, werde ich sie entwickeln und die Bilder betrachten. Um eine neue Sprache zu finden, die zu dem neuen Lebensgefühl passt. Alles muss schweigen, bis man die neue Sprache gefunden hat. Und doch ist es nicht möglich zu schweigen, das wäre auch eine Flucht, man muss die Sprache während des Sprechens zu finden versuchen. Den Übergang von der alten zur neuen Sprache muss man gleichfalls in allen Abstufungen verfolgen.

Ein schwerer Tag, ein sehr schwerer Tag. Man muss lernen, ein »*Massenschicksal*« mitzutragen und alle kindischen persönlichen Wünsche auszuschalten. Jeder möchte sich selbst retten, obwohl er wissen sollte, dass wenn nicht er geht, ein anderer an seiner Stelle gehen muss. Es kommt auf dasselbe heraus, ob ich gehen muss oder ein anderer, ob dieser oder jener. Es ist nun zu einem *»Massenschicksal«* geworden, darüber muss man sich klar sein. Ein sehr schwerer Tag. Aber ich erhole mich immer wieder im Gebet. Und das werde ich wohl immer tun können, auch auf kleinstem Raum: beten. Und den Teil vom *»Massenschicksal«*, den ich zu tragen vermag, schnalle ich als Bündel auf meinem Rücken fest, immer fester, bis es mit mir verwachsen ist. Ich laufe jetzt schon damit durch die Straßen.

Und mit dieser schlanken Füllfeder müsste ich ausholen, als wäre sie ein Hammer, und die Wörter müssten wie ebenso viele Hammerschläge von unserem Schicksal künden, von einem Stück Geschichte, wie es noch nie eines gegeben hat. Zumindest nicht in dieser totalitären, ganz Europa umspannenden Form der Massenorganisation. Es müssen doch ein paar Menschen überleben, die einst die Chronik dieser Zeit schreiben. Ich würde später gern Chronistin sein.

Sein bebender Mund, als er sagte: *»Dann werden Adri und Dicky mir nicht mehr mein Essen bringen dürfen.«*

11. Juli 1942, Samstagvormittag, 11 Uhr. Über die letzten und tiefsten Dinge des Lebens darf man eigentlich erst sprechen, wenn die Wörter so einfach und natürlich aus einem hervorquellen wie Wasser aus einem Brunnen.

Und wenn Gott m i r nicht weiterhilft, dann muss ich Gott helfen. Die ganze Erdoberfläche ist allmählich ein einziges Lager, dem nur wenige entkommen. Es ist eine Phase, durch die wir hindurch müssen. Die Juden erzählen einander hier nette Dinge: dass man in Deutschland eingemauert oder durch Giftgas ausgerottet wird. Es ist nicht sehr vernünftig, solche Geschichten weiterzuerzählen, und außerdem: sollte dies tatsächlich in irgendeiner Form geschehen, nun, dann doch nicht auf unsere Verantwortung? Seit gestern Abend fast sintflutartige Regenschauer. Ich habe schon eine Schublade meines Schreibtisches ausgeräumt. Ich habe sein Foto wiedergefunden, das ich vor fast einem Jahr verlegt hatte, von dem ich aber sicher war: ich finde es wieder. Und da lag es auf einmal auf dem Boden einer unordentlichen Schublade. Das ist typisch für mich, von bestimmten Dingen, großen oder kleinen, weiß ich im Voraus, dass sie in Ordnung kommen. Vor allem bei materiellen Dingen ist das Gefühl sehr stark. Ich mache mir nie Sorgen um den nächsten Tag. Ich weiß zum Beispiel, dass ich in Kürze von hier weg muss, und habe nicht die blasseste Ahnung, wohin ich komme, und mit dem Geldverdienen sieht es sehr schlecht aus, aber um mich selbst sorge ich mich nie, ich weiß, dass es irgendwie weitergehen wird. Wenn man die zukünftigen Dinge von vornherein mit Sorgen belastet, können sie sich nicht organisch entwickeln. In mir ist ein großes Vertrauen. Ich vertraue nicht darauf, dass es mir im äußeren Leben immer gut gehen wird, sondern darauf, dass ich auch dann, wenn es mir schlecht geht, das Leben immer bejahen und gut finden werde.

Ich ertappe mich dabei, wie sehr ich mich in Kleinigkeiten schon auf das Arbeitslager vorbereite. Gestern Abend ging ich mit ihm am Kai spazieren. Ich hatte bequeme Sandalen an und dachte auf einmal: Die Sandalen werde ich auch mitnehmen, dann kann ich sie ab und zu mit den schweren Schuhen vertauschen. Was geht da zurzeit in mir vor? Woher diese leichte, fast verspielte Fröhlichkeit? Gestern war ein schwerer, sehr schwerer Tag, an dem ich viel leiden und innerlich viel verarbeiten musste. Aber ich habe alles überwunden und kann heute wieder mehr ertragen als gestern. Vermutlich ist das der Grund für die innere Heiterkeit und Ruhe: Ich weiß, dass ich mit allem fertigwerde, ganz allein damit fertigwerde und dass mein Herz dabei nicht vor Verbitterung erstarrt, sondern dass auch die Augenblicke der tiefsten Traurigkeit und Verzweiflung fruchtbare Spuren in mir hinterlassen und mich stärker machen. Ich mache mir nichts vor über die wirklichen Umstände und verzichte sogar auf den Anspruch, anderen Menschen helfen zu wollen. Ich werde mich immer bemühen, Gott so gut wie möglich zu helfen, und wenn mir das gelingt, nun, dann wird es mir bei den anderen auch gelingen. Aber man sollte sich keine heroische Illusionen darüber machen.

Ich frage mich, was ich wirklich tun würde, wenn ich die Karte mit dem Aufruf nach Deutschland in der Hand hielte und in einer Woche abfahren müsste. Stell dir vor, die Karte käme morgen, was würdest du tun? Ich würde zunächst niemandem etwas davon sagen, mich in die stillste Ecke des Hauses zurückziehen und alle meine körperlichen und seelischen Kräfte zusammenraffen. Ich würde mir einen Bubikopf schneiden lassen und meinen Lippenstift wegwerfen. Ich würde versuchen, die Rilke-Briefe noch in dieser Woche zu lesen. Aus dem schweren Mantelstoff, den ich habe, würde ich mir eine lange Hose und eine Jacke machen lassen. Ich würde natürlich versuchen, meine Eltern zu besuchen und ihnen viel von mir erzählen, viel Tröstliches, und in jeder Minute, die mir verbliebe, würde ich ihm schreiben, und ich weiß jetzt schon, dass ich vor Sehnsucht nach diesem Mann sterben würde. So wie mir jetzt in manchen Augenblicken zum Sterben zumute ist, wenn ich überlege, dass ich ihn verlassen muss und nicht mehr wissen werde, wie es ihm geht. Nach einigen Tagen würde ich zum Zahnarzt gehen, um meine vielen hohlen Backenzähne füllen zu lassen, denn das wäre wirklich grotesk, wenn man dort Zahnweh bekäme. Ich würde versuchen, mir einen Rucksack zu verschaffen und nur das Notwendigste mitnehmen, aber es müsste alles von guter Qualität sein. Ich würde die Bibel mitnehmen, und auch die beiden dünnen Bändchen *»Briefe an einen jungen Dichter«* und das *»Stundenbuch«* müssten sich doch noch in einer Ecke des Rucksackes unterbringen lassen? Ich nehme keine Fotos mit von den Menschen, die mir teuer sind, sondern verwahre die Bilder ihrer Gesichter und Gebärden in den geheimsten Winkeln meines Inneren, damit sie immer bei mir sind.

Und seine beiden Hände werden mit mir gehen, mit ihren ausdrucksvollen Fingern, die wie junge kräftige Zweige sind. Und oft werden die Hände sich im Gebet schützend über mir falten und mich bis zum Ende nicht verlassen. Und die dunklen Augen werden mich begleiten, mit ihrem guten, sanften und forschenden Blick. Und wenn meine Gesichtszüge durch zu viel Leid und harte Arbeit hässlich und zerstört sind, wird alles Leben sich in meine Seele und meine Augen zurückziehen und alle werden sich in meinen Augen versammeln. Und so weiter und so weiter. Das ist natürlich nur eine Stimmung von vielen, die man unter den neuen Verhältnissen von sich kennenlernt. Aber es ist auch ein Stück und eine Möglichkeit von mir selbst. Ein Teil von mir, der immer mehr die Oberhand gewinnt. Und übrigens:

Ein Mensch ist nur ein Mensch. Ich übe mich bereits jetzt darin, auch dann weiterzuleben, wenn ich von allen getrennt bin, ohne die ich nicht leben zu können glaube. Äußerlich löse ich mich jeden Augenblick mehr von ihnen, um mich immer stärker auf ein innerliches Zusammenbleiben und Verbundensein zu konzentrieren, auch wenn wir noch so weit voneinander getrennt sind. Aber andrerseits: Wenn ich mit ihm Hand in Hand auf dem Kai spaziere, wo es gestern Abend herbstlich und stürmisch war, oder wenn ich mich in seinem kleinen Zimmer an seinen herzlichen, lieben Gesten erwärme, dann beschleicht mich wieder die sehr menschliche Hoffnung und der Wunsch: Warum sollten wir nicht zusammenbleiben können? Alles andere zählt nicht, wenn wir nur zusammenbleiben können, ich will nicht von ihm getrennt werden. Aber dann wieder überlege ich mir, dass es vielleicht leichter ist, aus der Ferne für jemand zu beten, als ihn neben sich leiden zu sehen.

Wirkliche Verbindungswege von Mensch zu Mensch gibt es in dieser wild über den Haufen geworfenen Welt nur im Bereich des Inneren. Äußerlich wird man auseinandergerissen, und die Wege zueinander sind unter Trümmern verschüttet, sodass man häufig nicht mehr zueinander findet. Nur innerlich ist noch ein ununterbrochener Kontakt und ein gemeinsames Weiterleben möglich, und bleibt nicht immer die Hoffnung, dass man einander doch noch irgendwann auf dieser Erde wiedertrifft?

Ich weiß natürlich nicht, wie es sein wird, wenn ich ihn tatsächlich verlassen muss. Ich habe noch seine Stimme von dem Anruf heute Morgen im Ohr, und heute Abend werde ich zusammen mit ihm an einem Tisch essen, und morgen früh machen wir einen Spaziergang, und dann essen wir beide bei Liesl und Werner, und nachmittags wird musiziert. Er ist noch da. Und in meinen geheimsten Gedanken glaube ich noch immer nicht so recht, dass ich ihn und die anderen verlassen muss. Ein Mensch ist ja nur ein Mensch. In dieser neuen Situation muss man sich selbst erst wieder neu kennenlernen. Viele Leute werfen mir Gleichgültigkeit und Passivität vor und sagen, dass ich mich zu leicht ergebe. Und sie sagen, jeder, der sich vor ihren Klauen retten könne, müsse es versuchen, er sei dazu verpflichtet. Ich solle etwas für mich selbst tun. Aber das ist eine Rechnung, die nicht aufgeht. Zurzeit ist nämlich jeder damit beschäftigt, etwas für sich zu tun, sich zu retten, und doch müssen viele, sehr viele sogar, gehen. Und das Komische ist: Ich fühle mich gar nicht in ihren Klauen, weder wenn ich bleibe, noch wenn ich abtransportiert werde. Ich finde das alles so klischeehaft und primitiv, ich kann diese Argumente überhaupt nicht verstehen, ich fühle mich in niemandes Klauen, ich fühle mich nur in Gottes Armen, um es mal pathetisch zu sagen, und ob ich nun hier an dem mir so lieben und vertrauten Schreibtisch sitze oder ob ich nächsten Monat in einer armseligen Kammer im Judenviertel hause oder vielleicht in einem Arbeitslager unter SS-Bewachung stehe, ich werde mich überall und immer, glaube ich, in Gottes Armen fühlen. Man wird mich möglicherweise körperlich zugrunde richten, aber mir weiter nichts anhaben können. Vielleicht werde ich der Verzweiflung anheimfallen und Entbehrungen erdulden müssen, die ich mir in meinen düstersten Fantasien nicht vorstellen kann. Und doch ist das alles belanglos, gemessen an dem Gefühl endloser Weite und Gottesvertrauen und innerer Erlebnisfähigkeit. Es kann sein, dass ich alles unterschätze.

Ich lebe täglich in einer harten Ungewissheit, die für meine Person jeden Augenblick zur Gewissheit werden kann, wie sie schon für viele, allzu viele Menschen zur Gewissheit geworden ist. Ich lege mir bis in die kleinsten Einzelheiten Rechenschaft über alles ab, und ich glaube, dass ich bei meinen inneren *»Auseinandersetzungen«* mit beiden Füßen auf dem härtesten Boden der härtesten Realität bleibe. Meine Ergebung ist keine Resignation oder Willenlosigkeit. Es ist immer noch Raum darin für die elementare moralische Entrüstung über ein Regime, das so mit den Menschen umgeht. Aber die Ereignisse, die uns überrollen, sind zu gewaltig und dämonisch, als dass man darauf mit persönlichem Groll und Erbitterung reagieren könnte. Das käme mir kindisch vor und wäre diesem *»schicksalhaften«* Geschehen nicht angemessen.

Die Leute regen sich oft darüber auf, wenn ich sage: Es ist doch nicht entscheidend, ob ich gehe oder ein anderer, entscheidend ist doch nur die Tatsache, dass so viel Tausende gehen müssen. Und es ist keineswegs so, dass ich mit einem gelassenen Lächeln geradezu in meinen Untergang hineinrenne, nein, so ist es auch nicht. Es ist ein Gefühl des Unabwendbaren, ein Sich-Abfinden mit dem Unabwendbaren in dem Wissen, dass uns in letzter Instanz nichts genommen werden kann. Ich will nicht aus einer Art Masochismus um jeden Preis mitgehen und aus meiner Daseinsform herausgerissen werden, aber ich weiß, dass ich mich keineswegs wohlfühlen würde, wenn mir erspart bliebe, was so viele erdulden müssen. Man sagt zu mir: Jemand wie du ist verpflichtet, sich in Sicherheit zu bringen, du hast im Leben später noch viel zu tun, du hast noch so viel zu geben. Was immer ich zu geben habe, das kann ich überall geben, wo ich bin, hier im Freundeskreis oder irgendwo anders in einem Konzentrationslager. Es wäre eine sonderbare Selbstüberschätzung, mich für zu wertvoll zu halten, um in einem gemeinsamen »*Massenschicksal*« mit den anderen unterzugehen.

Und wenn Gott der Ansicht ist, dass mir noch viel zu tun bleibt, nun, dann werde ich dieses tun, nachdem ich alles durchgestanden habe, was die anderen auch durchstehen müssen. Und ob ich ein wertvoller Mensch bin, wird sich daran zeigen, wie ich mich unter den veränderten Bedingungen verhalten werde. Und auch wenn ich nicht überlebe, wird die Art, wie ich sterbe, den Ausschlag geben, wie ich wirklich bin. Es geht nicht mehr darum, sich selbst um jeden Preis aus einer bestimmten Situation herauszuhalten, sondern darum, wie man sich in irgendeiner Situation verhält und weiterlebt. Was sich anständigerweise tun lässt, werde ich tun. Meine Nieren sind noch entzündet, und auch meine Blase ist nicht ganz koscher, darüber werde ich mir ein Attest geben lassen, falls ich eins bekommen kann. Man empfiehlt mir nämlich, mich um einen Scheinposten beim Jüdischen Rat zu bewerben. Vorige Woche wurden 180 Leute mit einer Sondergenehmigung eingestellt, und seitdem drängen sich dort die Ratlosen in hellen Scharen. Wie sich an einem Stück Treibholz nach einem Schiffbruch noch so viele Menschen wie möglich festklammern. Aber ein solches Unternehmen halte ich für sinnlos und unlogisch. Es liegt mir nicht, von meinen guten Beziehungen Gebrauch zu machen. Es scheint dort eine ziemliche Vetternwirtschaft zu herrschen, und die Erbitterung gegen diese merkwürdige Vermittlungsstelle steigt von Tag zu Tag. Und außerdem: Man kommt ja doch nur etwas später an die Reihe.

Nun ja, bis dahin können die Engländer möglicherweise schon gelandet sein. So reden die Leute, die noch eine politische Hoffnung haben. Ich glaube, dass man alle Hoffnungen auf die Außenwelt aufgeben muss, dass man keine Rechenexempel über die Zeitdauer anstellen darf, und so weiter. Und jetzt gehe ich den Tisch decken.

Sonntagmorgengebet. Es sind schlimme Zeiten, mein Gott. Heute Nacht geschah es zum ersten Mal, dass ich mit brennenden Augen schlaflos im Dunkeln lag und viele Bilder menschlichen Leides an mir vorbeizogen. Ich verspreche dir etwas, Gott, nur eine Kleinigkeit: Ich will meine Sorgen um die Zukunft nicht als beschwerende Gewichte an den jeweiligen Tag hängen, aber dazu braucht man eine gewisse Übung. Jeder Tag ist für sich selbst genug. Ich will dir helfen, Gott, dass du mich nicht verlässt, aber ich kann mich von vornherein für nichts verbürgen. Nur dies eine wird mir immer deutlicher: dass du uns nicht helfen kannst, sondern dass wir dir helfen müssen, und dadurch helfen wir uns letzten Endes selbst. Es ist das Einzige, auf das es ankommt: ein Stück von dir in uns selbst zu retten, Gott. Und vielleicht können wir mithelfen, dich in den gequälten Herzen der anderen Menschen auferstehen zu lassen. Ja, mein Gott, an den Umständen scheinst auch du nicht viel ändern zu können, sie gehören nun mal zu diesem Leben. Ich fordere keine Rechenschaft von dir, du wirst uns später zur Rechenschaft ziehen. Und mit fast jedem Herzschlag wird mir klarer, dass du uns nicht helfen kannst, sondern dass wir dir helfen müssen und deinen Wohnsitz in unserem Inneren bis zum Letzten verteidigen müssen. Es gibt Leute, es gibt sie tatsächlich, die im letzten Augenblick ihre Staubsauger und ihr silbernes Besteck in Sicherheit bringen, statt dich zu bewahren, mein Gott. Und es gibt Menschen, die nur ihren Körper retten wollen, der ja doch nichts anderes mehr ist als eine Behausung für tausend Ängste und Verbitterung. Und sie sagen: Mich sollen sie nicht in ihre Klauen bekommen. Und sie vergessen, dass man in Niemandes Klauen ist, wenn man in deinen Armen ist. Ich werde allmählich wieder ruhiger, mein Gott, durch dieses Gespräch mit dir. Ich werde in der nächsten Zukunft noch sehr viele Gespräche mit dir führen und dich auf diese Weise hindern, mich zu verlassen. Du wirst wohl auch karge Zeiten in mir erleben, mein Gott, in denen mein Glaube dich nicht so kräftig nährt, aber glaube mir, ich werde weiter für dich wirken und dir treu bleiben und dich nicht aus meinem Inneren verjagen.

Für große, heroische Leiden fühle ich genügend Kraft in mir, mein Gott, ich fürchte vielmehr die tausend kleinen täglichen Sorgen, die einen manchmal wie beißendes Ungeziefer befallen. Nun gut, dann kratze ich mich eben ein wenig in meiner Verzweiflung und sage jeden Tag aufs Neue zu mir selbst: Für den heutigen Tag ist noch gesorgt, die schützenden Wände eines gastfreien Hauses umgeben dich noch wie ein oft getragenes, vertrautes Kleidungsstück, für heute hast du noch genug zu essen und dein Bett mit den weißen Laken und den warmen Decken erwartet dich zur Nacht, also solltest du heute keinen Funken deiner Kraft an kleinliche materielle Sorgen um dich selbst verschwenden. Nutze und genieße jede Minute dieses Tages, mache ihn zu einem fruchtbaren Tag, zu einem starken Stein in dem Fundament, auf das sich die armen und bangen Tage der Zukunft stützen können. Der Jasmin hinter dem Haus ist jetzt ganz zerzaust vom Regen und den Stürmen der letzten Tage, die weißen Blüten treiben verstreut in den schmutzigen schwarzen Pfützen auf dem niedrigen Garagendach. Aber irgendwo in mir blüht der Jasmin unaufhörlich weiter, genauso überschwänglich und zart, wie er immer geblüht hat. Und sein Duft verbreitet sich um deinen Wohnsitz in meinem Inneren, mein Gott. Du siehst, ich sorge gut für dich. Ich bringe dir nicht nur meine Tränen und ängstlichen Vermutungen dar, ich bringe dir an diesem stürmischen, grauen Sonntagmorgen sogar duftenden Jasmin. Ich werde dir alle Blumen bringen, die ich auf meinem Weg finde, und das sind immerhin eine ganze Menge. Du sollst es so gut wie möglich bei mir haben. Um nur irgendein beliebiges Beispiel zu nennen: Wenn ich in einer engen Zelle eingeschlossen wäre und eine Wolke zöge am kleinen vergitterten Fenster vorbei, dann würde ich dir die Wolke darbringen, mein Gott, jedenfalls solange ich noch dazu die Kraft hätte. Ich kann mich von vornherein für nichts verbürgen, aber meine Absichten sind die besten, wie du wohl merkst.

Und jetzt überlasse ich mich diesem Tag. Ich werde heute mit vielen Menschen zusammenkommen, und die vielen bösen Gerüchte und Bedrohungen werden mich bestürmen wie feindliche Soldaten eine uneinnehmbare Festung.

14. Juli, Dienstagabend. Jeder muss nun mal entsprechend dem ihm gemäßen Stil leben. Aktiv aufzutreten, um mich sozusagen selbst zu retten, kommt mir so sinnlos vor und macht mich unruhig und unglücklich. Das Bewerbungsschreiben an den Jüdischen Rat, das ich auf Jaaps dringendes Anraten geschrieben habe, hat mich heute aus meinem

heiteren und doch wieder sehr ernsten Gleichgewicht gebracht. Als ob es gewissermaßen eine unwürdige Handlung wäre. Sich nach dem Schiffbruch um das eine Stück Treibholz im unendlichen Ozean zu drängeln. Und dann rette sich, wer kann, den anderen beiseitestoßen und ihn ertrinken lassen, das ist alles so unwürdig, und drängeln mag ich auch nicht. Ich gehöre wohl eher zu den Menschen, die lieber noch eine Weile mit zum Himmel erhobenen Augen auf dem Rücken im Ozean treiben und dann in ergebener Gelassenheit versinken. Ich kann eben nicht anders. Ich kämpfe ständig mit den Dämonen in meinem Inneren, aber inmitten von tausenden ängstlichen Menschen gegen die wild gewordenen und zugleich eiskalten Fanatiker zu kämpfen, die unseren Untergang wollen, nein, das ist nicht meine Sache. Ich habe auch keine Angst, ich weiß nicht warum, ich bin so ruhig und manchmal kommt es mir vor, als stünde ich hoch oben auf den Zinnen der Geschichte und hielte Ausschau über eine weite Landschaft. Das Stück Geschichte, das wir jetzt erleben, kann ich sehr gut ertragen, ohne darunter zusammenzubrechen. Ich sehe genau, was geschieht, und behalte einen klaren Kopf. Manchmal freilich ist es, als legte sich eine Aschenschicht über mein Herz. Und dann kommt es mir vor, als würde mein Gesicht vor meinen Augen welken und vergehen, hinter meinen grauen Zügen taumeln Jahrhunderte nacheinander in einen Abgrund, und dann verschwimmt alles vor meinen Augen, und mein Herz lässt alle Hoffnung fahren. Es sind nur Augenblicke, gleich darauf habe ich mich wieder in der Gewalt, mein Kopf wird wieder klar, und ich kann meinen Anteil an der Geschichte tragen, ohne darunter zu zerbrechen. Wenn man einmal begonnen hat, an Gottes Hand zu wandern, ja, dann wandert man weiter, das ganze Leben wird zu einer einzigen Wanderung: ein sonderbares Gefühl.

Ich verstehe ein kleines Stück Geschichte und einen Teil der Menschen. Ich schreibe jetzt nicht gern, es ist, als verblassten und alterten die Wörter augenblicklich unter meinen Händen und verlangten nach neuen Wörtern, die noch längst nicht geboren sind.

Wenn ich vieles aufschreiben könnte, was ich denke und fühle, und was mir manchmal blitzartig über das Leben und die Menschen und über Gott klar wird, dann könnte etwas Großartiges daraus werden, dessen bin ich mir sicher. Ich muss mich immer wieder in Geduld üben und alles in mir reifen lassen.

Man geht viel zu weit in seiner Angst um den armseligen Körper. Und der Geist, dieser vergessene Geist, verschrumpelt irgendwo in einer Ecke. Man lebt falsch, man benimmt sich unwürdig. Man hat viel zu wenig historisches Bewusstsein. Man kann auch mit einem historischen Bewusstsein untergehen. Ich hasse niemand. Ich bin nicht verbittert. Wenn die allgemeine Liebe zu den Menschen sich einmal entfaltet hat, wächst sie ins Unermessliche.

Viele Leute würden mich eine wirklichkeitsfremde Närrin schelten, wenn sie wüssten, wie ich fühle und denke. Und doch lebe ich in der ganzen Wirklichkeit, die jeder Tag bringt. Der westliche Mensch empfindet das »Leiden« nicht als etwas zum Leben Gehöriges. Und deshalb kann er nie positive Kräfte aus dem Leiden schöpfen. Ich will nach den paar Sätzen aus einem Brief an Rathenau suchen, die ich mir früher einmal aufgeschrieben habe. Da sind sie schon. Das wird mir später fehlen: Ich brauche nur die Hand auszustrecken, und schon finde ich die Worte und

Fragmente, die mein Geist in diesem Augenblick in sich aufnehmen will. Ich muss alles in mir tragen. Man muss auch ohne Bücher und Notizen leben können. Ein kleines Stück Himmel wird wohl immer zu sehen sein, und so viel Platz wird immer um mich sein, dass meine Hände sich zum Gebet falten können.

Es ist jetzt halb 12 Uhr nachts. Weyl nimmt den Rucksack auf die Schultern, der viel zu schwer für seinen schmächtigen Rücken ist, und geht zu Fuß zum Hauptbahnhof. Ich gehe mit ihm. Eigentlich sollte man heute Nacht kein Auge zutun und nur noch beten.

Mittwochmorgen. Anscheinend habe ich gestern Nacht doch nicht genug gebetet. Als ich heute Morgen seinen kurzen Brief gelesen hatte, da erst brach der Sturm in mir los und überwältigte mich. Ich war gerade mit dem Frühstückstisch beschäftigt, als ich plötzlich innehielt und mitten im Zimmer die Hände falten musste. Ich beugte tief den Kopf, und die Tränen, die ich lange zurückgehalten hatte, flossen über mein Gesicht, und ich fühlte so viel Mitleid und Güte und auch so viel Kraft in mir, dass mir bald leichter wurde. Als ich seinen Brief gelesen hatte, verspürte ich in mir tiefsten, äußersten Ernst.

Es klingt vielleicht sonderbar, aber dieses blasse, unordentliche Bleistiftgekritzel ist für mich der erste wirkliche Liebesbrief. Ich habe Koffer voll sogenannter Liebesbriefe, die Männer haben mir schon so viele Wörter geschrieben, leidenschaftliche und zärtliche, beschwörende und sehnsüchtige Wörter, mit denen sie sich selbst und auch mich anzufeuern versuchten, und oft war es nur ein Strohfeuer.

Aber diese Worte von ihm, gestern: *»Du, es ist mir schwer ums Herz«*, und heute Morgen: *»Liebes, ich will weiter beten!«* Es sind die kostbarsten Geschenke, die meinem verwöhnten Herzen jemals dargebracht wurden.

Abends. Nein, ich glaube nicht, dass ich zugrunde gehen werde. Heute Mittag ein Anfall von Verzweiflung und Kummer, nicht um das Geschehen überhaupt, sondern schlicht und einfach um mich selbst. Der Gedanke, ihn allein lassen zu müssen, noch nicht einmal Kummer um die Sehnsucht, die ich nach ihm haben werde, sondern Kummer um die Sehnsucht, die er nach mir haben wird. Und vor ein paar Tagen glaubte ich, es würde mir nichts mehr ausmachen, wenn mein Aufruf kommt, weil ich alles schon vorher durchlebt und durchlitten hätte, aber heute erschien es mir plötzlich, als werde mich alles doch viel mehr erschüttern, als ich bisher dachte. Es war sehr schwer. Ich bin dir untreu geworden, Gott, aber nicht ganz und nur für kurze Zeit. Es ist gut, solche Augenblicke der Verzweiflung und zeitweiliger Betäubung zu erleben, eine unerschütterliche Ruhe wäre jetzt fast übermenschlich. Aber jetzt weiß ich wieder, dass ich jede Verzweiflung überwinden kann. Heute Mittag konnte ich mir nicht vorstellen, dass ich heute Abend wieder ruhig und konzentriert an meinem Schreibtisch sitzen würde. Da war alles in mir wie ausgelöscht vor Verzweiflung, ich erkannte die Zusammenhänge nicht mehr, und dazu der überwältigende Kummer. Und danach wieder tausend kleine Sorgen, Fußschmerzen nach einem halbstündigen Gang und so starke Kopfschmerzen, dass sie mir den Schädel fast zersprengten und so weiter. Nun ist wieder alles vorbei. Ich weiß, dass ich noch oft kaputt und zerschlagen auf Gottes Erde liegen werde. Aber ich glaube, dass ich sehr zäh bin und immer wieder aufstehen werde. Obwohl sich heute Mittag ein Prozess der Abhärtung und Abstumpfung in mir abspielte, der mich ahnen ließ, was extreme Umstände über Jahre hinweg aus einem machen können. Aber jetzt ist mein Kopf wieder klarer denn je. Morgen muss ich ausführlich über unser Schicksal und unsere Einstellung dazu mit ihm sprechen. Jawohl!

Die Rilke-Briefe von 1907–1914 und von 1914–1921 wurden mir gebracht, und ich hoffe, dass ich sie noch alle lesen kann. Und auch von Schubert. Jopie hat sie gebracht. Ihren Pullover aus reiner Schafwolle, ein Schutz gegen Regen und Kälte, zog sie sich wie ein zweiter Sankt Martin vom Leibe und schenkte ihn mir. Das ist einstweilen meine Reisebekleidung. Soll ich zwischen den Decken doch die beiden Bände des »Idiot« und mein kleines Langenscheidt-Wörterbuch mitnehmen? Ich will lieber etwas weniger Proviant mitnehmen, wenn dafür die Bücher Platz haben. Weniger Decken kann ich nicht mitnehmen, ich friere mich ohnehin fast zu Tode. Der Rucksack von Han lag heute Mittag im Korridor, ich habe ihn heimlich anprobiert, es war nicht viel drin, aber ehrlich gesagt, wog mir das Ding trotzdem zu schwer. Nun gut, ich bin doch in Gottes Hand. Und auch mein Körper mit all seinen Wehwehchen. Wenn ich einmal niedergeschlagen und verstört bin, muss ich irgendwo in einem geheimsten Winkel meines Wesens wissen, dass ich wieder hochkomme, sonst bin ich verloren.

Ich gehe einen Weg, auf den ich geführt werde. Immer wieder gelange ich zu dieser Erkenntnis, und dann weiß ich besser denn je, was ich tun soll. Nicht wie ich handeln soll, sondern dass ich es bei der jeweiligen Gelegenheit wissen werde.

»Liebes, ich will weiter beten.«

Ich habe ihn so lieb.

Und abermals frage ich mich heute, ob es nicht leichter ist, aus der Ferne für jemand zu beten und mit ihm innerlich verbunden zu sein, als ihn neben mir leiden zu sehen. Komme, was kommen mag, die größte Gefahr für mich ist, dass mein Herz eines Tages aus Liebe zu ihm stillsteht.

Jetzt will ich noch ein wenig lesen.

Wenn ich bete, bete ich nie für mich selbst, immer für andere, oder aber ich führe einen verrückten oder kindlichen oder todernsten Dialog mit dem, was in mir das Allertiefste ist und was ich der Einfachheit halber als Gott bezeichne. Ich weiß nicht, ich finde es so kindisch, etwas für sich selbst zu erbitten. Ich muss ihn morgen doch mal fragen, ob er auch für sich selbst betet, dann sollte ich wohl auch für mich beten. Darum zu bitten, dass es einem anderen gut gehen möge, finde ich genauso kindisch, man kann nur darum bitten, dass er die Kraft haben möge, auch das Schwerste zu ertragen. Wenn man für jemand betet, schickt man ihm etwas von der eigenen Kraft.

Und daran leiden viele Menschen am meisten: dass sie innerlich völlig unvorbereitet sind und deshalb schier vor Angst umkommen, bevor sie noch ein Arbeitslager gesehen haben. Ihre Einstellung macht unsere Katastrophe vollständig. Wirklich, damit verglichen, ist Dantes Hölle eine heitere Operette. *»Dies ist die Hölle«,* stellte er neulich ganz einfach und sachlich fest. Momentan ist es mir, als hörte ich ein Heulen und Kreischen und Pfeifen in meinem Kopf. Und die Wolken hängen niedrig und drohend. Und dennoch steigt ab und zu noch der leichte, verspielte Humor in mir auf, der mich nie ganz verlässt, der aber, wie ich zumindest glaube, auch kein Galgenhumor ist. Ich habe mich während dieser Zeit ganz allmählich an solche Augenblicke gewöhnt, sodass ich nicht mehr in Verwirrung gerate und mit einem heiteren Blick die Dinge betrachten und weiterleben kann. Es war doch nicht bloß »Literatur« und *»Schöngeisterei«*, was ich in den letzten Jahren hier an meinem Schreibtisch getrieben habe.

Und diese letzten anderthalb Jahre wiegen ein ganzes Leben voller Leiden und Untergang auf. Sie sind mit mir verwachsen, die anderthalb Jahre sind zu einem Teil meines Selbst geworden, und während dieser Zeit hat sich ein Vorrat in mir angesammelt, von dem ich ein Leben lang zehren kann, ohne allzu große Not zu leiden.

Später. Ich will mir etwas für meine schwersten Augenblicke merken und es nie vergessen: dass Dostojewski vier Jahre in einem sibirischen Kerker verbracht hat, mit der Bibel als einziger Lektüre. Er durfte nie allein sein, und um die Hygiene stand es auch nicht besonders gut.

Am 15. Juli erhielt Etty Hillesum eine Anstellung in der Abteilung für kulturelle Angelegenheiten (»Culturele Zaken«) des Jüdischen Rates.

Am 16. Juli, halb 10 Uhr abends. Solltest du doch andere Pläne mit mir haben, Gott? Kann ich das annehmen? Ich bin aber weiterhin bereit. Morgen gehe ich in die Hölle, ich muss mich gut ausruhen, um die Arbeit dort leisten zu können. Über den heutigen Tag werde ich später ein Jahr lang erzählen. Jaap und Loopuit, der alte Freund, der sagte: »Ich lasse keinesfalls zu, dass Etty nach D. verschleppt wird.« Ich sagte zu Jaap, nachdem Leo de Wolf uns wieder einmal ein paar Stunden Warten erspart hatte: »Ich werde später sehr viel Gutes für andere Menschen tun müssen, um das alles wieder gutzumachen. Etwas ist faul in unserer Gesellschaft, das ist nicht gerecht.« Liesl sagte witzig: *»Darum bist du eben das Opfer der Protektion.«*

Ich habe dort im Korridor, in schlechter Luft und Gedränge doch ein paar Rilke-Briefe gelesen, ich mache weiter, wie ich es gewöhnt bin. Aber diese Todesangst auf den Gesichtern. All diese Gesichter, mein Gott, diese Gesichter.

Ich gehe jetzt zu Bett. Ich hoffe, dort in dem Irrenhaus einen Kern der Ruhe zu bilden. Ich werde früh aufstehen, um mich von vornherein darauf zu konzentrieren. Mein Gott, was hast du mit mir vor? Der Aufruf ist mir gar nicht richtig ins Bewusstsein gedrungen, nach ein paar Stunden war ich ihn wieder los. Wie ist das nur so rasch geschehen? Er sagte: »Ich habe heute Nachmittag dein Tagebuch gelesen, und als ich es gelesen hatte, wusste ich: Dir wird nichts geschehen.« Ich muss etwas für Liesl und Werner tun, ich muss. Nicht übereilt, sondern überlegt und konzentriert. Am besten wohl einen Brief in seine Tasche stecken.

Es ist ein Wunder geschehen, auch das muss ich akzeptieren und ertragen können.

19. Juli, Sonntagabend, 10 vor 10. Ich hätte dir viel zu sagen, Gott, aber ich muss ins Bett. Ich bin jetzt wie betäubt, und wenn ich um 10 Uhr nicht im Bett liege, kann ich einen Tag wie den morgigen nicht durchhalten. Und übrigens: ich muss erst eine ganz neue Sprache finden, um über all das

sprechen zu können, was mich seit den letzten Tagen bewegt. Ich bin noch längst nicht fertig mit uns und mit dieser Welt, Gott. Ich möchte gern noch sehr lange leben und alles miterleben, was uns auferlegt wird. Diese letzten paar Tage, mein Gott, diese letzten Tage!! Und diese Nacht. Er atmet im selben Rhythmus, wie er geht. Und ich sagte, unter der Decke: »Wir wollen zusammen beten.« Nein, ich kann noch nicht darüber sprechen, was alles in den letzten Tagen und gestern Nacht geschehen ist.

Und doch bin ich von dir auserwählt, mein Gott, dass du mich so intensiv an allem in diesem Leben teilhaben lässt, und dass du mir genügend Kraft verliehen hast, alles zu ertragen. Dass mein Herz auch so große und starke Gefühle ertragen kann. Als ich gestern Nacht um 2 Uhr endlich in Dickys Zimmer hinaufging und im Zimmer niederkniete, fast nackt, ganz *»aufgelöst«*, sagte ich: Ich habe viele große Dinge erlebt heute, tagsüber und in der Nacht. Mein Gott, hab Dank, dass ich alles ertragen kann und dass du so wenig an mir vorbeigehen lässt. Und jetzt muss ich ins Bett.

20. Juli, Montagabend, halb 10. Unbarmherzig, unbarmherzig. Aber umso barmherziger müssen wir innerlich sein, das ist das Einzige, um das sich mein Gebet heute Morgen in der Frühe drehte:

Mein Gott, diese Zeiten sind zu hart für so zerbrechliche Menschen wie ich. Ich weiß, dass danach wieder andere, humanere Zeiten kommen werden. Ich möchte so gern am Leben bleiben, um all die Menschlichkeit, die ich trotz allem, was ich täglich mitmache, in mir bewahre, in diese neue Zeiten hinüberzuretten. Es ist die einzige Möglichkeit, die neue Zeit vorzubereiten, indem wir sie schon jetzt in uns vorbereiten. Irgendwie fühle ich mich innerlich ganz leicht, ohne jede Erbitterung, ich spüre so viel Kraft und Liebe in mir. Ich würde gern am Leben bleiben, um die neue Zeit vorbereiten zu helfen und das Unzerstörbare in mir für die neue Zeit aufzubewahren, die sicherlich kommen wird. Sie kommt ja täglich näher, ich spüre es doch. So etwa lautete heute Morgen mein Gebet. Ich kniete spontan auf die harte Kokosmatte im Badezimmer nieder, und die Tränen strömten mir über das Gesicht.

Das Gebet hat mir, glaube ich, Kraft für den ganzen Tag gegeben. Jetzt werde ich noch eine kleine Novelle lesen. Ich behalte meinen eigenen Lebensstil trotz allem bei, auch wenn ich tausend Briefe am Tag von 10 Uhr morgens bis 7 Uhr abends tippe und mit wundgelaufenen Füßen um 8 Uhr nach Hause komme, um dann noch zu essen. Ich werde immer eine Stunde für mich finden. Ich bleibe mir selbst ganz treu und werde weder resignieren noch mich zermürben lassen. Ich würde die Arbeit nicht durchhalten können, wenn ich nicht jeden Tag aus der großen Ruhe und Gelassenheit in mir Kraft schöpfen könnte.

Ja, mein Gott, ich bin dir sehr treu, durch dick und dünn, und ich werde nicht untergehen, ich glaube noch immer an den tieferen Sinn dieses Lebens, und ich weiß, wie ich weiterleben muss, ich fühle eine große Sicherheit in mir, die er gleichfalls besitzt. Du wirst es unbegreiflich finden, aber ich finde das Leben schön und bin so glücklich. Ist das nicht erstaunlich? Ich würde mich auch nicht getrauen, mit jemand anderem so ausführlich darüber zu sprechen.

21. Juli, Dienstagabend, 19 Uhr. Heute Nachmittag auf dem langen Weg nach Hause, als die Sorgen mich wieder über-

fielen und kein Ende nehmen wollten, sagte ich zu mir: Wenn du schon behauptest, an Gott zu glauben, dann musst du konsequent sein, du musst dich ihm ganz überlassen und ihm vertrauen. Aber dann darfst du dir auch keine Sorgen über den nächsten Tag machen. Ich ging heute mit ihm am Kai entlang, und ich danke dir dafür, mein Gott, dass das noch immer möglich ist. Wenn ich nur fünf Minuten am Tag mit ihm zusammen sein kann, so wiegt das einen ganzen Tag voll harter Arbeit auf. Er sagte dann: *»Oh, die Sorgen, die man alle hat.«* Und ich sagte zu ihm: »Wir müssen konsequent sein, wenn wir schon Vertrauen haben, dann müssen wir volles Vertrauen haben.«

Ich komme mir vor wie ein Behälter für ein Stück kostbaren Lebens, für das ich die Verantwortung trage. Ich fühle mich verantwortlich für das große und schöne Lebensgefühl in mir, das ich durch diese Zeit hindurch unversehrt in eine bessere Zeit hinübertragen muss. Nur darauf kommt es an. Ich bin mir dessen ständig bewusst. Es gibt Augenblicke, in denen ich glaube, resignieren oder aufgeben zu müssen, aber immer wieder siegt das Gefühl der Verantwortung, das Leben in mir wirklich lebendig zu erhalten. Ich werde jetzt noch ein paar Rilke-Briefe lesen und dann sehr früh zu Bett gehen. Was mein persönliches Leben betrifft, so geht es mir bis zum heutigen Tag noch unendlich gut.

Und zwischen den dringenden Bittschriften, die ich heute in einer Umgebung getippt habe, die irgendwo in der Mitte zwischen der Hölle und einem Irrenhaus liegt, habe ich Rilke gelesen, und er hat mir ebenso viel gesagt, als hätte ich ihn in der Abgeschiedenheit meines stillen Zimmers gelesen.

Aber ich habe wenigstens in mir die Gebärde entdeckt, mit der man Großes zu Großem stellt, nicht um das Schwere loszuwerden, das in allem Großen groß und in allem Unbegreiflichen unendlich ist: sondern um es wiederzufinden, immer an derselben erhabenen Stelle, an der es sein Leben weiterlebt, abgesehen von unserer verwirrten Trauer, über die es maßlos hinauswächst.[22]

Und dann wollte ich noch etwas sagen: Ich glaube, dass ich allmählich die Einfachheit erlangt habe, nach der ich mich immer gesehnt habe.

22. Juli, 8 Uhr morgens. Gott, gib mir Kraft, nicht nur geistige, auch körperliche Kraft. Ich will es dir in einem schwachen Augenblick ehrlich eingestehen: Wenn ich aus diesem Haus fortmuss, weiß ich mir keinen Rat mehr. Aber ich will mir keinen Tag vorher Sorgen darüber machen. Nimm also diese Sorgen von mir weg, denn wenn ich sie zu allem anderen auch noch tragen muss, dann könnte ich ja kaum mehr leben.

Ich bin heute sehr müde, ich fühle mich ganz zerschlagen und habe nicht viel Mut zur Arbeit. Ich glaube nicht sonderlich an den Sinn dieser Arbeit; wenn sie lange dauert, wird sie mich vermutlich völlig zermürben, bis ich resigniere. Und doch bin ich dir dankbar dafür, dass du mich nicht an meinem ruhigen Schreibtisch hast sitzen lassen, sondern mich mitten in das Leiden und die Sorgen dieser Zeit gestellt hast. Es ist keine Kunst, zu dir in der Idylle eines geschützten Studierzimmers zu sprechen, jetzt gilt es, dich

---

[22] Aus Rilkes Brief vom 7. Mai 1908 an die Prinzessin Cathia von Schönaich-Carolath.

unversehrt in mir zu bewahren und dir um jeden Preis treu zu bleiben, wie ich es dir versprochen habe.

Wenn ich so durch die Straßen gehe, gibt mir deine Welt viel zu denken, das heißt, denken kann man es eigentlich nicht nennen, es ist vielmehr ein Versuch, sie wie mit einem neuen Sinnesorgan zu ergründen. Manchmal kommt es mir vor, als könnte ich diese Zeit wie eine geschichtliche Epoche überblicken, deren Beginn und Ende ich sehen kann und die ich auch in das Ganze *»einzuordnen«* weiß.

Und darum bin ich so dankbar: dass ich nicht im Geringsten verbittert und nicht voller Hass bin, sondern dass in mir eine große Gelassenheit herrscht, die keine Gleichgültigkeit ist, und dass ich diese Zeit bis zu einem gewissen Grade sogar verstehen kann, so sonderbar das auch klingen mag! Wenn man die Menschen verstehen kann, kann man auch diese Zeit verstehen, sie ist ja durch uns Menschen zustande gekommen. Wie immer sie auch sei, wir müssen sie verstehen, auch wenn wir ihr manchmal fassungslos gegenüberstehen. Ich gehe noch immer meinen eigenen inneren Weg, der immer einfacher und unkomplizierter wird und der mit Güte und Vertrauen gepflastert ist.

23. Juli, Donnerstagabend, 9 Uhr. Meine roten und gelben Rosen sind ganz aufgeblüht. Während ich in der Hölle war, haben sie hier still weitergeblüht. Viele Leute sagen: Wie kann man jetzt noch an Blumen denken?

Gestern Abend, nach dem langen Weg durch den Regen mit meinen Füßen voller Blasen, bin ich noch ein Stück weitergegangen, um einen Blumenkarren zu suchen, und kam mit einem großen Strauß Rosen nach Hause. Und da stehen sie. Sie sind genauso wirklich wie all das Elend, das ich jeden Tag miterlebe. In meinem Leben ist Platz für viele Dinge. Und ich habe viel Platz, mein Gott. Als ich heute durch den übervollen Korridor ging, verspürte ich plötzlich den Drang, dort auf dem Steinfußboden, inmitten all der Menschen niederzuknien. Das einzige menschenwürdige Verhalten, das uns in dieser Zeit noch geblieben ist: das Knien vor Gott. Ich lerne jeden Tag etwas Neues über die Menschen, ich sehe immer deutlicher, dass ein Mensch dem anderen nicht zu helfen vermag und dass man immer mehr auf seine eigenen inneren Kräfte angewiesen ist.

»Der Sinn des Lebens ist nicht das Leben selbst«, sagte er, als wir darüber sprachen, wie sehr es darauf ankomme, den Sinn des Lebens nicht zu verlieren.

Neuerdings sage ich oft: Es ist schon eine große Scheiße. Aber heute fiel mir ein, ich sollte das Wort »Scheiße« nicht so oft gebrauchen, es bleibt in der Atmosphäre hängen und macht sie auch nicht besser.

Am deprimierendsten ist, dass es unter den Leuten, mit denen ich arbeite, fast niemanden gibt, dessen innerer Horizont sich erweitert hätte. Sie leiden auch nicht wirklich. Sie hassen, sie sind in Bezug auf ihre eigene Person optimistisch verblendet, sie intrigieren und verteidigen ehrgeizig ihre Pöstchen, das Ganze ist ein riesiger Saustall, und es gibt Augenblicke, in denen ich meinen Kopf mutlos auf die Schreibmaschine legen und sagen möchte: Ich kann das nicht mehr aushalten. Aber es geht doch immer weiter, und ich lerne immer mehr über die Menschen hinzu.

Es ist jetzt 10 Uhr. Eigentlich müsste ich ins Bett. Aber ich möchte noch so gern ein wenig lesen. Mir geht es noch so fantastisch gut. Liesl, die tapfere kleine Liesl, bleibt bis um

3 Uhr nachts auf und näht Taschen für eine Fabrik, Werner ist seit 60 Stunden nicht aus den Kleidern gekommen. Es sind sehr seltsame Dinge in unserem Leben passiert, Gott, schenke uns allen Kraft. Und vor allem, lass ihn wieder ganz gesund werden und nimm ihn mir nicht fort. Heute plötzlich die Angst, dass ich ihn verlieren könnte.

Mein Gott, ich habe versprochen, dir zu vertrauen, und deshalb habe ich meine Angst und Sorge um ihn verscheucht. Samstagnacht werde ich bei ihm sein. Dafür, dass dies überhaupt noch möglich ist, kann ich nicht genug danken. Dieser Tag war wieder sehr schwer, aber ich habe ihn trotzdem ertragen. Ich möchte jetzt gern etwas sehr Schönes sagen, ich weiß nicht warum, etwas über Rosen oder über meine Liebe zu ihm. Ich lese noch ein paar Gedichte von Rilke und gehe dann ins Bett.

Samstag nehme ich mir frei.

Am erstaunlichsten ist, dass mein Körper neuerdings ausgezeichnet funktioniert: keine Kopfschmerzen, keine Magenschmerzen usw. Manchmal zwar ein Anflug davon, aber dann ziehe ich mich so lange und tief in meine innere Ruhe zurück, bis das Blut wieder gleichmäßig durch meine Adern strömt. Meine Beschwerden waren vermutlich doch *»psychologisch bedingt«*. Es ist auch keine erzwungene Ruhe, wie viele Leute glauben, oder ein Zeichen von Übermüdung. Wenn mir vor einem Jahr widerfahren wäre, was ich jetzt durchmache, wäre ich sicherlich nach drei Tagen zusammengebrochen oder mit einer übersteigerten Munterkeit durchgedreht, oder ich hätte Selbstmord verübt. Jetzt ist ein großes Ausgewogensein in mir, ich habe so viel Kraft zum Ertragen, so viel Ruhe und einen Überblick über die Dinge, ich ahne die Zusammenhänge, obwohl ich sie nicht klar erkenne, trotz allem also: Es geht mir sehr gut, mein Gott. Ich kann jetzt doch nicht mehr lesen, ich bin zu müde, ich werde morgen früher aufstehen und mich an den Schreibtisch setzen.

Als wir heute darüber sprachen, dass wir zusammenbleiben wollen, dachte ich wieder: Du siehst jetzt schon so schlecht und hinfällig aus, ich habe dich so lieb, aber es wäre unerträglich, wenn ich ansehen müsste, wie du neben mir leiden und entbehren musst, ich möchte doch lieber aus der Ferne für dich beten. Aber ich nehme alles hin, was von dir kommt, mein Gott. Ich glaube nicht mehr recht an die Hilfe aus dem Ausland, ich rechne nicht mehr darauf. Weder auf die Amerikaner oder Engländer noch auf eine Revolution oder sonst was. Man darf sein Herz nicht an solche Hoffnungen hängen. Wie es kommt, ist es gut. Gute Nacht.

24. Juli, Freitagmorgen, halb 8. Ich möchte gern noch eine Stunde intensiv studieren, ehe ich diesen Tag beginne, ich fühle ein großes Bedürfnis danach und habe auch die Konzentration dazu. Als mich die Sorgen in aller Frühe wieder überfielen, bin ich aufgestanden. Gott, nimm sie von mir weg. Ich weiß nicht, was ich tun soll, wenn er einen Aufruf bekommt, auf welchen Wegen ich ihm dann helfen kann.

Eines ist sicher: Man muss sich innerlich mit allem abfinden und zu allem bereit sein und wissen, dass einem das Allerletzte im Inneren nicht genommen werden kann. Mit der Ruhe, die man sich auf diese Weise erwirbt, kann man die notwendigen praktischen Schritte unternehmen, die getan werden müssen. Nicht verängstigt grübeln, sondern ruhig und klar denken. Im entscheidenden Augenblick werde ich wissen, was ich zu tun habe.

Meine Rosen stehen noch da. Ich werde Jaap das halbe Pfund Butter bringen. Ich bin sehr müde. Ich kann diese Zeit ertragen, ich begreife sie sogar einigermaßen. Wenn ich diese Zeit überlebe und dann sage: Das Leben ist schön und sinnvoll, dann wird man mir wohl glauben müssen.

Wenn all das Leiden keine Erweiterung des Horizontes bewirkt, wenn man dadurch, dass alle Kleinlichkeiten und Nebensächlichkeiten des Lebens von einem abfallen, nicht zu einer tieferen Menschlichkeit findet, war alles umsonst.

Heute Abend esse ich mit ihm im »Café de Paris«, der Gedanke, auszugehen, ist fast schon grotesk. Liesl sagte: *»Es ist doch eine Gnade, dass wir das alles tragen dürfen.«*

Liesl ist eine großartige Frau, wirklich eine großartige Frau. Ich möchte später über sie schreiben. Wir werden schon durchkommen.

25. Juli, Samstagmorgen, 9 Uhr. Ich habe den Tag dumm angefangen. Mit Reden über unseren »Zustand«, als ob man dafür überhaupt Wörter finden könnte.

Das kostbare Geschenk dieses einen freien Tages muss ich gut nutzen. Ich darf nicht zu viel reden und die Menschen in meiner Umgebung aufregen. An diesem Morgen werde ich meinem Geist zusätzliche Nahrung geben, ich merke, wie mein Bedürfnis immer größer wird, all die Dinge in meinem widerspenstigen Geist zu verarbeiten. Die letzte Woche war eine große Bestätigung für mich. In dem Irrenhaus gehe ich meinen eigenen inneren Weg weiter. In einem kleinen Raum diskutieren 100 Leute durcheinander, Schreibmaschinen klappern, und ich sitze irgendwo in einer Ecke und lese Rilke. Gestern Morgen mussten wir plötzlich umziehen, Tische und Stühle wurden unter uns fortgezogen, wartende Menschen drängten sich in den Raum, jedermann gab Befehle und Gegenbefehle, um jeden Stuhl wurde gestritten, aber Etty saß in einer Ecke auf dem schmutzigen Boden zwischen ihrem Butterbrotpaket und ihrer Schreibmaschine und las Rilke. Ich habe für mich ein eigenes Sozialgesetz geschaffen und komme und gehe, wie es mir passt. In all dem Chaos und Elend behalte ich meinen eigenen Rhythmus bei und kann mich jederzeit zwischen dem Tippen von Briefen in die Dinge vertiefen, die für mich wichtig sind. Ich verschließe mich nicht vor all dem Leiden um mich, ich stumpfe nicht dagegen ab. Ich ertrage alles und bewahre alles in mir auf, aber ich gehe unbeirrbar meinen Weg weiter. Gestern war ein verrückter Tag. Ein Tag, an dem mein fast schon satanischer Humor die Oberhand gewann, sodass ich mir plötzlich wieder wie ein ausgelassenes Kind vorkam.

Gott, bewahre mich vor e i n e m : Lass mich nicht mit den Menschen in ein Lager kommen, mit denen ich hier täglich arbeite. Ich werde später hundert Satiren darüber schreiben können. Und dann gibt es doch noch abenteuerliche Möglichkeiten in diesem Leben: Gestern habe ich mit ihm gebackenen Butt gegessen, unvergesslich, sowohl was den Preis als auch was die Qualität betrifft. Und heute Nachmittag um 5 Uhr ziehe ich zu ihm und bleibe bis morgen früh. Wir werden lesen und schreiben und zusammen sein, für einen Abend, eine Nacht und ein Frühstück. Ja, so etwas gibt es noch. Ich fühle mich seit gestern wieder stark und heiter. Ganz ohne Angst, auch nicht mehr um ihn. Ganz von Sorgen befreit. Von dem vielen Laufen bekomme ich starke Muskeln an den Beinen. Vielleicht wandere ich noch einmal durch ganz Russland?

Er sagt: »Dies ist eine Zeit, um das Wort anzuwenden: Liebet eure Feinde.« Und wenn wir das sagen, muss man doch daran glauben, dass so etwas möglich ist? Ich will noch etwas von Rilke abschreiben, das mich gestern anrührte, weil es sich auch auf mich bezieht, wie so vieles von ihm.

In mir ist ein übergroßes Schweigen, das sich ständig weiter ausbreitet. Und rings um dieses Schweigen branden viele Wörter, die einen ermüden, weil man nichts damit ausdrücken kann.

Man sollte immer mehr auf die nichtssagenden Wörter verzichten, um die wenigen zu finden, die man benötigt. Und während des Schweigens muss eine neue Ausdrucksmöglichkeit erwachsen. Es ist jetzt halb 10. Bis 12 Uhr will ich an diesem Schreibtisch sitzen bleiben; die Rosenblätter liegen zwischen den Büchern verstreut. Eine einzige gelbe Rose ist voll aufgeblüht und sieht mich groß und ganz geöffnet an. Die 2½ Stunden, die ich für mich habe, erscheinen mir wie ein Jahr der Abgeschiedenheit. Ich bin sehr dankbar für diese paar Stunden und auch für die Konzentration, die ständig in mir wächst.

27. Juli 1942. Man muss jeden Augenblick seines Lebens dazu bereit sein, sein ganzes Leben zu ändern und es an einem anderen Ort völlig neu zu beginnen. Ich bin verwöhnt und undiszipliniert.

Trotz allem bin ich offensichtlich noch zu sehr darauf erpicht, das Leben zu genießen. So wie mir seit gestern Abend zumute ist, kann ich zu mir selbst nur sagen: Du bist eigentlich recht undankbar. Dieses Wochenende hat mir viel Gutes gebracht, vieles von dem ich wochenlang zehren könnte, auch wenn die Wochen nichts als Unheil brächten. Ich bin tatsächlich unkollegial gegenüber den Tippfräulein. Ich finde die Arbeit nun einmal stumpfsinnig und sinnlos und versuche, mich ihr so viel wie möglich zu entziehen. Ich bin an diesem frühen Morgen so unzufrieden und traurig und kritisch wie schon seit Langem nicht mehr, und es geht hier keineswegs um großes »Leiden«, sondern um die eigene kleine Unzufriedenheit und Unzulänglichkeit. Und es bedrückt mich sehr, dass all das Kostbare und Gute dieses Wochenendes durch eine solche Nichtigkeit ausgelöscht und verschüttet wurde. Eine ziemlich ordinäre Tippse, die den Chef spielen möchte, sagte zu mir, als ich mich um fünf Uhr still verdrücken wollte: »Hör mal, das ist unmöglich, der Leitfaden muss noch abgeschrieben werden, das ist sehr unkollegial von dir, dass du schon fortwillst. Und da nur fünf Durchschläge in meine Maschine gehen und wir zehn Exemplare des Leitfadens benötigten, müsste ich also alles zweimal abtippen.«

Und dabei sehnt man sich so nach seinen Freunden, hat Rückenschmerzen und lehnt sich mit allen Fasern gegen eine solche Zumutung auf. Du hast eine falsche Einstellung. Du musst bedenken, dass du aufgrund deiner Anstellung in Amsterdam bleiben darfst in der Nähe der Menschen, die dir teuer sind. Und du machst es dir wahrhaftig leicht genug. Gestern Nachmittag fiel mir besonders auf, wie grau und trostlos, unwürdig und ohne jede Perspektive der ganze Betrieb hier ist: *»Ich bitte ergebenst um Freistellung vom Arbeitsdienst in Deutschland, weil ich hier bereits für die Wehrmacht arbeite und unabkömmlich bin.«* Es ist trostlos. Und trotzdem bleibe ich dabei: Wenn wir dem Chaos hier nicht Trotz bieten, durch etwas Strahlendes und Starkes, das irgendwo an einem ganz anderen Ort völlig von Neuem beginnt, dann sind wir verloren, endgültig und für alle Zeit verloren. Ich werde den Weg zu diesem Neuen, Strahlenden finden, auch wenn er jetzt verschüttet ist. Ich bin müde und niedergeschlagen. Ich habe nur noch eine halbe Stunde und möchte doch tagelang schreiben, bis ich alles, was mich jetzt so plötzlich bedrückt, von mir abgewälzt habe. Ich muss hier raus. Durch viele enge, dunkle unterirdische Gänge wandern, bis ich wieder an eine offene Stelle mit Tageslicht gelange. Gestern Nachmittag wartete ich in einem engen, mit Menschen übervollen Korridor 1½ Stunden auf Werner. Ich saß auf einem Schemel gegen die Wand gelehnt, und die Leute drängten sich an mir vorbei und stiegen über mich hinweg. Und ich saß da mit Rilke auf dem Schoß und las. Las wirklich konzentriert und vertieft. Und ich fand eine Stelle, die mir viele Tage weiterhelfen kann. Ich schrieb sie sofort ab. Und später sah ich im kleinen Hof hinter unserer neuesten Arbeitsstelle einen Abfalleimer in der Sonne stehen. Ich setzte mich darauf und las Rilke.

Und Samstagabend: Der Ring unseres Verhältnisses hat sich geschlossen, ganz einfach und selbstverständlich. Als hätte mich nachts nie etwas anderes zugedeckt als diese geblümte Decke.

Und immer wieder die Grachten, an denen ich entlanggehe und deren Bild sich immer tiefer in mein Gedächtnis eingräbt, sodass ich nie mehr ohne sie sein werde. Sollte wirklich eine einzige Stunde Mehrarbeit, sei es auch eine stumpfsinnige Arbeit, gegen die ich mich sträube, mir das alles rauben können? Mich in einen Zustand versetzen, als sei all das andere nicht gewesen? Aber meine Ängste wurzeln tiefer, ich würde ihnen schon auf die Spur kommen, doch jetzt habe ich keine Zeit dazu.

Ich werde mich jetzt wieder auf den Weg machen, an den vielen Grachten entlanggehen und versuchen, innerlich ganz still zu werden und in mich zu horchen, was dort eigentlich passiert ist. Ich werde mich an diesem Tag noch sehr *»verwandeln«* müssen.

Nur noch eines: Ich glaube, dass irgendwo eine Art Regulator in mir vorhanden ist. Ich werde jedes Mal gewarnt, wenn ich durch eine *Verstimmung* auf einen falschen Weg geraten bin. Und wenn ich ehrlich und offen bleibe und den guten Willen nicht aufgebe, wirklich diejenige zu werden, die ich sein sollte, und das zu tun, was mir mein Gewissen in dieser Zeit vorschreibt, dann kommt alles wieder in Ordnung. Ich glaube, dass das Leben sehr große Anforderungen an mich stellt und viele Pläne mit mir hat, aber ich muss auf meine innere Stimme horchen und ihr Folge leisten, ich muss offen und ehrlich bleiben und darf auch meine Gefühle nicht versiegen lassen.

28. Juli, Dienstagmorgen, halb 8. Ich werde die Kette dieses Tages Glied für Glied abwickeln lassen, ich werde selbst nicht eingreifen, sondern dir vertrauen. Ich überlasse alles deinem Ratschluss, mein Gott. Heute Morgen fand ich eine Drucksache im Briefkasten. Ich sah, dass ein weißes Papier drin steckte. Ich blieb ganz ruhig und dachte: Mein weißer Aufruf, schade, jetzt kann ich nicht einmal mehr meinen Rucksack in Ruhe packen. Hinterher merkte ich, dass meine Knie zitterten. Es war ein Anmeldungsformular für das Personal des Jüdischen Rates. Ich habe noch nicht einmal eine Ausweisnummer. Ich werde die wenigen Schritte unternehmen, die ich wohl tun muss. Vielleicht muss ich lang warten, Jung und Rilke nehme ich mit, ich

hoffe, dass ich heute viel arbeiten kann. Und wenn mein Geist später viele Bilder nicht mehr hervorzurufen vermag, so werden doch diese letzten beide Jahre am Horizont meiner Erinnerung glänzen wie ein herrliches Land, in dem ich einmal zu Hause war und das noch immer mir gehört. Der gestrige Tag hat mir wieder viel Mut gegeben. Ich habe aus ihm gelernt, wie Gott meine Kräfte immer wieder erneuert. Ich fühle, wie ich noch mit tausend Fasern an alles hier gebunden bin. Ich muss sie einzeln losreißen und alles binnen Bord holen, sodass ich, wenn ich fortgehe, nichts hinterlasse, sondern alles mit mir trage.

Es gibt Augenblicke, in denen ich mich wie ein kleiner Vogel in einer großen schützenden Hand geborgen fühle.

Gestern war mein Herz ein in der Falle gefangener Vogel. Jetzt ist der Vogel wieder frei und fliegt ungehindert über alles hinweg. Heute scheint die Sonne. Und jetzt packe ich mein Brot ein und mache mich auf den Weg.

Ich möchte später die Chronistin unseres Schicksals sein. Ich muss mir für die Ereignisse eine neue Sprache zurechtschmieden und sie in mir aufbewahren, wenn ich nicht mehr die Gelegenheit haben werde, etwas niederzuschreiben. Ich werde abgestumpft sein und wieder lebendig werden, hinstürzen und wieder aufstehen, und vielleicht gelingt es mir einmal, viel später, einen ruhigen Raum zu finden, der nur mir gehört und in dem ich so lange bleiben kann, auch wenn es Jahre dauert, bis das Leben wieder in mir aufquillt und bis die Worte zu mir kommen, die von dem zeugen werden, worüber Zeugnis abgelegt werden muss.

4 Uhr nachmittags: der Tag ist ganz anders geworden, als ich dachte.

Halb 9 Uhr abends. Abgesehen vom historischen Aspekt, um es mal ganz kalt zu sagen, war dies ein Tag der Abenteuer, der Pflichtvergessenheit und Sonne. Ich habe die Arbeit geschwänzt und bin an den Grachten spazieren gegangen, und ich habe gegenüber seinem Bett in einer Zimmerecke gehockt. Es stehen jetzt wieder fünf Teerosen in der kleinen Zinnvase.

Es ist ein Unterschied zwischen gehärtet und verhärtet. Das wird heutzutage oft verwechselt. Ich glaube, dass ich jeden Tag gehärteter werde, mit Ausnahme meiner undisziplinierten Blase, aber verhärten werde ich mich nie. Allmählich zeichnen sich verschiedene Dinge klar in mir ab. Zum Beispiel, dass ich nicht seine Frau werden möchte. Ich stelle ganz nüchtern und sachlich fest: Der Altersunterschied ist zu groß. Ich habe schon einmal erlebt, wie ein Mann sich innerhalb weniger Jahre vor meinen Augen veränderte. Ich sehe jetzt, wie er sich verändert. Er ist ein alter Mann, den ich liebe, unendlich liebe, und mit dem ich immer innerlich verbunden bleiben werde. Aber »heiraten«, was der brave Bürger heiraten nennt, möchte ich ihn nicht, das soll endlich mal ganz nüchtern und ehrlich gesagt sein. Es gibt mir sogar ein Gefühl der Kraft, dass ich meinen Weg allein gehen muss. Von Stunde zu Stunde geleitet durch die Liebe, die ich für ihn und für andere in mir trage. Im letzten Augenblick verbinden sich zahllose Paare in aller Hast und Ratlosigkeit. Dann möchte ich doch lieber allein bleiben und für alle da sein.

Es ist wohl nie wiedergutzumachen, dass ein kleiner Teil der Juden mithilft, die überwiegende Mehrheit abzutransportieren. Die Geschichte wird später ihr Urteil darüber fällen.

Und immer wieder dasselbe: Das Leben ist trotz allem so interessant. Immer wieder gewinnt in mir ein fast dämonischer Drang die Oberhand, alles zu beobachten, was geschieht. Alles sehen und hören zu wollen und bei allem dabei zu sein, dem Leben seine Geheimnisse zu entreißen und kühl den Gesichtsausdruck der Menschen während ihres Todeskampfes zu studieren. Und dann wieder plötzlich kritisch sich selbst und das Schauspiel betrachten, das die eigene Seele in dieser Zeit bietet, um daraus zu lernen und später dafür Wörter zu finden. Ich werde jetzt in meinen alten Tagebüchern weiterlesen. Ich werde sie doch nicht zerreißen. Vielleicht helfen sie mir später, mich selbst wiederzufinden.

Wir haben genügend Zeit gehabt, um uns auf die katastrophalen Ereignisse dieser Tage vorzubereiten: volle zwei Jahre. Und gerade dieses letzte Jahr ist das entscheidende, das schönste Jahr meines Lebens geworden. Ich weiß mit Sicherheit, dass es eine Kontinuität geben wird zwischen diesem Leben und dem Leben, das nun kommen wird. Denn dieses Leben spielt sich in den inneren Bereichen ab, das äußere Dekor wird immer belangloser.

Gehärtet: gut zu unterscheiden von verhärtet.

29. Juli, Mittwochabend, 8 Uhr. Am Sonntagmorgen saß ich in meinem grellgestreiften Morgenmantel in einer Ecke seines Zimmers auf dem Boden und stopfte Strümpfe. Es gibt so klare Gewässer, dass man auf ihrem Grund alles genau unterscheiden kann. Könntest du es nicht noch widersinniger formulieren, wenn man fragen darf?

Ich wollte damit nur sagen, dass in diesem Moment das Leben mit seinen tausend Einzelheiten und Wendungen und Bewegungen ebenso klar und durchsichtig vor mir lag. Als ob ich vor einem Ozean stünde, durch dessen kristallklares Wasser ich bis auf den Grund sehen konnte. Ich überlege verzweifelt, ob ich wirklich einmal werde schreiben können, oder doch nicht? Es wird jedenfalls noch sehr lange dauern, bis ich einen solchen Augenblick, einen Gipfelpunkt meines Lebens beschreiben kann.

Man sitzt auf dem Boden in einer Zimmerecke bei dem geliebten Mann und stopft Strümpfe, und zugleich sitzt man am Ufer eines gewaltigen, großen Gewässers, das so kristallklar und durchsichtig ist, dass man bis auf den Grund schauen kann. So etwa ist das Lebensgefühl in einem bestimmten Augenblick, der unvergesslich ist. Und jetzt glaube ich tatsächlich, dass ich die Grippe oder so was bekomme. Das darf nicht geschehen, ich bin prinzipiell dagegen. Meine noch nicht sehr trainierten Beine sind sehr müde von dem gestrigen langen Marsch. Und jetzt muss ich für Werner einen Ausweis ergattern. Dort oben in dem kleinen Zimmer werde ich mit derselben freundlichen Unerschütterlichkeit auftreten, wie ich es gestern für mich getan habe. Und für den Zahnarzt wird es ebenfalls höchste Zeit. Wird es heute viel Arbeit geben? Ich mache mich jetzt gleich auf den Weg. Man weiß nie, was der Tag bringt, aber das macht nichts, man ist nicht davon abhängig, was der Tag bringt, nicht einmal in dieser Zeit. Übertreibe ich nicht? Und wenn nun morgen der weiße Aufruf kommt? Es scheint, dass die Transporte aus Amsterdam vorläufig eingestellt worden sind. Jetzt fängt man in Rotterdam an. Stehe ihnen bei, mein Gott, stehe den Juden aus Rotterdam bei.

Aus der Zeit zwischen dem 29.7. und dem 5.9.1942 sind keine Aufzeichnungen bekannt. In dieser Zeit folgte Etty ihrer Einbestellung ins Lager Westerbork. Ebenfalls in dieser Zeit erkrankte Dr. Julius Spier schwer. Etty, selbst erkrankt, erhielt Anfang September die Genehmigung für einen mehrtägigen Besuch in Amsterdam.

5. September 1942, Dienstagmorgen, halb 11. Vielleicht war alles zusammen doch ein bisschen zu viel, mein Gott. Jetzt werde ich daran erinnert, dass der Mensch auch einen Körper hat. Ich hatte gedacht, mein Geist und mein Herz könnten alles allein tragen. Aber jetzt meldet sich mein Körper und sagt: Halt. Nun erst spüre ich, wie viel du mir zu tragen gegeben hast, mein Gott. So viel Schönes und so viel Schweres. Und das Schwere hat sich, sobald ich mich bereit erwies, es zu tragen, wieder in Schönes verwandelt. Und das Schöne und Große war oftmals schwerer zu ertragen als das Leiden, weil es so überwältigend war. Dass ein kleines Menschenherz so viel erleben kann, mein Gott, so viel zu leiden und so viel zu lieben vermag. Ich bin dir sehr dankbar dafür, mein Gott, dass du in dieser Zeit mein Herz dazu auserwählt hast, alles zu erfahren, was es zu erfahren gilt. Vielleicht ist es gut, dass ich krank geworden bin, ich habe mich zwar noch nicht mit der Tatsache abgefunden, ich bin ein bisschen betäubt und hilflos und verloren, aber gleichzeitig versuche ich aus allen Winkeln meines Wesens etwas Geduld zusammenzukratzen, die eine ganz neue Art von Geduld für einen ganz neuen Zustand sein muss, wie ich wohl fühle. Und ich werde wieder meine alte erprobte Methode anwenden und ab und zu auf diesen

blauen Linien mit mir selbst sprechen. Mit dir sprechen, mein Gott. Ob das so gut ist? Ohne mich um die Menschen zu kümmern, habe ich jetzt nur noch das Bedürfnis, mit dir zu sprechen. Ich liebe die Menschen so sehr, weil ich in jedem Menschen ein Stück von dir liebe, mein Gott. Ich suche dich überall in den Menschen, und oft finde ich ein Stück von dir. Und ich versuche dich in den Herzen anderer Menschen zu erwecken. Aber jetzt brauche ich Geduld, viel Geduld und Zeit zur Besinnung, es wird sehr schwer werden. Und ich muss von nun an alles allein tun. Das Beste und Edelste von meinem Freund, dem Mann, der dich in mir erweckt hat, ist jetzt bei dir. In den beiden Zimmern, wo ich die größten und tiefsten Freuden meines Lebens erlebt habe, ist nur noch ein kindischer, ausgezehrter Greis geblieben. Ich habe an seinem Bett gestanden und stand da vor deinen letzten Rätseln, mein Gott. Schenke mir noch ein ganzes Leben, um das alles zu begreifen. Während ich hier sitze und schreibe, fühle ich: Es ist gut, dass ich hierbleiben muss. Ich habe in den letzten Monaten sehr intensiv gelebt, wie mir plötzlich im Nachhinein klar wird: Ich habe den Vorrat eines ganzen Lebens in wenigen Monaten verbraucht. Vielleicht war ich zu leichtsinnig in meinem inneren Erleben, das über alle Ufer trat? Aber ich war nicht zu leichtsinnig, wenn ich nun auf deine Warnung höre.

Mittags, 3 Uhr. Da steht der Baum wieder, der Baum, der meine Biografie schreiben könnte. Und doch ist es nicht mehr derselbe Baum, oder kommt es mir nur so vor, weil ich nicht mehr dieselbe bin? Und da steht sein Bücherschrank, einen Meter von meinem Bett entfernt. Ich brauche nur die linke Hand auszustrecken, und schon habe ich Dostojewski oder Shakespeare oder Kierkegaard in Händen. Aber ich strecke die Hand nicht aus. Mir ist so schwindlig. Du stellst mich vor deine letzten Rätsel, mein Gott. Ich bin dankbar, dass du das tust, ich habe auch die Kraft, mich den Rätseln zu stellen und zu wissen, dass es keine Antwort gibt. Man muss deine Rätsel ertragen können.

Ich glaube, ich sollte schlafen, tagelang schlafen und alles aus meinem Geist auslöschen. Der Doktor sagte gestern, ich führe ein zu intensives inneres Leben, ich lebe zu wenig auf der Erde und fast schon an der Grenze des Himmels, und meine Konstitution halte das nicht aus. Vielleicht hat er recht. Die letzten 1½ Jahre, mein Gott! Und die beiden letzten Monate, die für sich allein ein ganzes Leben aufwiegen. Und habe ich nicht Stunden erlebt, von denen ich sagen konnte: Diese eine Stunde ist ein ganzes Leben gewesen, und wenn ich sofort sterben müsste, wäre diese eine Stunde das ganze Leben wert gewesen? Und ich habe viele solcher Stunden erlebt. Warum darf ich nicht auch im Himmel leben? Da es den Himmel ja gibt, warum darf man dann nicht darin leben? Aber eigentlich ist es eher umgekehrt: Der Himmel lebt in mir. Ich muss an ein Wort aus einem Gedicht von Rilke denken: *Weltinnenraum*.[23]

Und jetzt muss ich schlafen gehen und alles fahren lassen. Mir ist so schwindlig. Irgendwas in meinem Körper ist nicht in Ordnung. Ich möchte gern bald wieder gesund werden. Aber ich nehme alles aus deinen Händen hin, mein Gott, wie es kommt. Ich weiß, dass es immer gut ist. Ich habe erfahren, dass man alles Schwere in Gutes verwandeln kann, indem man es trägt.

---

[23] Aus Rilkes Gedicht: »Es winkt zu Fühlung …«

Siehst du, ich leide immer noch an demselben Übel: Ich kann mich nicht dazu entschließen, mit dem Schreiben aufzuhören. Ich möchte noch im letzten Augenblick die einmalige, erlösende Formel finden. Für alles, was in mir ist, für das übervolle und reiche Lebensgefühl ein einziges Wort finden, mit dem ich alles auszusagen vermag. Warum hast du aus mir keinen Dichter gemacht, mein Gott? Aber du hast mich ja zum Dichter gemacht, und ich werde geduldig warten, bis die Worte in mir herangewachsen sind, mit denen ich alles bezeugen kann, von dem ich glaube, ein Zeugnis ablegen zu müssen, mein Gott, dass es gut und schön ist, in deiner Welt zu leben, trotz allem, was wir Menschen einander antun:

Das denkende Herz der Baracke.

Dienstagnacht, 1 Uhr. Ich habe einmal geschrieben, dass ich dein Leben bis zur letzten Seite lesen möchte. Jetzt habe ich dein Leben zu Ende gelesen. Es ist so eine seltsame Freude in mir, dass alles so gekommen ist, und so ist es wohl gut, sonst könnte in mir nicht eine solche Kraft und Freude und Sicherheit sein.

Nun liegst du dort in deinen beiden kleinen Zimmern, du Lieber, Großer, Guter. Ich habe dir einmal geschrieben: Mein Herz wird wie ein freier Vogel von jedem Ort der Erde immer zu dir fliegen und dich immer finden. Und auch dies, ich habe es in Tides Tagebuch geschrieben: Während meines Lebens bist du so sehr zu einem Stück Himmel geworden, das sich über mir wölbt, dass ich nur meine Augen zum Himmel aufzuschlagen brauche, um bei dir zu sein. Und wenn ich in einer unterirdischen Zelle säße, dann wäre das Stück Himmel über mir ausgespannt, und mein Herz würde wie ein freier Vogel in diesen Himmel auffliegen, und deshalb ist alles so einfach, weißt du, so unvorstellbar einfach und schön und sinnvoll.

Ich wollte noch tausenderlei Dinge von dir fragen und lernen, jetzt muss ich alles allein tun. Ich fühle mich so stark, weißt du, ich weiß, dass ich mein Leben meistern werde. Die Kräfte, über die ich verfüge, hast du in mir freigesetzt. Du hast mich gelehrt, unbefangen den Namen Gottes auszusprechen. Du warst der Vermittler zwischen Gott und mir, und nun bist du, mein Vermittler, fortgegangen und mein Weg führt jetzt geradewegs zu Gott, das ist gut, ich fühle es. Und nun will ich meinerseits zur Vermittlerin werden für alle anderen, die ich erreichen kann.

Ich sitze jetzt an meinem Schreibtisch beim Licht der kleinen Lampe. Ich habe von diesem Platz aus so oft an dich geschrieben und auch über dich geschrieben. Ich muss dir etwas Sonderbares erzählen. Ich habe noch nie einen Toten gesehen. In dieser Welt, in der jeden Tag Tausende sterben, habe ich noch nie einen Toten gesehen. Tide sagt: »Es ist nur eine Hülle.« Das weiß ich wohl. Aber dass du nun der erste Tote bist, den ich sehen werde, empfinde ich doch als etwas sehr Sinnvolles und Großes.

Heutzutage wird so viel Unfug getrieben und gespielt mit den größten und letzten Dingen des Lebens. Viele Menschen machen sich krank oder stellen sich krank vor Angst, verschleppt zu werden. Viele nehmen sich das Leben, gleichfalls aus Angst. Ich bin dankbar, dass dein Leben ein natürliches Ende gefunden hat. Dass auch du deinen Anteil am Leiden zu tragen hattest. Tide sagt: »Dieses Leiden ist ihm von Gott auferlegt worden, und dadurch ist er vor dem Leiden bewahrt geblieben, das ihm die Menschen auferlegt hätten.« Du verwöhnter, lieber Mann, vermutlich hättest du das doch nicht ertragen können? Ich kann es ertragen, und indem ich es ertrage, wirst du in mir weiterleben und durch mich weitergegeben.

Wenn man einmal so weit gelangt ist, dass man das Leben als sinnvoll und schön empfindet, auch in dieser Zeit und gerade in dieser Zeit, dann scheint es, als hätte alles, was kommt, nur so kommen können und nicht anders. Dass ich wieder hier an meinem Schreibtisch sitze! Und morgen kann ich nicht nach Westerbork zurück, ich werde noch einmal alle Freunde wiedersehen, wenn wir zusammen deine sterblichen Reste in die Erde legen.

Ach ja, weißt du, derlei Dinge müssen nun einmal sein, es gehört zu den hygienischen Gebräuchen der Menschen. Aber wir werden alle zusammen sein und dein Geist wird mitten unter uns sein, und Tide wird für dich singen. Wenn du nur wüsstest, wie glücklich ich bin, dass ich dabei sein kann. Ich bin genau zur richtigen Zeit zurückgekommen, ich habe noch deinen verwelkten sterbenden Mund geküsst, du hast noch einmal meine Hand genommen und an deine Lippen gezogen. Einmal sagtest du, als ich in dein Zimmer trat: *»Das reisende Mädchen«*. Du hast auch einmal gesagt: *»Ich habe so merkwürdige Träume, ich habe geträumt, dass Christus mich getauft hat.«* Ich stand zusammen mit Tide vor deinem Bett, und einen Augenblick lang glaubten wir, dass du jetzt sterben würdest. Tide hatte ihre Arme um mich gelegt, ich küsste ihren lieben, reinen Mund, und sie sagte ganz leise: »Wir haben zueinander gefunden.« Wir standen vor deinem Bett, wie glücklich wärst du gewesen, wenn du uns, gerade uns beide, so gesehen hättest.

Vielleicht hast du uns sogar gesehen, auch in dem Augenblick, als wir dachten, du würdest sterben?

Und dafür, dass deine letzten Worte waren: *»Hertha, ich hoffe …«*, bin ich auch so dankbar. Wie hast du kämpfen müssen, um treu zu bleiben, aber deine Treue hat alles andere besiegt. Obwohl ich es dir manchmal recht schwer gemacht habe, das weiß ich, aber von dir habe ich gelernt, was Treue ist und was Kämpfen ist und was Schwachheit ist.

Alles Schlechte und alles Gute, das in einem Menschen sein kann, war in dir. Alle Dämonen und Leidenschaften, alle Güte und Menschenliebe, du großer Verstehender, Gottsucher und Gottfinder. Überall hast du Gott gesucht, in jedem Menschenherz, das sich vor dir öffnete – und wie viele sind das gewesen –, und überall fandest du ein Stückchen Gott. Du hast nie aufgegeben, bei Kleinigkeiten konntest du so ungeduldig sein, aber in großen Dingen warst du so geduldig, so unendlich geduldig.

Und dass es wieder gerade Tide war, die heute Abend kam und es mir berichtete, Tide mit ihrem lieben, strahlenden Gesicht. Wir saßen kurz allein in der Küche. Und im Wohnzimmer saß mein Waffenbruder. Und später stand Vater Han hinten im Zimmer. Und Tide griff in die Tasten deines Flügels und sang ein kurzes Lied: *»Auf, auf mein Herz mit Freuden.«* Jetzt ist es 2 Uhr nachts. Es ist so still im Haus. Ich muss dir etwas Seltsames sagen, aber ich glaube, dass du es begreifen wirst. Dort an der Wand hängt ein Foto von dir. Ich möchte es zerreißen und wegwerfen in dem Gefühl, dir dadurch näher zu sein. Wir haben einander nie beim Namen genannt. Wir sagten sehr lange Sie zueinander und später, sehr viel später sagtest du: du. Und dieses »du« von dir war für mich eines der zärtlichsten

Wörter, die je ein Mann zu mir gesagt hat. Und ich war einiges gewöhnt, wie du weißt. Du unterzeichnetest deine Briefe immer mit einem Fragezeichen, ich die meinen ebenfalls. Du fingst deine Briefe an mit: *Hören Sie mal …!* Dein charakteristisches: *Hören Sie mal.* Und über deinem letzten Brief stand: *Liebstes.* Aber du bist namenlos für mich, namenlos, wie der Himmel. Und deine Fotos möchte ich alle wegräumen und sie nie wieder ansehen, das alles ist noch viel zu viel Materie. Namenlos will ich dich weiter in mir tragen und dich weitergeben mit einer neuen und zärtlichen Gebärde, die ich früher nicht gekannt habe.

Mittwochmorgen, 9 Uhr, (im Sprechzimmer des Arztes). Oft, wenn ich in Westerbork zwischen den lärmenden, zänkischen und allzu aktiven Mitgliedern des Jüdischen Rates zu tun hatte, dachte ich: Ach, lasst mich doch ein Stückchen eurer Seele sein. Lasst mich die Aufnahmebaracke sein von dem Besseren in euch, das doch sicherlich in jedem von euch vorhanden ist. Ich brauche gar nicht viel zu tun, ich will nichts als sein. Lasst mich in diesem Körper die Seele sein. Und an allen Menschen gewahrte ich gelegentlich eine Geste oder einen Blick, die weit über ihr eigenes Niveau hinausgingen und deren sie sich vermutlich selbst kaum bewusst waren. Und ich fühlte mich als deren Hüterin.

16. September, Mittwochnachmittag, 3 Uhr. Ich gehe nun noch einmal in diese Straße. Drei Straßen, eine Gracht und ein Brückchen trennten mich immer von ihm. Gestern um Viertel nach 7 ist er gestorben, am selben Tag, an dem meine Reisegenehmigung endete. Nun gehe ich noch einmal zu ihm. Vorhin war ich im Badezimmer. Ich dachte: Jetzt gehe

ich das erste Mal zu einem Toten. Es sagte mir eigentlich nichts. Ich dachte: Ich muss etwas Feierliches, etwas Außergewöhnliches tun. Und ich kniete auf die Kokosmatte im kleinen Badezimmer nieder. Und dann dachte ich: Das ist zu konventionell. Wie ist der Mensch doch voller Konventionen, voller Vorstellungen über Handlungen, von denen er glaubt, dass sie in bestimmten Situationen ausgeführt werden müssen. Manchmal, in einem unerwarteten Augenblick, kniet plötzlich jemand in einem geheimen Winkel meines Wesens nieder. Manchmal, wenn ich auf der Straße gehe oder mitten in einem Gespräch. Und wer da niederkniet, das bin ich selbst. Und nun liegt da nur noch eine sterbliche Hülle auf dem vertrauten Bett. Oh, diese Kretonne-Decke! Ich habe eigentlich gar kein Bedürfnis danach, noch einmal hinzugehen. Alles spielt sich irgendwo in meinem Inneren ab, alles, in mir gibt es weite Hochflächen ohne Zeit und Grenzen, auf denen sich alles abspielt. Und jetzt gehe ich wieder durch die paar Straßen. Wie oft bin ich sie gegangen, auch zusammen mit ihm in einem immer fesselnden und fruchtbaren Zwiegespräch. Und wie oft werde ich diese Straßen noch in Gedanken gehen, an welchem Ort der Erde ich auch sein werde, auf den Hochflächen in mir, wo mein eigentliches Leben sich abspielt. Wird jetzt von mir erwartet, dass ich ein trauriges oder feierliches Gesicht aufsetze? Ich bin ja nicht traurig. Ich möchte meine Hände falten und sagen: Kinder, ich bin so glücklich und dankbar, und ich finde das Leben so schön und sinnvoll. Jawohl, schön und sinnvoll, während ich hier am Bett meines toten Freundes stehe, der viel zu jung gestorben ist, und obwohl ich jeden Augenblick in eine unbekannte Gegend deportiert werden kann. Mein Gott, ich bin dir so dankbar für alles.

Mit dem, was von dem Toten ewig lebt, werde ich weiterleben, und das, was in den Lebenden tot ist, werde ich wieder zu Leben erwecken, bis es nichts gibt als Leben, ein einziges großes Leben, mein Gott.

Tide wird noch einmal für ihn singen und mit Heiterkeit sehe ich dem Augenblick entgegen, in dem ich ihre strahlende, überzeugende Stimme hören werde.

Joop,[24] mein Waffenbruder, ich gehe jetzt mit dir auf Fahrt. Ach nein, ich gehe eigentlich nicht mit dir, ich spreche nur ab und zu mit dir und beschäftige mich in Gedanken viel mit dir, und ich bin froh, dass ich dir weitergeben darf von alledem, was ich weitergeben muss, ich kann nicht anders.

Es ist so sinnvoll, dass du in mein Leben getreten bist, es hätte gar nicht anders kommen können. Guten Tag.

17. September, Donnerstagmorgen, 8 Uhr. Das Lebensgefühl ist so stark und ruhig, und meine Dankbarkeit ist so groß, dass ich gar nicht versuchen will, es mit einem einzigen Wort auszudrücken. In mir ist ein einziges und vollkommenes Glück, mein Gott. Es lässt sich doch wieder am besten mit seinen Worten ausdrücken: *»In sich ruhen«.* Und hiermit ist mein Lebensgefühl wohl am vollkommensten ausgedrückt: Ich ruhe in mir selbst. Und jenes Selbst, das Allertiefste und Allerreichste in mir, in dem ich ruhe, nenne ich »Gott«. In Tides Tagebuch habe ich öfter gelesen: »Nimm ihn sanft in deine Arme, Vater.« Und so fühle ich mich nun, immer und unablässig: als ob ich in deinen Armen läge, mein Gott, so beschützt und geborgen und so von Ewigkeitsgefühl durchtränkt. Es ist, als wäre jeder meiner Atemzüge

[24] Joop ist Jopie Vleeschouwer, ein guter Freund in Westerbork.

durchtränkt von Ewigkeitsgefühl, und die kleinsten Verrichtungen und geringsten Aussagen haben einen großen Hintergrund und einen tieferen Sinn. In einem seiner ersten Briefe an mich schrieb er: *»Und wenn ich von all dieser überströmenden Kraft abgeben kann, bin ich froh.«*

Es ist sicherlich gut, dass du meinen Körper hast »halt« rufen lassen, mein Gott. Ich muss ganz gesund werden, um all das tun zu können, was ich tun muss. Aber vielleicht ist das auch wieder nur eine konventionelle Vorstellung. Auch wenn man Schmerzen im Körper hat, kann doch der Geist weiterwirken und fruchtbar sein? Und lieben und *»hineinhorchen«* in sich und andere, und forschen nach den Zusammenhängen in diesem Leben und nach dir. *»Hineinhorchen«,* dafür möchte ich einen guten holländischen Ausdruck finden. Eigentlich ist mein Leben ein unablässiges *»Hineinhorchen«* in mich selbst, in andere und in Gott. Und wenn ich sage, dass ich *»hineinhorche«,* dann ist es eigentlich Gott, der in mich *»hineinhorcht«.* Das Wesentlichste und Tiefste in mir, das auf das Wesentlichste und Tiefste in dem anderen horcht. Gott zu Gott.

Wie groß ist doch die innere Not deiner Geschöpfe auf dieser Erde, mein Gott. Ich danke dir, dass du so viele Menschen mit ihren inneren Nöten zu mir kommen lässt. Sie sitzen ruhig und arglos da, sie reden mit mir, und plötzlich bricht ihre nackte Not heraus. Und auf einmal sitzt da ein verzweifeltes Häufchen Mensch und weiß nicht, wie er weiterleben soll. Und da fangen die Schwierigkeiten für mich erst an. Es genügt nicht, nur von dir zu predigen, mein Gott, man muss dich in den Herzen der anderen erst aufspüren. Man muss den Weg zu dir im anderen freilegen, mein Gott, und dazu muss man das menschliche Gemüt genau kennen. Man muss ein geschulter Psychologe sein. Verhältnis zu Vater und Mutter, Jugenderinnerungen, Träume, Schuldgefühle, Minderwertigkeitsgefühle, nun ja, eben das ganze Drumherum. Bei jedem, der zu mir kommt, gehe ich sehr behutsam suchend vor. Meine Mittel, den Weg zu dir für andere zu bahnen, sind noch sehr gering. Aber die Bereitschaft dazu ist da, und ich werde sie langsam und mit viel Geduld verbessern. Ich danke dir, dass du mir die Gabe verliehen hast, in anderen Menschen lesen zu können. Manchmal kommen mir die Menschen vor wie Häuser mit offenstehenden Türen. Ich gehe hinein, sehe mich in den Gängen und Zimmern um, jedes Haus ist ein wenig anders eingerichtet und doch gleichen sie einander. Man sollte aus jedem Haus eine Wohnung machen, die dir geweiht ist, mein Gott. Und ich verspreche dir, ich verspreche dir, dass ich in so vielen Häusern wie möglich Wohnung und Unterkunft für dich suchen werde, mein Gott. Das ist eigentlich ein lustiges Bild. Ich gehe einen Weg entlang und suche nach einer Unterkunft für dich. Es gibt so viele leer stehende Häuser, in denen ich dich als Ehrengast unterbringe. Verzeih mir dieses nicht allzu geistreiche Bild.

Abends, kurz vor halb 11. Gott, gib mir Ruhe und lass mich alles *»bewältigen«*. Es ist so viel. Ich muss endlich anfangen zu schreiben. Aber ich muss damit beginnen, diszipliniert zu leben. Jetzt geht bald das Licht in der Männerbaracke aus. Oder brennt wieder mal kein Licht? Wo bist du denn heute Abend gewesen, kleiner Waffenbruder? Manchmal überfällt mich ein Anflug wilder Traurigkeit, dass ich nicht wie sonst aus der Tür unserer Baracke hinauslaufen und auf der großen Heide stehen bleiben kann. Dann spaziere ich eine Weile hin und her, und es dauert nicht lange, und von der einen oder anderen Seite kommt mein Waffenbruder anspaziert mit seinem braungebrannten Gesicht und der senkrechten, forschenden Falte zwischen den Augen. Wenn es zu dämmern beginnt, höre ich aus der Ferne die ersten Töne von Beethovens Fünfter.

Wenn ich doch nur all das mit Wörtern bewältigen könnte, diese zwei Monate dort hinter Stacheldraht, die zu den intensivsten und reichsten Monaten meines Lebens gehören und die die letzten und höchsten Werte meines Lebens bestätigt haben. Ich habe dieses Westerbork so lieb gewonnen, dass ich Heimweh danach habe. Und wenn ich dort auf meiner schmalen Pritsche einschlief, hatte ich Heimweh nach meinem Schreibtisch, an dem ich jetzt sitze. Ich bin dir so dankbar dafür, mein Gott, dass du mein Leben an jedem Ort so schön gestaltest, dass ich Heimweh nach ihm bekomme, wenn ich ihn verlassen habe. Aber manchmal wird dadurch das Leben auch schwer und mühselig. Siehst du, jetzt ist halb 11 vorbei, in der Baracke geht das Licht aus, und ich sollte wohl auch zu Bett gehen. »Patientin muss ein ruhiges Leben führen«, steht in dem eindrucksvollen Attest. Und ich soll Reis und Honig und noch andere märchenhafte Dinge essen.

Ich muss auf einmal an die Frau mit den schneeweißen Haaren um das edle, ovale Gesicht denken, die ein Päckchen Toastbrot in ihrem Brotsack hatte. Das war ihr einziger Proviant für die Reise nach Polen, sie musste eine strenge Diät einhalten. Sie war schrecklich lieb und ruhig und hatte eine mädchenhafte, hohe Gestalt. Ich habe an einem Nachmittag lang mit ihr vor den Durchgangsbaracken in der Sonne gesessen. Ich habe ihr ein Buch gegeben, das ich aus Spiers Bibliothek mitgenommen hatte: *»Die Liebe«* von Johanna Müller, über das sie sehr glücklich war. Sie sagte zu einigen jungen Mädchen, die sich später zu uns setzten: »Denkt daran, morgen früh, wenn wir abfahren, darf jeder von uns nur dreimal weinen.« Und eines der Mädchen antwortete: »Ich habe meine Rationsmarken für Weinen noch nicht bekommen.«

Es geht gegen elf. Wie rasch ist dieser Tag vergangen, ich werde jetzt doch zu Bett gehen. Morgen wird Tide ihr hellgraues Kostüm anziehen und in der Friedhofshalle singen: *Auf, auf mein Herz mit Freude.* Ich werde zum ersten Mal in meinem Leben in einem Fahrzeug mit schwarzen Gardinen sitzen. Ich könnte noch so viel schreiben, tage- und nächtelang. Gib mir Geduld, mein Gott. Eine ganz neue Art von Geduld. Der Schreibtisch ist mir wieder vertraut geworden, und der Baum vor meinem Fenster macht mich nicht mehr schwindlig. Damit, dass du mich wieder an meinem Schreibtisch sitzen lässt, verfolgst du gewiss einen Zweck, ich werde mein Bestes tun. Und nun wirklich Gute Nacht.

Ich habe solche Angst, dass du dort Schwierigkeiten hast, Jopie, ich würde dir so gern helfen. Und ich werde dir helfen. Bis bald!

Sonntagabend. In Worte fassen, vertonen, abbilden.

Viele Menschen sind noch Hieroglyphen für mich, aber allmählich lerne ich, sie zu entziffern. Es ist das Schönste, was ich kenne: das Leben herauszulesen aus den Menschen.

In Westerbork war es, als stünde ich vor dem nackten Gerüst des Lebens. Dem innersten Skelett des Lebens, herausgelöst aus aller Verschalung. Ich danke dir, mein Gott, dass du mich immer besser lesen lehrst.

Ich weiß, dass ich irgendwann wählen muss. Es wird sehr schwierig sein. Wenn ich schreiben will, wenn ich versuchen will, alles aufzuschreiben, was immer dringender in mir nach Worten verlangt, muss ich mich viel mehr von den Menschen zurückziehen, als ich das jetzt tue. Dann werde ich meine Tür fest abschließen müssen und den blutigen und zugleich beseligenden Kampf mit einer Materie aufnehmen, die mir kaum zu bewältigen zu sein scheint. Dann muss ich mich aus einer kleineren Gemeinschaft zurückziehen, um mich an eine größere wenden zu können. Vielleicht geht es gar nicht darum, sich einer Gemeinschaft zuzuwenden. Es ist der reine dichterische Drang, etwas von dem inneren Bilderreichtum darstellen zu wollen, es ist, ja, eigentlich ist es so elementar, dass man gar nicht zu erklären braucht, was es ist. Ich frage mich manchmal, ob ich das Leben nicht bis zur Neige auskoste, ich lebe und genieße und verarbeite es so sehr bis an seinen Grund, dass keinerlei Rest übrig bleibt. Und vielleicht braucht man, um schöpferisch zu sein, doch einen solchen Rest, der nicht verlebt und verbraucht wird, wodurch jene Spannung entsteht, die doch das Stimulans zur schöpferischen Arbeit ist? Ich rede viel mit den Menschen, sehr viel in letzter Zeit. Vorläufig spreche ich noch viel bildhafter und geistreicher, als ich schreiben kann. Manchmal glaube ich, ich sollte meine Zeit nicht mit so vielen gesprochenen Wörtern vergeuden, sondern mich zurückziehen und meinen eigenen stillen Weg auf dem Papier suchen. Ein Teil von mir will das auch. Ein anderer Teil kann sich noch nicht dazu entschließen und verausgabt sich in Wörtern zu den Menschen.

»Hast du das gesehen, Max, die taubstumme Frau im achten Monat mit ihrem epileptischen Mann?« Max: »Wie viele Frauen im neunten Monat werden in diesem Augenblick in Russland aus ihren Häusern vertrieben und greifen noch nach ihrem Gewehr.«

Mein Herz, eine Schleuse, an der sich immer wieder eine neue Flut von Leid aufstaut.

Jopie unter dem großen Sternenhimmel, auf der Heide sitzend, während eines Gesprächs über Heimweh: »Ich habe kein Heimweh, ich bin doch zu Hause.« Daraus habe ich damals so viel gelernt. Man ist »zu Hause«. Unter dem Himmel ist man zu Hause. Auf jedem Fleck der Erde ist man zu Hause, wenn man alles mit sich trägt.

Oft bin ich mir vorgekommen und komme mir auch jetzt vor wie ein Schiff, das eine kostbare Ladung an Bord verstaut hat; die Taue werden gekappt, und nun fährt das Schiff, fährt frei von Land zu Land und trägt alle kostbare Ladung mit sich. Man muss selbst sein eigenes Vaterland sein. Ich habe zwei Abende lang gebraucht, bevor ich über das Intimste des Intimen mit ihm sprechen konnte. Und ich wollte es ihm doch so gern sagen, um es ihm gleichsam als Geschenk zu geben. Und dann, dann bin ich auf der großen Heide niedergekniet und habe ihm von Gott erzählt.

Der Doktor hat natürlich nicht recht. Früher hätte mich so etwas vielleicht unsicher gemacht, aber jetzt habe ich gelernt, die Menschen zu durchschauen und die Wörter mit meiner eigenen Vernunft zu durchleuchten. »Sie leben zu sehr geistig. Sie leben sich nicht genug aus. Sie verzichten auf die elementaren Dinge des Lebens.« Beinahe hätte ich gefragt: »Soll ich mich etwa auf dem Diwan hier zu Ihnen legen?« Sonderlich taktvoll hätte das wohl nicht geklungen, aber sein Monolog zielte doch wohl in diese Richtung. Und danach: »Sie leben nicht genügend in der Realität.« Später dachte ich: Es stimmt doch gar nicht, was der Mann so daherredet. Gewiss, die Realität. Die Realität ist jedoch, dass an vielen Orten dieser Erde die Männer und Frauen nicht zusammen sein können. Die Männer sind an der Front. Das Lagerleben. Die Gefängnisse. Das Getrenntsein voneinander. Das ist die Realität. Und damit muss man fertigwerden. Man braucht doch nicht einsam und vergeblich sich zu sehnen und Onans Sünde zu begehen? Könnte man die Liebe, die man nicht einem Einzigen des anderen Geschlechtes schenken kann, nicht in eine Kraft verwandeln, die der Gemeinschaft zugutekommt und die man dann vielleicht auch wiederum Liebe nennen könnte? Und wenn man sich darum bemüht, steht man nicht gerade dann auf dem Boden der Realität? Allerdings nicht einer so fassbaren Realität wie ein Bett mit einem Mann und einer Frau darin. Aber es gibt doch auch andere Realitäten? Es hört sich so kindisch und auch etwas ausgehungert an, wenn ein kleiner, älterer Mann in dieser Zeit, mein Gott, in dieser Zeit, über das »Sichausleben« plaudert. Ich hätte ihn gern gebeten, mir ausführlicher zu erklären, was er nun präzise damit meine.

»Nach diesem Krieg wird außer einer Flut des Humanismus auch eine Flut des Hasses über die Welt gehen.« Und dann wusste ich es wieder: Ich werde gegen diesen Hass zu Felde ziehen.

22. September. Man muss mit sich selbst leben, als lebte man mit einem ganzen Volk von Menschen. Und an sich selbst lernt man dann alle guten und bösen Eigenschaften der Menschen kennen. Und man muss zuerst sich selbst die eigenen schlechten Eigenschaften vergeben, wenn man den anderen vergeben will. Das ist wohl das Schwierigste, was ein Mensch lernen muss; ich stelle es oft bei anderen fest (früher auch bei mir selbst, jetzt nicht mehr): sich selbst seine Fehler und Irrtümer zu verzeihen. Wozu als Allererstes gehört: sich eingestehen und großmütig damit abfinden zu können, dass man Fehler macht und Irrtümer begeht.

Ich möchte gern so leben wie die Lilien auf dem Felde. Wenn man diese Zeit richtig verstünde, könnte man es von ihr lernen: zu leben wie eine Lilie auf dem Felde.

Ich habe früher einmal in eines meiner Tagebücher geschrieben: Ich möchte mit meinen Fingerspitzen die Konturen dieser Zeit abtasten. Ich saß damals an meinem Schreibtisch und wusste nicht so recht, wie ich an das Leben herankommen könnte. Der Grund dafür war, dass ich noch nicht zum Leben in mir selbst gekommen war. Zum Leben in mir bin ich gelangt, noch während ich an diesem Schreibtisch saß. Und dann wurde ich plötzlich in einen Brennpunkt menschlichen Leidens geschleudert, an eine der vielen kleinen Fronten, die es überall in Europa gibt. Und dort erlebte ich plötzlich dies: Aus den Gesichtern der Menschen, aus tausenden Gesten, kleinen Äußerungen und Lebensgeschichten begann ich diese Zeit – und noch viel mehr als nur diese Zeit – herauszulesen. Weil ich in mir selbst lesen gelernt hatte, bemerkte ich, dass ich auch in den anderen lesen konnte. Dabei war mir oft tatsächlich zumute, als tastete ich mit empfindsamen Fingerspitzen an den Konturen dieser Zeit entlang. Wie kommt es nur, dass ein mit Stacheldraht umzäuntes Heidegelände, in dem so viele Schicksale, so viel menschliches Leid an- und hindurchgespült wurden, in meiner Erinnerung beinahe lieblich erscheint? Wie kommt es, dass mein Geist dort nicht düster, sondern vielmehr erhellt und erleuchtet wurde? Hier an diesem Schreibtisch zwischen meinen Schriftstellern und Dichtern und Blumen habe ich das Leben so sehr geliebt. Und dort, in den Baracken voll aufgeregter und verfolgter Menschen, habe ich die Bestätigung für meine Liebe zum Leben gefunden. Das Leben in jenen zugigen Baracken stand keineswegs im Gegensatz zum Leben in diesem geschützten, ruhigen Zimmer. Ich war keinen Augenblick lang von dem Leben abgeschnitten, das angeblich vorbei ist, es bestand eine große, sinnvolle Kontinuität. Wie soll ich das alles irgendwann beschreiben? So beschreiben, dass andere Menschen nachfühlen können, wie schön und lebenswert und gerecht, ja, gerecht, das Leben im Grunde ist. Vielleicht gibt Gott mir einst dafür die einfachen Wörter? Auch farbige und leidenschaftliche und ernste Wörter. Aber vor allem: einfache Wörter. Wie zeichne ich mit ein paar liebevollen, leichten und doch kräftigen Pinselstrichen das kleine Barackendorf zwischen Heide und Himmel? Und wie kann ich andere mitlesen lassen in den vielen Menschen, die wie Hieroglyphen entziffert werden müssen, Strich für Strich, bis man schließlich ein großes lesbares und verständliches Ganzes vor sich hat, eingerahmt von Heide und Himmel?

Eines weiß ich nun schon bestimmt: Ich werde es nie so niederschreiben können, wie es das Leben selbst mit lebendigen Lettern vor mir hingeschrieben hat. Ich habe alles mit meinen

Augen gelesen und mit meinen Sinnesorganen wahrgenommen. Ich werde es nie so nacherzählen können. Das könnte mich zur Verzweiflung bringen, wenn ich nicht gelernt hätte, dass man auch mit den unzulänglichen Kräften, die man besitzt, ans Werk gehen und mit ihnen arbeiten muss.

Ich gehe an den Menschen vorbei wie an Ackerflächen und schaue nach, wie hoch das Gewächs der Menschlichkeit gewachsen ist.

Ich spüre, wie dieses Haus hier langsam von mir abzugleiten beginnt. Das ist gut so, diesmal muss die Ablösung endgültig vollzogen werden. Ganz vorsichtig, mit großer Wehmut, aber auch mit der Gewissheit, dass es so gut ist und nicht anders sein kann, lasse ich es gleiten, Tag für Tag.

Mit einem Hemd am Leibe und einem Hemd in meinem Rucksack – wie war doch noch Kormanns Märchen von dem Mann ohne Hemd? Der König, der im ganzen Reich nach dem Hemd seines glücklichsten Untertanen suchte, und als er den glücklichsten Menschen endlich gefunden hatte, stellte sich heraus, dass er gar kein Hemd besaß – ferner noch die winzige Bibel, und vielleicht passen noch meine russischen Wörterbücher und die Volkserzählungen von Tolstoi hinein, und vielleicht, ganz vielleicht ist auch Platz für einen Band von Rilkes Briefen. Und der Pullover aus reiner Schafwolle, eigenhändig gestrickt von einer Freundin – ich habe noch viele Besitztümer, mein Gott, und so jemand will eine Lilie auf dem Felde sein?

Also denn, mit einem Hemd im Rucksack gehe ich in eine »unbekannte Zukunft«. So heißt es. Aber ist es denn nicht immer dieselbe Erde unter meinen umherirrenden Füßen und derselbe Himmel, einmal mit dem Mond, einmal mit der Sonne, um all die Sterne nicht zu vergessen, über meinen entzückten Augen? Warum dann von einer unbekannten Zukunft reden?

23. September. Und doch bringt uns der Hass nicht weiter, Klaas,[25] die Dinge sind in Wirklichkeit ganz anders, als wir sie uns in unseren gekünstelten Schemen vorstellen. Da gibt es z. B. bei uns einen Mitarbeiter. Ich sehe ihn in Gedanken oft vor mir. Das Auffallendste an ihm ist sein unbeugsamer, gerader Nacken. Er hasst unsere Verfolger mit einem Hass, für den er, wie ich annehme, triftige Gründe hat. Aber er ist selbst ein Schinder. Er wäre der ideale Leiter eines Konzentrationslagers. Ich habe ihn oft beobachtet, wenn er am Lagereingang stand, um seine aufgeregten Rassegenossen zu empfangen, es war nie sonderlich erquicklich. Ich erinnere mich, wie er einem weinenden Kind von etwa drei Jahren ein paar klebrige, schwarze Bonbons hinwarf und geradezu väterlich hinzufügte: »Pass auf, dass du dir das Maul nicht schmutzig machst.« Im Nachhinein glaube ich, dass es mehr Ungeschicklichkeit und Verlegenheit von ihm war als Unwille, er konnte den richtigen Ton nicht finden. Übrigens war er einer der tüchtigsten Juristen Hollands, und seine scharfsinnigen Artikel waren immer vortrefflich formuliert. (Der Mann, der sich im Krankenhaus aufgehängt hat: daran denken, ihn aus der »Insassenliste« zu streichen.) Wenn ich ihn dann mit dem geraden Nacken, dem Herrscherblick und dem ewigen kurzen Pfeifchen unter den Menschen

[25] Klaas Smelik Sr.

herumgehen sah, dachte ich immer: Es fehlt ihm nur noch eine Peitsche in der Hand, sie würde prächtig zu ihm passen. Aber ich empfand trotzdem keinen Widerwillen gegen ihn, dazu interessierte er mich zu sehr. Ab und zu hatte ich sogar großes Mitleid mit ihm. Er hatte so einen unzufriedenen Mund, besser gesagt, einen todunglücklichen Mund. Den Mund eines dreijährigen Kindes, das bei der Mutter seinen Willen nicht durchsetzen kann. Er war mittlerweile ein Mann über dreißig geworden, ein gut aussehender Bursche, ein bekannter Jurist und Vater von zwei Kindern. Aber sein Gesicht hatte den Mund eines unzufriedenen dreijährigen Kindes behalten, natürlich nur etwas größer und gröber geworden im Laufe der Jahre. Wenn man ihn genau betrachtete, war er gar kein so gut aussehender Bursche.

Siehst du, Klaas, im Grunde war es doch so: Er war zwar voller Hass gegen jene, die wir als unsere Henker bezeichnen, aber er selbst wäre ein vortrefflicher Henker und Verfolger der Wehrlosen geworden. Und doch tat er mir leid. Kannst du das verstehen? Niemals gab es einen freundlichen Kontakt zwischen ihm und seinen Mitmenschen, und er konnte insgeheim so hungrig zuschauen, wenn andere freundlich miteinander umgingen. (Ich konnte ihn immer sehen und beobachten, das Leben dort hat keine Wände.) Später erfuhr ich einiges über ihn von einem Kollegen, der ihn seit Jahren kannte. In den Tagen der Besetzung war er aus dem dritten Stock auf die Straße gesprungen, doch war es ihm nicht gelungen zu sterben, was ja offensichtlich seine Absicht war. Später hat er einmal versucht, sich von einem Auto überfahren zu lassen, aber auch das misslang. Danach hat er einige Monate in einer Irrenanstalt verbracht. Es war Angst, schiere Angst. Er war ein überaus brillanter und scharfsinniger Jurist, und bei den Diskussionen unter den Professoren hatte er immer das letzte, entscheidende Wort. Aber im entscheidenden Moment sprang er vor Angst aus dem Fenster. Ich hörte außerdem, dass seine Frau auf den Zehenspitzen im Haus herumgehen musste, weil er keine Geräusche ertragen konnte, und auch, dass er seine Kinder anschnauzte, die große Angst vor ihm hatten. Ich hatte tiefes, tiefes Mitleid mit ihm. Was ist ein solches Leben denn für ein Leben?

Klaas, ich wollte dir eigentlich nur sagen: Wir haben noch so viel mit uns selbst zu tun, dass wir uns dem Hass gegen unsere sogenannten Feinde noch gar nicht überlassen können. Wir sind noch einer des anderen Feind. Und ich selbst bin auch nicht frei davon, wenn ich sage, dass es unter unseren eigenen Leuten auch Henker und schlechte Menschen gibt. Ich glaube eigentlich nicht an die sogenannten »schlechten Menschen«. Ich möchte den Mann bei seinen Ängsten packen, die Quelle seiner Angst in ihm aufspüren, ich möchte eine Treibjagd auf ihn veranstalten und ihn in seinen eigenen inneren Bereich treiben, denn das ist das Einzige, Klaas, was wir in dieser Zeit tun können.

Und Klaas machte eine müde, mutlose Geste und sagte: »Aber was du willst, dauert zu lang, so viel Zeit haben wir doch nicht?« Und ich antwortete: »Aber mit dem, was du willst, beschäftigt man sich nun schon seit zweitausend Jahren unserer christlichen Zeitrechnung, abgesehen von den vielen Jahrtausenden vorher, in der es ja auch schon eine Menschheit gab. Und was hältst du von dem Ergebnis, wenn ich fragen darf?«

Und ich wiederholte mit derselben Leidenschaftlichkeit wie immer, obwohl ich mir allmählich langweilig vorkam, weil bei mir immer alles auf dasselbe hinausläuft: »Es ist die einzige Möglichkeit, Klaas, ich sehe keinen anderen Weg, als dass jeder von uns Einkehr hält in sich selbst und all dasjenige in sich ausrottet und vernichtet, was ihn zu der Überzeugung führt, andere vernichten zu müssen. Wir müssen durchdrungen sein von dem Gedanken, dass jeder Funken Hass, den wir zu der Welt hinzufügen, sie noch unwirtlicher macht, als sie ohnehin ist.« Und Klaas, der alte, verbissene Klassenkämpfer, sagte entrüstet und erstaunt zugleich: »Ja, aber das – aber das wäre ja wieder das Christentum!«

Und ich, über so viel plötzliche Verwirrung amüsiert, sagte ganz gelassen: »Ja, warum eigentlich auch nicht – Christentum?«

Lass mich gesund und stark bleiben!

Wie die Baracke dort manchmal nachts unter dem Mond aus Silber und Ewigkeit dalag: wie ein Stück Spielzeug, entglitten Gottes verstreuender Hand.

24. September. »Einen Trost gibt es zumindest«, sagte Max mit seinem breiten, derben Grinsen. »Der Schnee liegt dort im Winter so hoch, dass er die Fenster der Baracken bedeckt, nun, dann ist es auch tagsüber dunkel.« Er kam sich dabei sogar geistreich vor. »Und dann haben wir es wenigstens gemütlich warm, es kann nie kälter werden als null Grad. Und in der Arbeitsbaracke haben wir zwei kleine Öfen bekommen«, fuhr er begeistert fort, »die Leute, die sie gebracht haben, sagten, sie brennen so gut, dass sie gleich beim ersten Mal zerplatzen.«

Wir werden im Winter eine ganze Menge zusammen ertragen und miteinander teilen können, wenn wir einander nur tragen helfen: die Kälte, das Dunkel und den Hunger. Und gleichzeitig muss uns bewusst sein, dass wir diesen Winter mit der ganzen Menschheit teilen, auch mit unseren sogenannten Feinden. Hoffentlich fühlen wir dann, dass wir in ein großes Ganzes eingebettet sind und dass wir zu den vielen Fronten gehören, die über die ganze Welt verstreut sind.

Es wird eine Holzbaracke unter bloßem Himmel geben, mit Betten, die von der Maginotlinie stammen, drei übereinander, und ohne Licht, weil das Kabel aus Paris noch immer nicht kommen will.

Und sollte es doch Licht geben, so hätten wir immer noch kein Verdunkelungspapier.

Ich breche immerzu mittendrin ab, und jetzt ist es wieder Abend. Mein Körper benimmt sich heute verteufelt ungehörig. Es steht eine kleine, rosarote Zyklame unter meiner Stahllampe. Heute Abend viel mit S. zusammen gewesen. Ich fühlte plötzlich, wie Trauer in mir aufstieg, doch auch das gehört zum Leben. Und dennoch bin ich so dankbar dafür, mein Gott, ich bin sogar fast stolz darauf, dass du mir deine letzten und größten Rätsel nicht versagst. Ich kann noch ein ganzes Leben lang darüber nachdenken. Aber heute Abend hatte ich so viele Fragen an ihn, auch über ihn selbst, mir war plötzlich so vieles nicht klar. Jetzt muss ich die Antworten allein finden. Was für eine verantwortungsvolle Aufgabe. Aber ich muss sagen: Ich fühle mich ihr gewachsen. Komisch, wenn das Telefon klingelt, wird es nie wieder seine Stimme sein, die am anderen Ende teils befehlend, teils zärtlich sagt: *»Hören Sie mal?«* Es wird manchmal doch sehr schwer sein. Ich habe Tide nun schon lang nicht mehr gesehen.

Meine Bereicherung der letzten Tage: die Vögel des Himmels und die Lilien des Feldes und Matthäus 6,33: Trachtet zuerst nach dem Reich Gottes und nach seiner Gerechtigkeit, so wird euch solches alles zufallen.

Und morgen eine Verabredung mit Ru Cohen im Café de Paris, und fünf Leute auf dem Adema v. Scheltemaplein[26] waren nur im Nachthemd und Pantoffeln, obwohl es schon sehr kalt wird, und nun wurde auch jemand mit Krebs im letzten Stadium mitgenommen, und gestern Abend wurde ein Jude in der Van Baerlestraat, also gleich hier um die Ecke, niedergeschossen, weil er weglaufen wollte. Es werden viele Menschen erschossen, in diesem Augenblick, auf der ganzen Welt, während ich diese Zeilen neben meiner rosaroten Zyklame beim Schein der stählernen Schreibtischlampe niederschreibe. Meine linke Hand ruht beim Schreiben auf der kleinen, aufgeschlagenen Bibel, ich habe Kopfschmerzen und Bauchschmerzen, und auf dem Grund meines Herzens liegen die sonnigen Sommertage auf der Heide und das gelbe Lupinenfeld, das sich bis zur Entlausungsbaracke erstreckte. Es ist noch keinen Monat her, dass Joop mir am 27. August schrieb: »Da sitze ich nun wieder, lasse meine Beine draußen baumeln und horche in die gewaltige Stille hinaus. Das Lupinenfeld, nun ohne jauchzende Farben, badet in der tröstlich scheinenden Sonne. Alles ist jetzt von einer Feierlichkeit und Ruhe, die mich sehr still und ernst werden lässt. Ich springe aus dem Fenster, gehe ein paar Schritte im lockeren Sand und schaue zum

[26] Platz in Amsterdam.

Mond auf.« Und dann beendet er den nächtlichen Brief auf dem vulgären Papier mit seiner geschlossenen, konzentrierten Handschrift: »Ich begreife, wie jemand sagen kann: Hier kann man nur eine Gebärde machen: niederknien. Nein, ich habe es nicht getan, ich halte das nicht für nötig, ich kniete sitzend im Fenster und dann ging ich schlafen.«

Es ist sonderbar, wie dieser Mann so plötzlich, fast geräuschlos, belebend und beseelend in mein Leben trat, während der große Freund, der Geburtshelfer meiner Seele, mit Schmerzen im Bett lag und kindisch wurde. Manchmal frage ich mich in schweren Augenblicken wie heute Abend, was für Absichten du mit mir hast, mein Gott. Und vielleicht hängt es davon ab, was meine Absichten mit dir sind?

Alle nächtlichen Nöte und Einsamkeiten einer leidenden Menschheit ziehen nun wieder mit quälendem Schmerz durch mein dafür zu kleines Herz. Was habe ich mir für diesen Winter vorgenommen? Später möchte ich Reisen in verschiedenen Ländern deiner Welt unternehmen, mein Gott, ich fühle den Drang in mir, der alle Grenzen überschreitet und der doch auf der ganzen Erde in all deinen unterschiedlichen und einander bekämpfenden Geschöpfen etwas Gemeinsames entdeckt. Und über dieses Gemeinsame möchte ich sprechen, mit einer sehr kleinen und leisen Stimme, aber unaufhörlich und überzeugend. Gib mir die Wörter und die Kraft dazu. Ich will zuerst an den Fronten inmitten der leidenden Menschen sein. Aber dann werde ich doch auch das Recht haben, darüber zu sprechen? Immer wieder steigt wie eine kleine, wärmende Welle das Gefühl in mir auf, auch nach den schwersten Augenblicken: Wie ist das Leben doch schön. Es ist ein unerklärliches Gefühl. Es findet auch keinerlei Halt an der Realität, in der wir jetzt leben. Aber es gibt doch auch andere Realitäten außer denen, die man in der Zeitung liest und in den gedankenlosen, erregten Gesprächen aufgeschreckter Menschen findet? Es gibt auch die Realität dieser kleinen, rosaroten Zyklame und des großen Horizontes, die man auch im Lärm und im Wirrwarr dieser Zeit immer wieder entdecken kann.

Schenke mir eine Gedichtzeile am Tag, mein Gott, und wenn ich sie nicht immer aufschreiben kann, weil es kein Papier und kein Licht gibt, dann werde ich sie abends leise unter deinem großen Himmel aufsagen. Aber schenke mir ab und zu eine einzige kleine Gedichtzeile.

25. September, 11 Uhr abends. Tide erzählte mir, eine Freundin habe nach dem Tode ihres Mannes einmal zu ihr gesagt: »Gott hat mich in eine höhere Klasse versetzt, die Bänke sind mir noch ein bisschen zu groß.«

Und als wir darüber sprachen, dass er nicht mehr ist, und wie seltsam es sei, dass wir beide überhaupt keine Leere fühlten, sondern vielmehr eine Art von Fülle, zog Tide ihren Kopf zwischen die Schultern und sagte mit einem tapferen Lächeln: »Ja, die Bänke sind noch ein bisschen zu groß, ab und zu ist es schon schwer.«

Matthäus 5,23: Darum, wenn du deine Gabe auf dem Altar opferst und wirst allda eingedenk, dass dein Bruder etwas wider dich habe,

24: so lass allda vor dem Altar deine Gabe und gehe zuvor hin und versöhne dich mit deinem Bruder, und alsdann komm und opfere deine Gabe.

Es ist einmal eine Silberflotte im Ozean versunken. Die Menschheit hat seither immer wieder versucht, die versunkenen Schätze aus dem Wasser zu heben. In meinem Herzen sind schon so viele Silberflotten untergegangen und mein ganzes Leben lang werde ich versuchen, etwas von den vielen Schätzen, die dort versunken liegen, an die Oberfläche zu bringen. Ich besitze noch nicht das geeignete Gerät dafür. Ich muss es mir aus dem Nichts erschaffen.

Ich trippelte neben Ru her und nach einem sehr langen Gespräch, in dem wieder einmal alle »letzten Fragen« erörtert wurden, blieb ich plötzlich an seiner Seite stehen, mitten in der engen und fantasielosen Govert Flinckstraat, und sagte: »Ja, weißt du, Ru, und dann habe ich noch so eine kindliche Eigenschaft, um derentwillen ich das Leben immer wieder schön finde und die mir vermutlich hilft, alles so gut zu ertragen.« Ru sah mich voller Erwartung an, und ich sagte, als sei es die einfachste Sache der Welt – was sie ja eigentlich auch ist: »Ja, siehst du, ich glaube an Gott.« Das fand er, glaube ich, ziemlich verwirrend, und er schaute mich an, als könne er etwas Geheimnisvolles aus meinem Gesicht lesen, aber nachträglich fand er, das sei eigentlich sehr gut für mich. Vielleicht fühlte ich mich deshalb den Rest des Tages so strahlend und kräftig? Weil es so unvermittelt und einfach mitten in dem grauen Arbeiterviertel aus mir herausbrach: »Ja, siehst du, ich glaube an Gott.«

Es ist gut, dass ich ein paar Wochen hiergeblieben bin. Ich gehe erneuert und gestärkt wieder zurück. Ich war doch kein gutes Mitglied der Gemeinschaft, ich war viel zu bequem. Zu den alten Leuten, den Bodenheimers, hätte ich natürlich auch gehen sollen und mich nicht mit der Ausrede davor drücken: Ich kann ohnehin nichts für sie tun. Und so gibt es viele Dinge, die ich versäumt habe. Ich bin zu sehr meinen eigenen Vergnügungen nachgegangen. Ich schaute abends auf der Heide zu gern in ein Augenpaar. Es war sehr schön, und doch habe ich auf allen Seiten versagt. Auch gegenüber den Mädchen in meinem Saal. Ab und zu warf ich ihnen ein Stückchen von mir selbst vor und rannte dann wieder davon. Das war nicht richtig. Und doch bin ich dankbar, dass es so war, und ich bin auch dankbar, dass ich es wiedergutmachen kann. Ich glaube, dass ich nach meiner Rückkehr ernster und konzentrierter sein und weniger meinem eigenen Vergnügen nachjagen werde. Wenn man auf andere moralisch einwirken will, muss man damit beginnen, mit der eigenen Moral Ernst zu machen. Ich gehe den ganzen Tag mit Gott um, als gäbe es nichts anderes, aber dann muss ich auch dementsprechend leben. Ich bin noch lange nicht so weit, o nein, noch lange nicht, aber manchmal tue ich so, als ob ich es schon wäre. Ich bin verspielt und träge, ich erlebe die Dinge oft mehr aus der Sicht des Künstlers als des ernsthaften Menschen, und es ist auch etwas Bizarres, Launisches und Abenteuerliches in mir. Aber während ich hier am späten Abend an meinem Schreibtisch sitze, fühle ich auch wieder, dass eine zwingende, gezielte Kraft in mir ist, ein großer, wachsender Ernst, der mir manchmal mit leiser Stimme zuraunt, was ich tun soll, und der mich ganz ehrlich niederschreiben lässt: Ich habe in allen Dingen versagt, meine eigentliche Arbeit muss erst noch beginnen. Bis jetzt war alles hauptsächlich Spielerei.

26. September, halb 10. Ich danke dir, mein Gott, dass ich eines deiner Geschöpfe so vollständig an Leib und Seele erkennen durfte.

Ich muss dir noch viel mehr überlassen, mein Gott. Auch keine Bedingungen an dich stellen: Wenn ich nur gesund bleibe, dann … Auch wenn ich nicht gesund bin, muss ich mein Leben dennoch weiterleben, und zwar so gut wie möglich. Ich kann doch keine Forderungen stellen. Ich werde es auch nicht tun. Und in dem Augenblick, als ich sie »aus der Hand gab«, wurden meine Magenschmerzen auf einmal wesentlich besser.

Ich habe heute früh ein wenig in meinen Tagebüchern geblättert. Tausend Erinnerungen sprangen mir wieder entgegen. Was für ein überwältigend reiches Jahr. Und auch: Was bringt jeder Tag für neue Reichtümer. Und auch: Ich danke dir, dass du mir so viel Raum gegeben hast, dass ich all die Reichtümer aufbewahren kann.

Ich bemerke immer wieder, wie sehr Rilke einer meiner großen Erzieher im letzten Jahr gewesen ist.

27. September. Dass man ein solches Funken sprühendes Feuer sein kann! Alle Wörter und Ausdrücke, die ich einmal verwendet habe, erscheinen mir in diesem Augenblick grau, verblasst und farblos, verglichen mit dieser intensiven Lebensfreude und Liebe und Kraft, die aus mir bricht.

Mein Klavier spielendes Brüderchen von 21 Jahren schreibt mir aus einer Irrenanstalt:

»Henny, auch ich glaube, nein, ich weiß, dass es ein anderes Leben nach diesem gibt. Ich glaube sogar, dass manche

Menschen es bereits gleichzeitig mit diesem Leben sehen und erfahren können. Das ist eine Welt, in der die ewigen Einflüsterungen der Mystik zur lebendigen Wirklichkeit geworden sind, und in der die gewöhnlichen, alltäglichen Gegenstände und Aussagen eine höhere Bedeutung bekommen haben. Es ist gut möglich, dass die Menschen nach dem Krieg offener dafür sein werden als bislang, dass sie gemeinsam durchdrungen sein werden von einer höheren Weltordnung.«

Und wenn ich all meine Habe den Armen gäbe … habe aber die Liebe nicht, so nützt es mir nicht.[27]

Du brauchst jetzt nicht mehr zu leiden, du Verwöhnter, ich dagegen kann gut das bisschen Kälte und Stacheldraht ertragen, und du lebst in mir weiter. Was von dir unsterblich ist, lebt weiter in mir.

Wie der Mensch doch an materiellen Dingen hängt: Tide hat mir seinen kleinen zerbrochenen rosa Kamm gegeben. Fotos von ihm möchte ich eigentlich gar nicht haben, vielleicht werde ich seinen Namen nie wieder aussprechen, aber der schmuddelige, kleine rosa Kamm, mit dem ich ihn 1½ Jahre lang sein schütteres Haar habe kämmen sehen, steckt jetzt in meiner Brieftasche zwischen meinen wichtigsten Papieren, und eine wilde Trauer wird mich überkommen, wenn ich ihn je verlieren sollte. Ein Mensch ist doch ein seltsames Wesen.

---

[27] Vgl. 1 Kor 13,3.

28. September. Audi et alteram partem.[28]

Der Giftgasverbrecher mit dem geänderten Namen und die Maiglöckchen und die verführte Krankenschwester.

Es hat doch einen gewissen Eindruck auf mich gemacht, als der flirtende Internist mit den melancholischen Augen zu mir sagte: »Sie leben geistig zu intensiv, das ist schlecht für Ihre Gesundheit, Ihre Konstitution kann das nicht verkraften.« Als ich es Jopie erzählte, sagte er nachdenklich und zustimmend: »Er hat wahrscheinlich recht.« Ich bin lange damit herumgelaufen und weiß mit immer größerer Gewissheit: Er hat nicht recht. Es stimmt, ich lebe intensiv, wenn es mir auch manchmal wie eine dämonische und ekstatische Intensität vorkommt, aber ich erneuere mich von Tag zu Tag am Urquell, am Leben selbst, und ruhe mich von Zeit zu Zeit in einem Gebet aus. Aber diejenigen, die zu mir sagen: »Du lebst zu intensiv«, wissen nicht, dass man sich in ein Gebet zurückziehen kann wie in eine Klosterzelle und dass man dann mit erneuerter Kraft und wiedergewonnener Ruhe weitergeht.

Es ist, glaube ich, gerade die Angst der Menschen, sich zu sehr zu verausgaben, die ihnen die besten Kräfte raubt. Wenn man nach einem langen und mühseligen Prozess, der täglich weiterschreitet, zu dem Urquell in sich vorgedrungen ist, den ich einfach Gott nennen möchte, und wenn man dafür sorgt, dass der Weg zu Gott frei bleibt und nicht verbarrikadiert wird – und das geschieht durch »Arbeit an sich selbst« –, dann erneuert man sich immer wieder an

[28] Lat.: »Höre auch die andere Seite.«

der Quelle und braucht nicht zu befürchten, dass man seine Kräfte zu sehr verausgabt.

Ich glaube nicht an objektive Feststellungen. Unendliches Zusammenspiel menschlicher Wechselwirkungen.

Man sagt, du seist zu früh gestorben. Nun, dann wurde eben ein psychologisches Buch weniger geschrieben, aber es ist ein bisschen mehr Liebe in die Welt gekommen.

29. September. Du sagtest oft: *»Das ist Sünde wider den Geist, das rächt sich.« Jede Sünde an dem Geist rächt sich.* Ich glaube ferner: Auch jede »Sünde«, die an der Menschenliebe begangen wird, rächt sich, am Menschen selbst wie an der Außenwelt.

Ich will es nochmals für mich aufschreiben, Matthäus 6,34: Sorget Euch also nicht um den morgigen Tag, denn der morgige Tag wird für sich selber sorgen. Jeder Tag hat genug an seiner eigenen Plage.

Man muss sie täglich bekämpfen wie Flöhe, die vielen kleinen Sorgen um die kommenden Tage, die an den besten Kräften im Menschen nagen. Man versucht in Gedanken Vorkehrungen für die kommenden Tage zu treffen – und dann kommt alles anders, ganz anders. Jeder Tag hat genug an seiner eigenen Plage. Die Dinge, die getan werden müssen, muss man tun und sich im Übrigen nicht von den vielen kleinen Ängsten und Sorgen anstecken lassen, die ebenso viele Anzeichen von Misstrauen gegen Gott sind. Es wird alles in Ordnung kommen, die Aufenthaltsgenehmigung und auch die Lebensmittelkarten, in diesem Moment ist es sinnlos, darüber zu grübeln, ich sollte lieber an einem russischen Thema arbeiten. Das ist eigentlich unsere einzige moralische Aufgabe: In sich selbst große Flächen urbar zu machen für die Ruhe, für immer mehr Ruhe, sodass man diese Ruhe wieder auf andere ausstrahlen kann. Und je mehr Ruhe in den Menschen ist, desto ruhiger wird es auch in dieser aufgeregten Welt sein.

Vorhin ein kurzes Telefongespräch mit Toos. Jopie schreibt: Keine Päckchen mehr schicken. Dort ist jetzt alles in Bewegung. Haanen schrieb in einem Brief an seine Frau: zu wenig, um etwas davon zu begreifen, und zu viel, um nicht darüber beunruhigt zu sein. Schlimm. Und dann beginnt auf einmal auch in mir etwas zu geschehen, das nicht in Ordnung ist. Man muss dagegen kämpfen. Man muss sich zurückziehen von all dem fruchtlosen Geschwätz und Gelärme, das wie eine ansteckende Krankheit um sich greift. Ungefähr kann ich dann wieder nachfühlen, wie es in all den Menschen aussehen muss. Ein armes und kahles Leben. Ja, und dann gelangt man dahin, wie ich es von vielen gehört habe: Ich kann kein Buch mehr lesen, ich kann mich nicht mehr konzentrieren. Früher hatte ich das Haus immer voller Blumen, aber zurzeit, nein, jetzt habe ich keine Lust mehr dazu. Verarmtes, armes Leben. Ich weiß wieder, wogegen ich Stellung nehmen muss. Wenn man die Menschen nur lehren könnte, dass man es sich »erarbeiten« kann: die innere Ruhe zu erwerben. Innerlich produktiv und voll Vertrauen weiterzuleben, sich über alle Ängste und Gerüchte hinwegzusetzen. Dass man sich dazu zwingen kann, in der entferntesten und stillsten Ecke des eigenen Inneren niederzuknien und so lange knien zu bleiben, bis der Himmel über einem wieder klar und rein ist und es sonst nichts mehr gibt. Ich habe gestern Abend wieder am eigenen Leib erfahren, was die Menschen heutzutage leiden müssen, es ist gut, das immer wieder zu erleben und zu wissen, wie man dagegen kämpfen muss. Und dann wieder unbeirrt durch die weiten und unbegrenzten Landschaften des eigenen Herzens weiterzugehen. Aber so weit bin ich noch nicht. Jetzt erst mal zum Zahnarzt und heute Nachmittag zur Keizersgracht.

30. September. Allem treu zu bleiben, was man in einem spontanen, allzu spontanen Moment einmal angefangen hat. Treu sein jedem Gefühl, jedem Gedanken, der zu keimen begonnen hat.

Treu sein im umfassendsten Sinn des Wortes, sich selber treu bleiben, Gott und seinen eigenen besten Augenblicken treu bleiben.

Und dort, wo man sich befindet, »hundertprozentig« zu sein. Mein »Tun« soll darin bestehen, zu »sein«! Und wo meine Treue noch wachsen muss, und wo ich am meisten versage: dem treu zu sein, was ich mein schöpferisches Talent nenne, so gering es auch sein mag. Wie auch immer: Es gibt vieles, was durch mich gesagt und niedergeschrieben werden will. Ich muss allmählich damit anfangen. Ich entziehe mich noch auf jede mögliche Art, hier versage ich. Ich weiß aber: Andrerseits muss ich auch die Geduld haben, das, was durch mich gesagt werden soll, in mir wachsen zu lassen. Aber ich muss ihm auch helfen und entgegenkommen. Es ist immer wieder dasselbe: Man möchte sofort etwas ganz Besonderes und Geniales schreiben, man geniert sich vor der eigenen Unzulänglichkeit. Aber wenn ich eine wirkliche Pflicht in diesem Leben, in dieser Zeit, in diesem Stadium meines Lebens habe, dann ist es diese: schreiben, notieren, festhalten. Das Verarbeiten besorge ich nebenher. Ich lese das Leben zusammen und ich weiß: Ich kann es lesen, und ich denke in meinem jugendlichen Übermut und meiner Trägheit, dass ich das auf diese Weise Gelesene im Gedächtnis behalten und später werde nacherzählen können. Aber kleine Anhaltspunkte muss ich mir schon schaffen. Ich lebe das Leben bis zur Neige, wobei das Gefühl immer stärker in mir wird: Ich bekomme allmählich Verpflichtungen dem gegenüber, was ich mein Talent nennen möchte. Aber wo beginnen, mein Gott. Es ist so viel. Und man darf auch nicht den Fehler begehen, alles, was man so intensiv erlebt hat, unmittelbar aufs Papier zu werfen. Darum geht es auch nicht. Wie ich das alles einmal *»bewältigen«* soll, weiß ich noch nicht, es ist sehr viel. Aber das eine weiß ich: Ich werde es ganz allein tun müssen. Und auch das weiß ich: Ich habe Kraft und Geduld genug, um allein damit fertigzuwerden. Ich muss mir treu sein, ich darf mich nicht mehr wie Sand vom Wind mittreiben lassen. Ich verteile mich und teile mich auf unter den vielen Neigungen und Eindrücken und Menschen und Regungen, die auf mich zukommen. Ich muss ihnen allen treu sein. Aber es muss eine neue Treue hinzukommen, die Treue für mein Talent. Es genügt nicht mehr, alles nur zu erleben. Es muss noch etwas mehr hinzukommen.

Es ist, als sähe ich immer deutlicher, in welchen gähnenden Abgründen die schöpferischen Kräfte und die Lebensfreude der Menschen verschwinden. Es sind Löcher, die alles verschlucken, und diese Löcher sind im eigenen Gemüt. Jeder Tag hat an seiner eigenen Plage genug. Und: Der Mensch leidet immer noch am schwersten unter dem Leid, das er fürchtet. Und die Materie, immer ist es die Materie, die allen Geist an sich zieht, statt umgekehrt. »Du lebst zu sehr aus dem Geist.« Warum nicht? Weil ich meinen Körper nicht sofort deinen gierigen Händen preisgab? Der Mensch ist etwas Sonderbares. Ich möchte über so vieles schreiben. Irgendwo tief in mir: eine Werkstatt, wo Titanen diese Welt neu schmieden. Ich habe einmal verzweifelt geschrieben: Es ist ausgerechnet in meinem kleinen Kopf, unter meiner Schädeldecke, wo diese Welt zur Klarheit durchdacht werden muss. Auch jetzt denke ich manchmal mit einem beinahe satanischen Übermut daran. Ich verstehe nun meine schöpferischen Kräfte immer unabhängiger von materieller Not, von der Vorstellung von Hunger, Kälte und Gefahr zu machen. Es geht doch immer um die Vorstellung, nicht um die Realität. Die Realität ist etwas, das man auf sich nehmen muss, alle Leiden und Schwierigkeiten, die damit einhergehen, muss man auf sich nehmen und tragen, und während des Tragens wächst die Kraft zum Tragen. Die Vorstellung vom Leiden jedoch (die kein echtes »Leiden« ist, denn das Leiden an sich ist fruchtbar und kann das Leben zu etwas Kostbarem machen) muss man aufgeben. Und gibt man diese Vorstellungen auf, in denen das Leben wie hinter Gittern gefangen sitzt, dann befreit man das wirkliche Leben und die Kräfte in seinem Inneren, und dann wird man auch die Kraft haben, die wirklichen Leiden des eigenen Lebens und der Menschheit zu ertragen.

Freitagmorgen, im Bett. Ich selbst muss das Risiko auf mich nehmen, ich bin mir selbst gegenüber jetzt nicht ganz ehrlich.

Auch diese Lektion werde ich noch lernen müssen, und sie wird die schwerste sein, mein Gott: jenes Leiden auf mich zu nehmen, das du mir auferlegst, und nicht das, was ich mir selber ausgesucht habe.

In den letzten Tagen brauche ich viele Worte, um mich selbst und die anderen davon zu überzeugen, dass ich wieder fortgehen muss, und dass mein Magen kaum der Rede wert ist – vielleicht ist er das tatsächlich nicht –, aber wenn man dazu so viele gewichtige Argumente benötigt, stimmt irgendetwas nicht. Etwas stimmt tatsächlich nicht. Und jetzt darf ich es laut zu mir selbst sagen: Nun ja, aber das passiert heutzutage doch jedem einmal, dass er sich ein paar Tage lang schwindlig und schlapp fühlt; wenn das vorbei ist, ist es vorbei, und man macht wieder weiter, als wäre nichts gewesen.

Es kommt mir vor, als müsste ich nur die Finger meiner Hand ausstrecken und ich hielte ganz Europa mitsamt Russland in meinem Griff. So klein und übersichtlich und vertraut, so mit einer Hand zu umfassen ist es für mich geworden. Alles erscheint mir so nahe – auch hier im Bett. Halte das fest: auch hier im Bett. Auch wenn ich wochenlang still und unbeweglich liegen müsste. Jetzt ist es noch zu schwer für mich. Ich kann mich nicht mit dem Gedanken versöhnen, dass ich im Bett bleiben muss.

Ich verspreche dir, mein Gott, ich werde nach meinen besten schöpferischen Kräften leben an jedem Ort, an dem du mich festhalten willst. Aber ich möchte am Mittwoch so gern gehen, sei es auch nur für zwei Wochen. Ja, ich weiß, es gibt Risiken: Es kommt immer mehr SS in das Lager, und es wird immer mehr Stacheldraht darum gezogen, die Lage spitzt sich zu, vielleicht können wir nach zwei Wochen nicht mehr heraus, so etwas ist immer möglich. Kannst du dieses Risiko auf dich nehmen?

Mein Arzt hatte ja nicht gesagt, dass ich das Bett hüten müsse. Er war erstaunt, dass ich noch nicht nach Westerbork zurückgegangen war. Aber was geht mich der Doktor an? Und wenn hundert Ärzte dieser Welt mich für kerngesund erklären, wenn eine innere Stimme mir sagt, dass ich nicht gehen darf, nun, dann darf ich nicht gehen. Ich werde warten, ob du mir noch ein Zeichen gibst, mein Gott, ich nehme mir jetzt fest vor, zu gehen. Ich bin zu Verhandlungen bereit: Kommst du mir entgegen? Darf ich nächsten Mittwoch für zwei Wochen zurück nach der Heide, und wenn es mir dann immer noch nicht gut geht, will ich hierbleiben und gesund werden. Lässt du dich auf einen solchen Handel ein? Ich glaube kaum. Und doch möchte ich gern nächsten Mittwoch gehen. Und alle Motive, um derentwillen ich gehen will, haben wahrhaftig triftige Gründe. Ich werde jetzt schlafen gehen. Ich habe noch längst nicht alles mit dir besprochen. Nun ja, ich weiß schon, meine ursprüngliche, tiefe Geduld hat mich verlassen. Aber ich weiß, dass sie wieder zur Stelle sein wird, wenn ich sie brauche. Und meine Ehrlichkeit wird mir wohl immer bleiben. Auch wenn es jetzt sehr schwierig ist.

Ich lasse mir bis zum Sonntag Zeit, wenn sich dann herausstellt, dass es nicht nur ein vorübergehendes Schwindelgefühl ist, werde ich wohl vernünftig sein müssen und hierbleiben. Ich gebe mir drei Tage. Aber dann muss ich mich ruhig verhalten. Mädchen, mach keinen Unsinn! Verlebe nicht in ein paar Wochen ein ganzes Leben. Die Menschen, die du erreichen sollst, wirst du bestimmt erreichen. Es kommt doch nicht auf die paar Wochen an, setze doch nicht dein kostbares Leben aufs Spiel. Du sollst die Götter nicht mutwillig herausfordern, sie haben alles so prächtig für dich in Ordnung gebracht, pfusche ihnen jetzt nicht ins Handwerk. Ich gebe mir noch drei Tage.

Später. Ich habe das Gefühl, dass mein Leben dort noch nicht beendet ist, es ist noch kein abgeschlossenes Ganzes. Ein Buch, und was für ein Buch, in dessen Mitte ich stecken geblieben bin. Ich möchte so gern weiterlesen. An manchen Augenblicken kam es mir vor, als sei mein ganzes Leben nur eine Vorbereitung gewesen für das Leben in jener Gemeinschaft, obwohl ich immerzu abgeschieden gelebt habe.

Später. Blüten und Früchte tragen auf jedem Fleck Erde, wohin man gepflanzt wird, wäre das nicht ein Ziel? Und müssen wir nicht mithelfen, dieses Ziel zu verwirklichen?

Ich denke schon, dass ich es lernen werde. Man muss auf alle Namen verzichten, die nur für Fachleute etwas bedeuten. Ob man nun sagt: Magenbluten oder Magengeschwür oder Blutarmut, man braucht nicht zu wissen, wie es heißt, um Bescheid zu wissen. Ich werde wahrscheinlich einige Zeit lang liegen müssen, aber ich habe keine Lust dazu, ich denke mir die schönsten Vorwände aus, um mir selber einzureden, es sei nicht schlimm und ich könne am Mittwoch durchaus abreisen. Es bleibt dabei: Ich gebe mir selbst noch drei Tage, und wenn ich dann noch ebenso umschlossen bin von dem Harnisch aus Schwäche, den ich jetzt um mich spüre, dann gebe ich es vorläufig auf, das heißt, dann gehe ich mein vorwitziges Programm auf. Und wenn ich mich am Montag wieder fit fühle? Dann gehe ich zu Neuberg und sage auf die mir eigene zuvorkommende Weise – o ja, ich sehe mich schon da stehen und mit dem neuen, goldgeränderten Zahn aus Porzellan lächeln – Herr Doktor, ich bin gekommen, um mit Ihnen wie mit einem Freund zu reden. Sehen Sie, die Sache ist so, ich möchte so gern fortgehen, glauben Sie, man könne das verantworten? Und ich weiß jetzt schon, dass er »ja« sagen wird, so suggestiv werde ich es ihm vortragen. Ich werde ihn die Antwort geben lassen, die ich gern hören möchte. So also handeln die Menschen. Sie benutzen den anderen, um sich selbst von etwas zu überzeugen, an das sie im Grunde ihres Herzens nicht glauben. Man benutzt den anderen als Instrument, um die eigene innere Stimme zu übertönen. Wenn doch jeder auf seine innere Stimme hören, sie nur einmal in sich selbst erklingen lassen wollte – es gäbe eine Menge Chaos weniger.

Ich glaube, dass ich es noch lernen werde, meinen Anteil, worin er auch bestehen mag, auf mich zu nehmen. Ich habe an dem einen Vormittag, an dem ich krank zu Bett lag, schon viel gelernt.

Immer wieder überkommt mich eine Art Zufriedenheit, wenn ich sehe, wie ein scharfsinnig ausgedachter menschlicher Plan sich plötzlich als eitel erweist. Wir hätten heiraten sollen, die Not der Zeit hätten wir zusammen sicherlich ertragen. Jetzt liegt ein ausgemergelter Körper unter einem Stein – wie wohl dieser Stein aussehen mag – im entferntesten Eckchen des großen, mit Blumen geschmückten Zorgvlied-Friedhofs, und ich liege in einem Harnisch aus Schwäche in dieser kleinen Kammer, die nun schon seit fast sechs Jahren mein Zimmer ist. Eitelkeit der Eitelkeiten. Nicht eitel war jedoch die Entdeckung in mir selbst, dass ich imstande war, mich ganz zu jemandem zu bekennen, mich an ihn zu binden und die Not mit ihm zu teilen – das war keine Eitelkeit. Und im Übrigen? – hat er für mich den geraden Weg zu Gott freigemacht, nachdem er zuerst diesen Weg mit seinen unvollkommenen Menschenhänden gebahnt hatte? Nein, Mädchen, so wie dein Körper da unter den Decken sich anfühlt, das gefällt mir nicht.

Unbeweglich sein zu müssen, ist sehr schlimm. Und wie beweglich war ich, mein Gott, wie war ich beweglich. Ich war selbst erstaunt und erfreut darüber, wie flink ich auf deinen unbekannten Wegen mit einem Rucksack auf meinem angeübten Rücken dahinging. Es war für mich ein großes Wunder. Plötzlich hatten sich Ausfallstore für mich aufgetan in eine »Welt«, zu der es, wie ich glaubte, für mich keinen Zugang gab. Und nun war der Zugang für mich da. Aber jetzt bin ich wirklich krank, wie ich ganz ehrlich gestehe. Ich gebe dir noch 2½ Tage.

Ich werde sie später alle suchen, all die Tausende einzeln aufsuchen, deren Name dort auf dem Heidefeld durch meine Hände gegangen ist. Und wenn ich sie nicht finde, dann werde ich ihre Gräber finden. Ich werde nicht mehr ruhig an meinem Schreibtisch hier sitzen können. Ich will durch die Welt ziehen, um mit eigenen Augen zu sehen und mit eigenen Ohren zu hören, wie es allen ergangen ist, die wir haben gehen lassen.

Ende des Nachmittags. Ein bisschen durchs Haus spaziert. Ach wer weiß, vielleicht ist es doch nicht so schlimm, es ist wohl nur die übliche Blutarmut, die ich auch dort mit einem Tränklein wieder hinkriege. Und übrigens: Der Mensch darf nicht kurzsichtig sein und sich nicht zu kurze Fristen setzen.

Und nun werde ich offensichtlich *»gesperrt«.* Jetzt wollte ich vermutlich vor Freude einen Luftsprung machen, fragte ich den Notar mit dem einen kürzeren Bein. Ich will die vielen Papiere, um die sich die Juden untereinander bis aufs Blut bekämpfen, ja gar nicht haben, warum fallen sie mir dann von selbst zu? In alle Lager von ganz Europa möchte ich kommen, an allen Fronten möchte ich sein, ich will gar nicht in sogenannter Sicherheit sein, ich will doch dabei sein, ich will an allen Orten, wo ich bin, ein wenig Verbrüderung zwischen den sogenannten Feinden stiften, ich will begreifen, was geschieht, ich möchte, dass so viele Menschen, wie ich erreichen kann – und ich weiß, dass ich viele Menschen erreichen kann, mach mich gesund, mein Gott – das Weltgeschehen aus meiner Sicht begreifen können.

Samstagmorgen, halb 7, im Badezimmer. Ich fange an, unter Schlaflosigkeit zu leiden, das darf nicht sein. In aller Frühe bin ich aus dem Bett gesprungen und an meinem Fenster niedergekniet. Totenstill stand der Baum im grauen, unbewegten Morgen da. Und ich habe gebetet: Gott, gib mir dieselbe große und mächtige Ruhe in meinem Inneren, die auch deiner Natur eigen ist. Wenn du mich leiden lassen willst, gib mir dann das große, alles umfassende Leiden, aber erspare mir die tausend verzehrenden kleinen Sorgen, die von einem Menschen nichts übrig lassen. Gib mir Ruhe und Vertrauen. Lass jeden Tag für mich aus mehr bestehen, als nur aus tausend Sorgen um das alltägliche Dasein. All die Sorgen, die wir uns um das Essen, um die Kleidung, um die Kälte, um unsere Gesundheit machen, sind das nicht ebenso viele Zeichen von Misstrauen gegen dich, mein Gott? Für die du uns sofort bestrafst? Mit Schlaflosigkeit und einem Leben, das eigentlich kein Leben mehr ist? Ich will noch ein paar Tage ruhig liegen bleiben, aber danach will ich ein einziges großes Gebet sein. Eine einzige große Ruhe. Ich muss wieder die Ruhe in mir tragen. »Patientin muss ein ruhiges Leben führen.« Sorge du für meine Ruhe, mein Gott, an jedem Ort. Es kann sein, dass ich die Ruhe nicht mehr fühle, weil ich möglicherweise die falschen Dinge tue. Vielleicht, ich weiß es nicht. Ich bin so sehr ein Mensch der Gemeinschaft, mein Gott, ich habe nie gewusst, wie sehr. Ich will mitten unter den Menschen und ihren Ängsten sein, ich will alles selber sehen und begreifen und später nacherzählen.

Aber ich möchte so gern gesund sein. Ich grüble jetzt zu viel über meine Gesundheit nach, und das ist natürlich nicht gut. Lass dieselbe große Unbewegtheit in mir sein, die heute früh in deinem grauen Morgen war. Lass meinen Tag aus mehr bestehen als nur aus Sorgen um den Körper. Das ist immer mein letztes Heilmittel, aus dem Bett springen und in einer stillen Zimmerecke niederknien. Ich will dich auch nicht zwingen, mein Gott: Mach mich in zwei Tagen gesund. Ich weiß, dass alles langsam wachsen muss, dass es ein langwieriger Prozess ist. Es ist jetzt kurz vor 7 Uhr. Ich werde mich von Kopf bis Fuß mit kaltem Wasser waschen und mich dann wieder ins Bett legen und still liegen, totenstill. Ich werde nicht mehr in dieses Heft schreiben und versuchen, nur still dazuliegen und ein Gebet zu sein. Es ist schon so oft vorgekommen, dass ich mich ein paar Tage lang so elend fühlte, dass ich glaubte, mich wochenlang nicht erholen zu können, und dann war nach ein paar Tagen alles wieder weg. Aber jetzt verhalte ich mich nicht richtig, ich will etwas erzwingen. Wenn es einigermaßen möglich ist, möchte ich am Mittwoch gern reisen. Ich weiß wohl: So wie ich jetzt bin, hat die Gemeinschaft nicht viel an mir, ich möchte gern wieder gesünder sein. Ich darf die Dinge nicht wollen, ich muss die Dinge in mir geschehen lassen, und dazu bin ich jetzt nicht imstande. Nicht ich will, sondern dein Wille geschehe.

Etwas später. Natürlich, es ist die vollständige Vernichtung! Aber lasst sie uns doch mit Würde ertragen.

Es ist kein Dichter in mir, es ist nur ein Teilchen von Gott in mir, das zum Dichter heranwachsen könnte.

In solch einem Lager sollte es einen Dichter geben, der das Leben dort, auch dort, als Dichter erlebt und davon singen kann.

Wenn ich nachts auf meiner Pritsche lag, mitten zwischen leise schnarchenden, laut träumenden, still vor sich hin weinenden und sich: wälzenden Frauen und Mädchen, die tagsüber so oft sagten: »Wir wollen nicht denken«, »wir wollen nichts fühlen, sonst werden wir verrückt«, dann war ich oft unendlich bewegt, ich lag wach und ließ die Ereignisse, die viel zu vielen Eindrücke eines viel zu langen Tages im Geist an mir vorbeiziehen und dachte: Lass mich dann das denkende Herz dieser Baracke sein. Ich will es wieder sein. Ich möchte das denkende Herz eines ganzen Konzentrationslagers sein. Ich liege jetzt hier geduldig und bin zur Ruhe gekommen, ich fühle mich auch besser, nicht weil ich es erzwingen will, sondern wirklich besser. Ich lese Rilkes Briefe *»Über Gott«*, jedes Wort ist bedeutungsschwer für mich, ich hätte sie selber schreiben können, das heißt, wenn ich sie geschrieben hätte, hätte ich sie so und nicht anders geschrieben. Ich habe jetzt auch wieder die Kraft zum Gehen; ich denke nicht mehr nach über Pläne und Risiken, komme was kommen mag, wie es kommt, wird es gut sein.

Samstagnachmittag, 4 Uhr. Nun wehre ich mich nicht länger. Ich sehe mich schon am Mittwoch auf wackligen Beinen dahingehen.

Es ist sehr ärgerlich. Und doch bin ich dankbar, dass ich hier in Ruhe krank liegen darf und dass man mich versorgen will. Ich muss erst wieder ganz gesund werden, sonst falle ich der Gemeinschaft nur zur Last. Ich glaube, dass ich doch ein bisschen krank bin, krank von Kopf bis Fuß und eingezwängt in einen Harnisch von Schwäche und Schwindligkeit.

Ich darf aber nicht kindisch und ungeduldig sein. Warum beeile ich mich so, die Not mit den anderen hinter Stacheldraht zu teilen? Und was bedeuten schon 6 Wochen in einem ganzen Leben? Um meinen Kopf spannt sich ein eisernes Band, das Gewicht einer ganzen Stadt voller Trümmer lastet darauf. Ich möchte nicht gern ein krankes, welkes Blatt sein, das vom Stamm der Gemeinschaft herabfällt.

3. Oktober, Samstagabend, 9 Uhr. Wenn du wirklich gesund werden willst, musst du anders leben, als du es jetzt tust. Du solltest tagelang nichts reden, dich in dein Zimmer einschließen und keinen Menschen hereinlassen. Es ist nicht gut, so wie du dich jetzt verhältst. Vielleicht wirst du noch mal vernünftig.

Man sollte immer beten, Tag und Nacht, für all die Tausende. Man sollte keine Minute ohne Gebet sein wollen.

Ich weiß, dass ich einst die Gabe der Beredsamkeit haben werde.

4. Oktober, Sonntagabend. Heute Morgen zuerst Tide; nachmittags Prof. Becker. Später Jopie Smelik.[29] Mit Han gegessen. Taumelig und schwach. Gott, du hast mir so viel Kostbares zum Aufbewahren gegeben, lass mich gut darauf aufpassen und es gut verwalten. Das viele Reden mit den Freunden tut mir im Augenblick nicht gut. Ich verausgabe mich dabei völlig. Ich bin noch nicht stark genug, um mich zurückzuziehen. Irgendwann einmal das richtige Gleichgewicht zwischen meiner introvertierten und extravertierten Seite zu finden ist meine große Aufgabe. Beide sind gleich stark in mir. Ich habe gern Kontakt mit Menschen. Mir ist, als würde ich durch meine intensive Aufmerksamkeit das Beste und Tiefste aus ihnen hervorlocken, sie öffnen sich mir, jeder Mensch ist für mich eine Geschichte, die das Leben selbst mir erzählt. Und meine Augen brauchen nur begeistert zu lesen. Das Leben vertraut mir so viele Geschichten an, ich werde sie weitererzählen müssen und sie jenen Menschen nahebringen, die nicht so unmittelbar aus dem Leben zu lesen vermögen. Gott, du hast mir die Gabe verliehen, dass ich lesen kann, wirst du mir auch die Gabe schenken, schreiben zu können?

Auf einmal plötzlich mitten in der Nacht. Gott und ich sind als Einzige übrig geblieben. Es gibt sonst niemand mehr, der mir helfen kann. Ich habe eine Verantwortung,

---

[29] Johanna Smelik, die Tochter von Klaas, nicht zu verwechseln mit Jopie Vleeschouwer.

aber ich habe sie mir noch nicht auf beide Schultern geladen. Ich spiele noch zu sehr und bin undiszipliniert. Ich fühle mich dadurch keineswegs verarmt, sondern vielmehr bereichert und ruhig. Gott und ich sind nun ganz allein übrig geblieben.

8. Oktober, Donnerstagnachmittag. Ich bin jetzt krank, ich kann nichts dafür. Später werde ich alle Tränen und Schrecken davon einsammeln. Eigentlich tue ich das schon hier im Bett. Vielleicht ist mir deshalb so schwindlig und fiebrig? Ich will nicht die Chronistin von Gräueltaten werden. Auch nicht von Sensationen. Heute Morgen sagte ich noch zu Jopie: »Und dennoch komme ich immer wieder zu demselben Schluss: Das Leben ist schön. Und ich glaube an Gott. Und ich will mittendrin in alldem sein, was die Menschen ›Gräueltaten‹ nennen, und dann noch sagen: das Leben ist schön.«

Und jetzt liege ich abseits in einer Ecke mit Schwindelanfällen und Fieber und kann nichts tun. Vorhin wurde ich wach, fühlte mich ganz ausgetrocknet und griff nach dem Glas Wasser, und ich war so dankbar für den einen Schluck Wasser und dachte: Wenn ich nur dort herumgehen könnte, um einigen Menschen von den zusammengepferchten Tausenden einen Schluck Wasser zu geben. Immer wieder überkommt mich dasselbe Gefühl: Ach, so schlimm ist es ja gar nicht, sei bloß still, es ist nicht so schlimm, sei nur still. Wenn wieder einmal eine weinende Frau an einem Tisch in unserer Registratur saß oder ein hungriges Kind, dann ging ich hin und stellte mich schützend hinter sie, die Arme vor der Brust gekreuzt, lächelte ein wenig und sagte still in mir zu dem zusammengesunkenen und verzagten Häuflein Mensch: Es ist ja alles nicht so schlimm, es ist wirklich nicht so schlimm. Und ich blieb stehen und war nur da, denn tun konnte man ohnehin nichts. Manchmal setzte ich mich neben jemand hin und legte den Arm um eine Schulter, redete nicht viel, sondern sah nur in das Gesicht. Nie war mir etwas fremd, jede Äußerung menschlichen Kummers war mir vertraut. Alles kam mir so bekannt vor, als wüsste ich alles schon und hätte es früher einmal selbst durchgemacht. Manche Leute sagen zu mir: »Du musst ja eiserne Nerven haben, dass du das aushältst.« Ich glaube nicht, dass ich eiserne Nerven habe, sondern vielmehr sehr empfindliche, aber »aushalten« kann ich es trotzdem. Ich getraue mich, jedem Leiden aufrecht ins Auge zu sehen, ich fürchte mich nicht davor. Und immer wieder am Ende jedes Tages das Gefühl: Ich liebe die Menschen so sehr. Ich fühlte nie Erbitterung über das, was ihnen angetan wurde, sondern liebte die Menschen für ihre Art, wie sie das Leid zu ertragen wussten, es dennoch zu ertragen wussten, obwohl sie innerlich kaum darauf vorbereitet waren, überhaupt etwas zu ertragen. Der blonde Max mit dem kahl geschorenen Kopf, auf dem schon wieder leichter Flaum wuchs, und den sanften blauen Träumeraugen. Er war in Amersfoort so misshandelt worden, dass er nicht weiter »auf Transport« konnte und in einem Krankenhaus zurückblieb. Eines Abends erzählte er die ausführliche Geschichte seiner Misshandlungen. Andere werden später über diese Einzelheiten Buch führen müssen, das wird wohl nötig sein, um die vollständige Geschichte dieser Zeit der Nachwelt zu überliefern. Ich habe keinen Bedarf an vielen Details.

Am nächsten Tag. Vater kam überraschend, und es gab viel Aufregung. »Scheinheilige Klosterschülerin« und »Donquichotterie« und »Herr, lass mich nicht verlangen, dass ich verstanden werden will, sondern mache, dass ich verstehe«.

Es ist jetzt 11 Uhr vormittags. Jopie dürfte jetzt wohl schon in Westerbork angekommen sein. Es kommt mir vor, als wäre dort nun ein Teil von mir. Ich habe mich heute Morgen wieder durch eine große Ungeduld und Mutlosigkeit hindurchgerungen wegen der Rückenschmerzen und des schweren Gefühls in meinen Beinen, die so gern in die Welt hinausziehen möchten, das aber noch nicht können. Es wird schon werden. Man darf nicht so materialistisch sein. Und wenn ich hier liege, ziehe ich denn da nicht auch durch die Welt?

Durch mich hindurch fließen breite Flüsse, in mir erheben sich hohe Gebirge. Und hinter dem Gestrüpp meiner Unruhe und Verwirrungen erstrecken sich die breiten Ebenen der Ruhe und Ergebung. Alle Landschaften sind in mir vorhanden. Und es ist auch für alles Platz. Die Erde ist in mir, und auch der Himmel ist in mir. Und dass die Menschen so etwas wie eine Hölle haben erfinden können, ist mir auch vollkommen verständlich. Ich erlebe nun nie mehr die Hölle in mir selbst – ich habe sie früher für ein ganzes Leben im Voraus erlebt –, aber die Hölle der anderen kann ich sehr intensiv miterleben. Das muss so sein, sonst würde man vielleicht selbstgefällig werden.

Und so paradox es vielleicht klingen mag: Wenn man seinen Sinn allzu hartnäckig darauf richtet, mit einem geliebten Mitmenschen körperlich zusammen zu sein, wenn man all seine Kräfte im Verlangen nach diesem Menschen vergeudet, dann fügt man ihm eigentlich ein Unrecht zu. Denn dann hat man kaum noch Kraft übrig, um in der Wirklichkeit mit ihm zusammen zu sein.

Ich werde wieder den hl. Augustinus lesen. Er ist so streng und feurig. Und so leidenschaftlich und voller Hingabe in seinen Liebesbriefen an Gott. Eigentlich sind das die einzigen Liebesbriefe, die man schreiben sollte: Liebesbriefe an Gott. Ist es sehr überheblich, wenn ich von mir behaupte, ich hätte zu viel Liebe in mir, um sie nur einem einzigen Menschen geben zu können? Ich finde den Gedanken ziemlich kindisch, dass man sein ganzes Leben lang nur einen einzigen Menschen lieben dürfe und sonst niemand. Darin ist etwas ganz Armseliges und Dürftiges. Kann man es für immer erlernen, dass die Liebe zu den Menschen viel mehr Glück bringt und fruchtbarer ist als die Liebe zum anderen Geschlecht, die zu Lasten der Gemeinschaft geht?

Ich falte die Hände mit einer Gebärde, die mir lieb geworden ist, und sage närrische und ernsthafte Dinge im Dunkeln zu dir und erflehe einen Segen über dein ehrliches, liebes Haupt, all das zusammen könnte man mit einem Wort »beten« nennen. Gute Nacht, mein Lieber!

Samstagabend. Ich glaube, ich kann alles in diesem Leben und in dieser Zeit tragen und verarbeiten.

Und wenn mein Ungestüm zu groß ist und ich mir keinen Rat mehr weiß, dann bleiben mir noch immer die gefalteten Hände und das gebeugte Knie. Es ist eine Gebärde, die für uns Juden nicht von einem Geschlecht auf das andere überliefern wurde. Ich habe sie mühsam erlernen müssen. Es ist mein kostbarstes Erbteil von jenem Mann, dessen Namen ich schon fast vergessen habe, aber dessen bester Teil in mir weiterlebt.

Was war das doch für eine sonderbare Geschichte, die ich ausgedacht habe: Von dem Mädchen, das nicht knien konnte. Oder als Variation: Von dem Mädchen, das beten lernte. Es ist meine intimste Gebärde, intimer als jede andere Gebärde im Zusammensein mit einem Mann. Man kann doch nicht seine ganze Liebe über einen einzigen Menschen ausgießen?

Sonntags, zwischen zwei Mittagsschläfchen. Ich werde mir immer stärker bewusst, dass in mir ein Stoff vorhanden ist, oder wie immer ich das nennen soll, der ein eigenes Leben führt und aus dem ich Dinge gestalten kann. Aus diesem Stoff kann ich vielerlei Leben erschaffen, die alle aus mir gespeist werden. Ich beherrsche den Stoff noch lange nicht gut genug. Vielleicht habe ich noch zu wenig Vertrauen zu seinem Eigenleben. Ich selbst habe nichts anderes zu bieten als den Raum, in dem diese Leben sich entfalten können, und kann ihnen nichts anderes leihen als meine Hand, die die Feder führt, um diese Leben mit ihren eigenen Einsichten und Erfahrungen zu schildern.

12.10.42. Viele Eindrücke liegen wie funkelnde Sterne auf dem dunklen Samt meiner Erinnerung.

Das Alter der Seele ist ein anderes als das Alter, das im Standesamt eingetragen ist. Ich glaube, dass die Seele bei der Geburt bereits ein bestimmtes Alter hat, das sich nicht mehr ändert. Man kann mit einer Seele geboren werden, die 12 Jahre alt ist. Man kann auch mit einer tausendjährigen Seele geboren werden, und es gibt manche 12-jährige Kinder, denen man anmerkt, dass ihre Seele 1000 Jahre alt ist. Ich halte die Seele für jenen Teil des Menschen, der ihm am wenigsten bewusst ist, vor allem bei den Westeuropäern, ich glaube, dass der östliche Mensch viel stärker mit seiner Seele »lebt«. Der Mensch des Westens weiß nicht viel mit ihr anzufangen und schämt sich seiner Seele, als wäre sie etwas Unsittliches. Seele ist wieder etwas anderes als das, was wir »Gemüt« nennen. Es gibt Menschen, die zwar viel »Gemüt« haben, aber nur wenig Seele.

Gestern erkundigte ich mich bei Maria über jemand: »Ist sie intelligent?«

»Ja«, antwortete Maria, »aber nur in ihrem Gehirn«. S. sagte immer über Tide: »Sie hat *›seelische Intelligenz‹*.«

Wenn S. und ich manchmal über den großen Altersunterschied zwischen uns sprachen, sagte er immer: *»Wer sagt mir, dass Ihre Seele nicht älter ist als meine.«*

Manchmal bricht plötzlich überall die Dankbarkeit in vollen Flammen in mir aus, wenn, wie jetzt, die Freundschaften und Menschen des vergangenen Jahres in überwältigender und ganzer Größe vor mir erstehen. Und jetzt bin ich, was man krank und blutarm und mehr oder weniger bettlägerig nennt, und doch ist jede Minute ausgefüllt und fruchtbar, wie soll das erst werden, wenn ich wieder gesund bin? Ich muss es dir immer wieder aufs Neue zujubeln, mein Gott: Ich bin dir so dankbar, dass du mir ein solches Leben schenken willst.

Eine Seele ist etwas, das aus Feuer und Bergkristall gemacht ist. Sie ist etwas ganz Strenges und alttestamentarisch Hartes, aber auch so zart wie die Gebärde, mit der seine Fingerspitzen manchmal behutsam meine Wimpern streichelten.

Abends. Und dann kommen wieder Augenblicke, in denen das Leben so entmutigend und schwer ist. Dann bin ich ungestüm und ruhelos und müde zur gleichen Zeit. Heute Nachmittag Momente sehr starken schöpferischen Erlebens. Und jetzt ein Zustand der Erschöpfung wie nach einem Orgasmus.

Und jetzt habe ich nichts anderes zu tun als dies: bewegungslos unter meinen Decken zu liegen und geduldig zu sein, bis die Mutlosigkeit und die Betäubung wieder von mir weichen. Früher stellte ich in einem solchen Zustand verrückte Dinge an: mit Freunden trinken oder über Selbstmord nachdenken oder nächtelang wahllos in hundert verschiedenen Büchern herumlesen.

Man muss sich auch damit abfinden, dass man seine *»unschöpferischen«* Momente hat; je ehrlicher man es sich eingesteht, desto rascher ist so ein Moment vorbei. Man muss den Mut zu einer Pause haben. Man muss auch einmal leer und mutlos sein dürfen. – Gute Nacht, lieber Sanddorn.

Früh am nächsten Morgen. Ich mähe mit einem kleinen Bleistift wild um mich wie mit einer Sense, kann aber die vielen Gewächse meines Geistes nicht fällen.

»Manche Menschen trage ich in mir wie Blütenknospen und lasse sie in mir aufblühen. Andere trage ich wie Geschwüre in mir, so lange, bis sie aufbrechen und eitern« (Frans Bierenbach). *»Vorwegnehmen«*. Ich kenne kein gutes holländisches Wort dafür. So wie ich hier seit gestern Abend liege, bewältige ich ständig ein bisschen von dem vielen Leiden, das in der ganzen Welt bewältigt werden muss. Ich bringe im Voraus einen Teil der vielen Leiden des kommenden Winters unter Dach. Doch das geht nicht auf einmal. Heute wird es ein schwerer Tag für mich werden. Ich bleibe still liegen und *»nehme«* etwas *»vorweg«* von all den schweren Tagen, die noch kommen werden.

Wenn ich leide um die Wehrlosen, ist es dann nicht um das Wehrlose, das in mir selbst ist?

Ich habe meinen Körper wie Brot gebrochen und unter den Männern ausgeteilt. Warum auch nicht, sie waren ja so hungrig und hatten schon so lange darben müssen?

Immer wieder komme ich auf Rilke zurück. Es ist sonderbar, er war ein empfindsamer Mensch und schrieb viele seiner Werke innerhalb der Mauern gastfreundlicher Schlösser, und er wäre möglicherweise zugrunde gegangen unter den Umständen, unter denen wir heute leben müssen. Aber zeugt es nicht von einer guten Ökonomie, dass sensitive Künstler in ruhigen Zeiten und unter günstigen Umständen ungestört nach der schönsten und passendsten Form für ihre tiefsten Erkenntnisse suchen können, an denen sich Menschen, die in bewegteren und kräftezehrenden Zeiten leben, aufrichten können und in denen sie ein fertiges Gehäuse vorfinden für ihre Verwirrung und ihre Fragen, die noch zu keiner eigenen Form und Lösung gelangt sind, weil die tägliche Energie für die täglichen Nöte aufgebraucht wird? In schweren Zeiten pflegt man gelegentlich mit einer verächtlichen Geste die geistigen Errungenschaften von Künstlern aus sogenannten leichteren Zeiten (Künstler-Sein ist doch an sich schon so schwer?) über Bord zu werfen mit der Bemerkung: Was sollen wir denn jetzt damit anfangen?

Das ist vielleicht verständlich, aber es ist kurzsichtig. Und eine ungeheure Verarmung.

Man möchte ein Pflaster auf vielen Wunden sein.

Briefe aus Westerbork

3. Juli 43, Westerbork

Jopie, Klaas, liebe Freunde,

ich entfessle hier auf meinem dritten, obersten Bett in aller Eile noch eine wahre Schreiborgie, in ein paar Tagen geht die Schranke für unsere unbegrenzte Schreiberei nieder, dann werde ich zur »Lagerinsassin« und darf nur noch alle 14 Tage einen Brief schreiben, den ich geöffnet abliefern muss. Und ich möchte noch über einige Kleinigkeiten mit euch sprechen. Habe ich wirklich einen Brief geschrieben, in dem es so aussah, als ob ich keinen Mut mehr hätte? Ich kann es mir kaum vorstellen. Es gibt zwar manchmal Augenblicke, in denen man glaubt, nicht mehr weiterzukönnen. Aber es geht immer weiter, wie man allmählich nun schon weiß, aber die Landschaft ringsherum erscheint dann plötzlich verändert: Der Himmel hängt tief und schwarz, im Lebensgefühl finden große Verschiebungen statt, und das Herz ist ganz grau und tausend Jahre alt. Aber es ist nicht immer so. Der Mensch ist etwas Seltsames. Das Elend, das hier herrscht, ist wirklich unbeschreiblich. Wir hausen in den großen Baracken wie Ratten in einem Abwasserkanal. Man sieht viele dahinsterbende Kinder. Aber man sieht auch viele gesunde Kinder. Vorige Woche kam in der Nacht ein Gefangenentransport bei uns durch. Wachsbleiche und durchsichtige Gesichter. Ich habe noch nie so viel Erschöpfung und Müdigkeit auf Menschengesichtern gesehen wie in jener Nacht. In dieser Nacht wurden sie bei uns »durchgeschleust«: Registratur, nochmals Registratur, Durchsuchung durch halbwüchsige NSB-Burschen,[30] Quarantäne, an sich

[30] NSB: National-Sozialistische Bewegung, während der deutschen Besetzung

schon ein kleiner Leidensweg von Stunden und Stunden. Am frühen Morgen werden die Menschen in leere Güterwaggons gepfercht. Dieser Zug wurde noch in Holland beschossen, deshalb der Aufenthalt. Und dann weitere drei Tage lang in Richtung Osten. Papiermatratzen auf dem Boden für die Kranken. Im Übrigen kahle Waggons mit einer Tonne in der Mitte. Ungefähr 70 Menschen in einem geschlossenen Waggon. Man darf nur einen Brotbeutel mitnehmen. Ich frage mich, wie viele lebend ankommen. Und meine Eltern bereiten sich auf einen solchen Transport vor, falls es nicht doch unerwartet mit Barneveld klappt. Neulich ging ich ein wenig mit Vater in der staubigen Sandwüste spazieren, er ist ganz herzlich und lieb und von einer schönen Gelassenheit. Er sagte sehr freundlich und ruhig wie beiläufig: »Eigentlich würde ich am liebsten schnell nach Polen kommen, dann habe ich es umso rascher überstanden, in drei Tagen bin ich tot, es hat ja doch keinen Sinn mehr, dieses menschenunwürdige Dasein fortzusetzen. Und warum sollte mir nicht auch geschehen, was tausend anderen geschieht?« Später lachten wir beide über die passende Landschaft, sie sieht oft wie eine Wüste aus trotz der lila Lupinen, Kuckucks-Lichtnelken und zierlichen Vögel, die Möwen ähneln. »Die Juden in der Wüste, diese Landschaft kennen wir noch von früher.« Siehst du, das kommt einen hart an, so ein freundlicher kleiner Vater, dass man ab und zu am liebsten verzagen möchte. Aber das sind nur Stimmungen. Manchmal ist es auch anders, dann lachen wir beide und wundern uns über vielerlei. Wir begegnen hier vielen Familienmitgliedern, die wir seit

---

geduldete und geförderte deutschfreundliche Partei; aus ihr bildete sich eine niederländische SS.

Jahren nicht gesehen haben, Rechtsanwälten, einem Bibliothekar usw. hinter Schubkarren voll Sand, in verschmutzten, schlecht sitzenden Overalls, wir blicken uns nur kurz an und sagen nicht viel. Ein junger, trauriger Militärpolizist sagte in einer Transportnacht zu mir: »Ich nehme in einer solchen Nacht fünf Pfund ab und darf hier nur hören, sehen und schweigen.« Und deshalb schreibe ich lieber nicht zu viel. Aber ich bin abgeschweift. Ich wollte nur dies sagen: Das Elend ist wirklich groß, und dennoch laufe ich oft am späten Abend, wenn der Tag hinter mir in die Tiefe versunken ist, mit federnden Schritten am Stacheldraht entlang, und dann quillt es mir immer wieder aus dem Herz herauf – ich kann nichts dafür, es ist nun einmal so, es ist von elementarer Gewalt –: Das Leben ist etwas Herrliches und Großes, wir müssen später eine ganz neue Welt aufbauen – und jedem weiteren Verbrechen, jeder weiteren Grausamkeit müssen wir ein weiteres Stückchen Liebe und Güte gegenüberstellen, das wir in uns selbst erobern müssen. Wir dürfen zwar leiden, aber wir dürfen nicht darunter zerbrechen. Und wenn wir diese Zeit unversehrt überleben, körperlich und seelisch unversehrt, aber vor allem seelisch, ohne Verbitterung, ohne Hass, dann haben wir auch das Recht, nach dem Krieg ein Wort mitzureden. Vielleicht bin ich eine ehrgeizige Frau: Ich möchte ein sehr kleines Wörtchen mitreden.

Du sprichst über Selbstmord und über Mütter und Kinder. Ja, gewiss, ich kann mir alles vorstellen, aber ich halte das für ein unersprießliches Thema. Alles Leiden hat eine Grenze, vielleicht erhält ein Mensch doch nicht mehr zu tragen, als er ertragen kann – und wenn eine Grenze erreicht ist, stirbt er ganz von selbst. Ab und zu sterben hier Menschen an gebrochenem Geist, weil sie den Sinn nicht mehr erkennen können, junge Menschen. Die ganz alten Leute wurzeln noch stärker im Boden und nehmen ihr Schicksal würdig und gelassen hin. Ach, man sieht hier so viele Arten von Menschen und beurteilt sie nach ihrer Haltung gegenüber den schwersten und letzten Fragen …

Ich will mal versuchen, euch zu beschreiben, wie mir zumute ist, ich weiß nicht, ob das Bild stimmt. Wenn eine Spinne ihr Netz webt, wirft sie dann nicht die Hauptfäden vor sich aus und klettert selbst hinterher? Der Hauptweg meines Lebens erstreckt sich ein gutes Stück vor mir aus und reicht bis in eine andere Welt. Es ist, als ob alles, was hier geschieht und noch geschehen wird, bereits irgendwo in mir abgebucht wäre, ich habe es verarbeitet und durchlebt und baue bereits mit an einer Gesellschaft nach der jetzigen. Das Leben hier kostet mich nicht viel von meiner wesentlichen Kraft – körperlich wird man zwar etwas mitgenommen und ist oft bodenlos traurig –, aber im Innersten wird man immer stärker. Ich wünsche, dass es euch und allen meinen Freunden ebenso ergeht, es ist nötig, wir haben noch viel Gemeinsames zu erleben und müssen viel zusammen arbeiten. Und deshalb rufe ich euch zu: Bleibt auf eurem inneren Posten, wenn ihr je einen solchen bezogen habt, und seid bitte nie verzweifelt oder traurig um meinetwillen, es gibt keinen Grund dafür. Die Levies haben es schwer, aber sie gehören auch zu dem Menschenschlag, der sich trotz schwacher Gesundheit zu helfen weiß und viel innere Reserven hat. Die Kinder sind manchmal sehr schmutzig, das größte Problem ist hier die Hygiene. In einem anderen Brief schreibe ich mehr darüber. Ich lege einen Zettel bei, den ich für Vater und Mutter angefangen hatte, aber dann nicht mehr wegzuschicken brauchte; vielleicht steht etwas für euch darin.

Einen Wunsch habe ich noch, falls ihr das nicht zu unbescheiden findet: ein Kopfkissen, z. B. ein altes Sofakissen, das Stroh ist auf die Dauer doch ein bisschen hart. Aber aus der Provinz darf man nur Briefpäckchen bis zu 2 kg schicken, vielleicht ist so ein Kissen schwerer? Aber wenn du zufällig in Amsterdam bei Papa Han bist (bleib ihm bitte immer sehr treu und bring ihm auch diesen Brief), könntest du es vielleicht dort in einem kleinen Postamt aufgeben? Sonst ist es mein einziger Wunsch, dass ihr gesund und munter seid; und schreibt mir ab und zu ein unverfängliches Zettelchen.

Viel, viel Liebes Etty.

10. Juli 43.

Tag, Maria,

Zehntausende sind von diesem Ort fortgegangen, bekleidet und unbekleidet, Alte und Junge, Kranke und Gesunde – und ich kann weiterleben und arbeiten und heiter sein. Jetzt werden meine Eltern auch von diesem Ort fortgehen müssen, wenn es durch ein Wunder nicht schon in dieser Woche geschieht, dann sicherlich in einer der nächsten. Und ich muss lernen, mich auch damit abzufinden. Mischa will mit, und mir scheint auch, dass er gut daran tut, denn wenn er die Eltern von hier fortgehen sieht, gerät er in Verwirrung. Ich gehe nicht mit, ich kann nicht. Es ist leichter, aus der Ferne für jemanden zu beten, als ihn neben sich leiden zu sehen. Es ist keine Angst vor Polen, dass ich nicht zusammen mit meinen Eltern gehe, sondern die Angst, sie leiden zu sehen. Also doch wieder Feigheit.

Die Menschen wollen es nicht begreifen: dass man an einem gegebenen Augenblick nichts mehr t u n kann, als nur noch zu sein und sich zu ergeben. Und mit diesem Sich-Ergeben habe ich schon vor sehr langer Zeit begonnen, aber man darf das nur für sich tun und nicht für andere. Und darum ist meine Lage hier im Augenblick so verzweifelt und schwierig. Mutter und Mischa wollen noch stets etwas tun, sie wollen die ganze Welt auf den Kopf stellen, und ich bin vollkommen machtlos dagegen. Ich kann nichts tun, ich habe nie etwas tun können, ich kann lediglich die Dinge auf mich nehmen und leiden. Darin liegt meine Kraft, und es ist eine große Kraft. Aber nur für mich, nicht für andere.

Barneveld ist für Vater und Mutter abgelehnt worden, gestern haben wir es erfahren. Und es wurde hinzugefügt, dass sie sich für den Transport am Dienstag bereithalten sollen. Mischa will zum Kommandanten laufen und ihm sagen, dass er ein Mörder sei. Wir werden ihn in diesen Tagen bewachen müssen. Vater gibt sich nach außen sehr ruhig. Aber hier in der großen Baracke wäre er schon nach wenigen Tagen draufgegangen, wenn es mir nicht gelungen wäre, ihn ins Krankenhaus zu stecken, wo das Leben auch zunehmend unerträglicher für ihn wurde. Er ist vollständig hilflos und weiß sich nicht zu helfen. Mit meinen Gebeten stimmt etwas nicht. Ich weiß: Man kann für die Menschen beten, dass sie die Kraft finden mögen, alles durchzustehen. Nun steigt jedoch immer wieder dasselbe Gebet in mir auf: Herr, mach es so kurz wie möglich. Und deshalb bin ich jetzt in all meinen Handlungen gelähmt. Ich werde ihr Gepäck so gut wie möglich versorgen, aber zugleich weiß ich: Es wird ihnen ja doch weggenommen (das wissen wir hier mittlerweile ganz sicher), wozu also noch das Geschleppe.

Ich habe hier einen guten Freund.[31] Vorige Woche war er für den Transport vorgesehen.

Als ich zu ihm kam, stand er kerzengrade, mit ruhigem Gesicht vor mir, der Rucksack stand gepackt neben seinem Bett, über die Abreise wurde nicht weiter gesprochen, er las mir verschiedene Texte vor, die er geschrieben hatte, und wir philosophierten noch ein wenig. Wir machten es uns gegenseitig nicht schwer mit unserem Kummer darüber, dass wir Abschied nehmen mussten, wir lachten und sagten, dass wir uns wiedersehen würden. Jeder von uns beiden konnte sein eigenes Schicksal tragen. Und deshalb ist die Verzweiflung hier so groß: Die meisten können ihr Schicksal nicht ertragen und laden es anderen auf die Schultern. Und darunter kann man zusammenbrechen, jedoch nicht unter seinem eigenen Schicksal.

Gegen mein Schicksal fühle ich mich gewachsen, gegen das meiner Eltern nicht. Das ist der letzte Brief, den ich vorläufig schreiben darf. Heute Mittag werden uns nämlich die Personalausweise abgenommen, und dann werden wir Lagerinsassen. Nun also etwas Geduld haben mit Berichten von mir.

Vielleicht kann ich mal einen Brief hinausschmuggeln.

Deine 2 Briefe empfangen.

Guten Tag, Maria – kleine Freundin, Etty

(…) Ja, aber das kann ich doch den jungen Frauen mit ihren Säuglingen nicht sagen, die in einem leeren Güterzug vermutlich geradewegs in die Hölle fahren. Und dann kommt

---

[31] Philip Mechanicus.

man mir wieder damit: »Du hast leicht reden, du hast keine Kinder«, aber das hat wahrhaftig nichts damit zu tun. Es steht ein Wort geschrieben, aus dem ich immer wieder neue Kräfte schöpfe. Lautet es nicht ungefähr so: »Wenn du mich liebst, musst du deine Eltern verlassen«? Gestern Abend, als ich wieder schwer dagegen ankämpfte, nicht dem Mitleid mit meinen Eltern zu verfallen, das mich, wenn ich ihm nachgäbe, völlig lähmen würde, verstand ich auch dies aus den Worten: Man darf nicht so sehr im Kummer und in der Sorge um die eigene Familie aufgehen, dass man deshalb für seinen Nächsten keine Anteilnahme und Liebe mehr übrig hat. In mir erwächst immer mehr das Bewusstsein, dass die Liebe zu jedem zufälligen Nächsten, zu jedem Ebenbild Gottes stärker werden muss als die Liebe zu den Blutsverwandten. Versteht mich jetzt bitte nicht falsch. Man sagt wohl, das sei widernatürlich – ich bemerke, dass dies noch viel zu schwer für mich ist, um darüber zu schreiben, während es doch so einfach zu leben ist.

Heute Abend mache ich mit Mechanicus einen Besuch bei Anne-Marie und ihrem chronischen Gastgeber, dem Barackenleiter, der ein eigenes Zimmerchen hat. Wir werden in einem für Westerborker Begriffe weiten Raum sitzen, mit einem großen niedrigen Fenster, das offen steht, und die Heide vor dem Fenster ist so weit und gewellt wie das Meer, voriges Jahr schrieb ich meine Briefe an euch immer an dieser Stelle. Anne-Marie wird sicher Kaffee aufsetzen, und der Gastgeber wird über das Lagerleben von früher erzählen (er ist schon 5 Jahre hier), und Philip wird später Geschichten darüber schreiben. Ich werde in meinen Dosen nachschauen, ob ich etwas Essbares zum Kaffee entdecken kann, und wer weiß, vielleicht hat Anne-Marie wieder Pudding gekocht wie letztes Mal – das war damals dein unvergesslicher Mandelpudding, Ietje. Es war warm heute, es wird ein schöner Sommerabend werden vor dem offenen Fenster und der Heide. Später am Abend werden Philip und ich Jopie aufspüren, und als friedliches Trio werden wir um das große graue Beduinenzelt herumspazieren, das sich über einer großen Sandfläche erhebt; früher brachte man verlauste Menschen in dem Zelt unter, zurzeit ist es geraubter jüdischer Hausrat, der als Liebesgabe nach Deutschland verschickt oder das Haus des Kommandanten schmücken wird. Hinter dem Zelt veranstaltet die Sonne jeden Abend einen anderen Untergang. Dieses Lager auf der Drenther Heide enthält viele Landschaften. Ich glaube, dass die Welt überall schön ist, auch an jenen Orten, über die in den Erdkundebüchern steht, dass sie dürr und unfruchtbar und fantasielos sind. Die meisten Bücher taugen eigentlich nichts, wir werden sie neu schreiben müssen.

Meinen 14-tägigen Brief habe ich an Tide geschrieben, dürfen nur eine Papierseite beschreiben. Kinderchen, wie seid ihr nur an so etwas Fürstliches wie das halbe Pfund Butter gekommen, ich war ganz erschrocken darüber, es war gewaltig. Entschuldigt diesen materialistischen Schluss. Es ist halb 7. Jetzt muss ich gleich das bisschen Essen für die Familie holen gehen. Seid innig, innig gegrüßt, ihr alle.

Etty

11. August 1943

Später, wenn ich nicht mehr auf einer eisernen Pritsche in einem Land wohnen werde, das von Stacheldraht umgeben ist, möchte ich ein Lämpchen über meinem Bett haben, sodass es nachts hell um mich wird, wenn ich will. Durch meinen Halbschlaf wirbeln oft Gedanken und Geschichten, zart und durchsichtig wie Seifenblasen, ich möchte sie auf einem weißen Blatt Papier einfangen.

Morgens, wenn ich erwache, liege ich eingesponnen in den Geschichten, es ist ein reiches Erwachen, weißt du. Aber dann beginnt schon ein kleines Stück Leidensgeschichte, die Gedanken und Bilder bewegen sich so greifbar um mich herum, sie wollen aufgeschrieben werden, aber man kann nirgends in Ruhe sitzen, manchmal laufe ich stundenlang herum auf der Suche nach einem sicheren Plätzchen. Einmal kam mitten in der Nacht eine streunende Katze zu uns herein, wir haben eine Hutschachtel im WC für sie hingestellt, und dort hat sie ihre Jungen bekommen. Ich fühle mich manchmal wie eine streunende Katze ohne Hutschachtel.

(…) Heute Nacht hat Jopie einen Sohn bekommen. Er heißt Benjamin und schläft in der Schublade eines Schrankes. Neben meinen Vater wurde jetzt ein Wahnsinniger gelegt.

Ach, weißt du, wenn man hier nicht eine große innere Stärke besitzt und alle Äußerlichkeiten nicht als malerische Nebensächlichkeiten betrachtet, die kaum ins Gewicht fallen gegenüber der großen Herrlichkeit (mir fällt im Augenblick kein anderes Wort ein), die unser unveräußerlicher innerer Besitz sein kann – dann ist es hier recht hoffnungslos. Jämmerlich und trostlos, all die hilflosen Menschen, die ihr letztes Handtuch verlieren, mit Schachteln, Essnäpfen, Bechern, verschimmeltem Brot und schmutziger Wäsche auf, unter und neben ihrer Pritsche herumfummeln, die unglücklich sind, wenn andere Leute sie anschreien oder unfreundlich zu ihnen sind, die selbst aber andere ebenso anschreien und es nicht einmal bemerken, kleine, verlassene Kinder, deren Eltern auf Transport sind, aber die Mütter anderer Kinder kümmern sich nicht um sie: Sie haben Kummer um ihre eigene Brut, die Durchfall hat und vielerlei Krankheiten und Wehwehchen, während ihnen früher doch nie etwas fehlte. Man muss diese Mütter in ihrer besinnungslosen und ratlosen Verzweiflung an den Bettchen ihrer greinenden Kinder sitzen sehen, die nicht gedeihen wollen.

Dieses eine Blatt habe ich auf 10 verschiedenen Plätzen zusammengeschrieben, an meinem Telegrammtischchen in unserer Arbeitsbaracke, auf einem Schubkarren gegenüber der Wäscherei, in der Anne-Marie arbeitet (stundenlang in der Hitze inmitten rücksichtslos schreiender Volksgenossen stehend, gegen die sie sich im Augenblick kaum wehren kann), ich habe sie gestern ziemlich lang trösten müssen, aber lass es sie nicht merken, dass ich das geschrieben habe (diese Zettelchen an dich sind auch für Swiep bestimmt), gestern Abend während einer Lesung eines weitschweifigen Soziologieprofessors im Waisenhaus, heute Morgen auf einer windigen »Düne« unter freiem Himmel – jedes Mal kritzele ich ein Wort hinzu –, und jetzt sitze ich in der Krankenhauskantine mit dünnen Wänden wie aus Pappe, die ich eben erst entdeckt habe, ein Refugium, in das ich mich vielleicht hie und da zurückziehen kann.

Morgen in der Frühe fährt Jopie nach Amsterdam, zum ersten Mal in den paar Monaten hier gab es mir einen kleinen Stich mitten ins disziplinierte Herz, dass der Schlagbaum für mich noch immer unten bleibt. Und doch – für jeden kommt die Zeit. Die meisten Leute hier sind viel ärmer dran, als man zu sein bräuchte, weil man die Sehnsucht nach Freunden und Familie auf das Verlustkonto des Lebens bucht, während doch eigentlich die Tatsache, dass ein Herz zu einem solchen Verlangen und einer solchen Liebe imstande ist, zu den kostbaren Gütern gerechnet werden muss. Du lieber Herrgott, ich glaubte ein ruhiges Eckchen gefunden zu haben und jetzt laufen hier plötzlich Kerle in Overalls herum, die klappernde Kessel voll Eintopf hereinbringen, und das Krankenhauspersonal lässt sich an den Holztischen zum Essen nieder – es ist erst 12 Uhr mittags, ich mache mich auf die Suche nach einem anderen Plätzchen.

Ein Versuch zur Philosophie am späten Abend mit Augen, die vor Schläfrigkeit zufallen: Die Menschen sagen manchmal: »Du machst auch überall das Beste daraus.« Ich halte das für eine kleinmütige Redensart. Es ist überall sehr gut. Und gleichzeitig sehr schlecht. Beides hält sich im Gleichgewicht, überall und immer. Ich habe nie das Gefühl, dass ich aus irgendetwas das Beste machen muss, alles ist immer gut, so wie es ist. Jede Situation, so elend sie auch sei, ist etwas Absolutes und hat das Gute und Schlechte in sich eingeschlossen. – Damit wollte ich nur sagen: »das Beste aus etwas machen« ist meiner Meinung nach eine scheußliche Redensart, »überall das Gute herausholen zu können«, finde ich ebenso scheußlich, ich möchte dir noch deutlicher erklären, warum. Wenn du wüsstest, wie schläfrig ich bin, ich könnte 14 Tage hintereinander durchschlafen. Jetzt bringe ich dies zu Jopie, morgen früh begleite ich ihn bis zum Häuschen der Militärpolizei, und dann geht er nach Amsterdam, und ich gehe durch die Baracken.

O Kinderchen,

Guten Tag! Etty

Westerbork, 18. August

Tideke,

ich wollte zuerst meinen Schreibtag ungenutzt verstreichen lassen wegen übergroßer Müdigkeit und weil ich glaubte, dass ich diesmal nichts zu schreiben hätte. Aber natürlich habe ich viel zu schreiben. Aber ich lasse lieber meine Gedanken frei zu euch hinausströmen, ihr werdet sie schon auffangen. Heute Nachmittag ruhte ich mich auf meiner Pritsche aus und musste plötzlich Folgendes in mein Tagebuch schreiben, ich schicke es dir: Du hast mich so reich gemacht, mein Gott, lass mich auch mit vollen Händen davon austeilen. Mein Leben ist zu einem ununterbrochenen Zwiegespräch mit dir, mein Gott, geworden, zu einem einzigen großen Zwiegespräch. Wenn ich in einer Ecke des Lagers stehe, die Füße auf deiner Erde, das Gesicht zu deinem Himmel erhoben, dann laufen mir manchmal die Tränen über das Gesicht, entsprungen aus einer inneren Bewegtheit und Dankbarkeit, die nach einem Ausweg sucht. Auch abends, wenn ich im Bett liege und in dir ruhe, mein Gott, rinnen mir manchmal die Tränen der Dankbarkeit übers Gesicht, und das ist mein Gebet. Ich bin sehr müde, schon seit einigen Tagen, aber auch das wird wieder vorbeigehen, alles verläuft nach einem eigenen, tieferen Rhythmus, und man müsste die Menschen lehren, auf diesen Rhythmus zu horchen, es ist das Wichtigste, was ein Mensch in diesem Leben zu lernen hat. Ich kämpfe nicht gegen dich, mein Gott, mein Leben ist ein großes Zwiegespräch mit dir. Vielleicht werde ich nie eine große Schriftstellerin werden, wie ich es eigentlich vorhabe, aber ich fühle mich tief in dir geborgen, mein Gott. Ich möchte zwar manchmal kleine Weisheiten und vibrierende kleine

Geschichten in Worte prägen, aber ich komme immer wieder bald auf ein und dasselbe Wort zurück: Gott, darin ist alles enthalten, und dann brauche ich all das andere nicht mehr zu sagen. Und meine ganze schöpferische Kraft setzt sich um in die inneren Zwiegespräche mit dir, der Wellenschlag meines Herzens ist hier breiter und zugleich bewegter und ruhiger geworden, und mir ist, als würde mein innerer Reichtum immer größer.

Auf unerklärliche Weise schwebt Jul[32] in letzter Zeit über der Heide, er führt mich weiter von Tag zu Tag. Es gibt doch Wunder in einem Menschenleben, mein Leben ist eine Verkettung innerer Wunder, gut, das wieder einmal jemand sagen zu können. Dein Foto liegt im *»Stundenbuch«* von Rilke neben dem Foto von Jul, sie liegen zusammen mit der kleinen Bibel unter meinem Kopfkissen. Dein Brief mit den Zitaten ist auch angekommen, schreib immer, ja. Lass es dir gut gehen, Liebes.

Etty

Sonntagmorgen, 21.8.1943

In der Entbindungsabteilung liegt ein verhätscheltes Baby von 9 Monaten, ein Mädchen. Etwas ganz Hübsches und Liebes und Blauäugiges. Es ist vor einigen Monaten als »S-Fall« (Straffall) hierhergekommen, von der Polizei in einer Klinik aufgegriffen. Niemand weiß, wer oder wo die Eltern sind. Vorerst bleibt es in der Entbindungsabteilung, die Schwestern hängen sehr an dem lebendigen Spielzeug.

---

[32] Jul: Julius Spier.

Aber was ich erzählen wollte, ist dies: Zu Beginn seines Aufenthaltes hier durfte das Baby nicht nach draußen, die anderen Säuglinge standen alle in ihren Kinderwagen an der frischen Luft, aber das Mädchen musste drin bleiben, es war ja immerhin ein »S-Fall«! Ich habe mich bei drei verschiedenen Schwestern erkundigt, ich stoße hier immer wieder auf Dinge, die mir unglaublich erscheinen, aber sie werden mir immer bestätigt.

In meiner Krankenbaracke traf ich ein schmächtiges, unterernährtes Mädchen von 12 Jahren. In derselben zutraulichen und arglosen Art, wie andere Kinder von ihren Schulaufgaben erzählen, berichtete sie mir: »Ja, ich komme hier aus der Strafbaracke, ich bin ein Straffall.«

Ein kleiner Junge von 3½ Jahren hatte mit einem Stock eine Scheibe eingeschlagen, bekam eine ordentliche Tracht Prügel von seinem Vater, begann lauthals zu weinen und sagte: »Oooo, jetzt komme ich in die 51er (= das Gefängnis), und dann muss ich allein auf Straftransport.«

Die Unterhaltung der Kinder untereinander ist grauenhaft, ich hörte, wie ein kleiner Junge zu einem anderen sagte: Nein, du, der 120.000er Stempel ist wirklich nicht der beste, wenn du halb arisch und Portugiese bist, das ist gut. Anne-Marie hörte auf der Heide eine Mutter zu ihrem Kind sagen: »Und wenn du jetzt nicht lieb deinen Pudding aufisst, musst du ohne Mami auf Transport.«

Heute Morgen hat die Frau im Bett über meiner Mutter eine Flasche Wasser fallen lassen, der größte Teil ergoss sich über Mutters Bett. So etwas ist hier gleich eine Naturkatastrophe, von deren Ausmaß ihr euch kaum eine Vorstellung machen könnt. In der Außenwelt entspricht das etwa einem Haus, das von einer Überschwemmung heimgesucht wurde.

Ich halte mich jetzt an die Krankenhauskantine. Sie ähnelt einer indianischen Blockhütte. Eine niedrige Baracke aus rohem Holz, Tische und Bänke aus rohem Holz, klappernde kleine Fenster, sonst nichts. Ich blicke hinaus auf einen Streifen trockenen Sandboden mit spärlichem Gras, abgegrenzt durch einen Sandwall, der aus dem Graben ausgehoben wurde. Ein verlassenes Gleis windet sich davor entlang, unter der Woche spielen dort halbnackte, sonnenverbrannte Männer mit Loren. Von hier aus keine Aussicht auf die Heide, wie von jeder anderen Stelle dieses sich ausbreitenden, öden Nestes. Hinter dem Stacheldraht eine gewellte Fläche niedriger Gewächse, es scheinen kleine Tannen zu sein. Dieses unbarmherzig dürre Stückchen Landschaft, die rohe Blockhütte, die Sandhügel, der stinkende schmale Graben – es hat etwas von einem Goldsuchergebiet, etwas Klondike-Artiges. Mir gegenüber am rohen Holztisch kaut Mechanicus auf seiner Füllfeder. Wir schauen einander über unsere vollgekritzelten Zettel an. Er registriert getreu und präzise, fast wie ein Beamter, das hiesige Geschehen. »Es ist zu gewaltig,« sagte er auf einmal. »Ich verstehe wirklich etwas vom Schreiben, aber hier stehe ich vor einem Abgrund – oder vor einem Berg, es ist zu gewaltig.«

Es beginnt hier wieder voll zu werden, die Bürger in verschlissenen Konfektionsanzügen und mit gestempelten Ausweisen essen Kohlrüben aus Emaille-Essnäpfen.

Brief von Jopie Vleeschouwer

Mijnheer Wegerif, Hans, Maria, Tide und alle, die ich vielleicht nicht so gut kenne, es fällt mir nicht leicht, Ihnen das alles zu erzählen. Es ist alles so plötzlich, so unerwartet gekommen. Sonderbarerweise i m m e r noch unerwartet, i m m e r noch plötzlich, obwohl wir doch alle seit langer Zeit bereit und vorbereitet sind. So war es denn schließlich auch, sie war vorbereitet und bereit. Und so ist sie leider dann auch gegangen.

Noch am späten Montag kam die Nachricht aus Den Haag, dass die Zurückstellung von Mischa verfallen wäre und dass er m i t seinen Familienangehörigen für den Transport am 7. September eingeteilt worden sei. Warum? Ja, auf derlei Fragen gibt es meist keine Antwort. Wir hofften und glaubten anfangs, dass es so schlimm wohl nicht kommen werde. Und vor allem könnte man es doch sicherlich für s i e rückgängig machen, umso mehr, als gerade heute durchgesetzt wurde, dass die ehemaligen Mitarbeiter des Jüdischen Rates, 60 an der Zahl, vorläufig noch nicht weggehen müssen. Bald schon ließ sich absehen, dass für Mischa und die alten Leute nicht viel erreicht werden könne, dass aber für Etty alle Möglichkeiten offen blieben.

Also konzentrierte sich unsere Aufmerksamkeit auf das mit Eile zusammengestellte Gepäck von drei Personen. Ach, sie nahmen es alle ruhig hin, man wusste ja schon so lange, dass es einmal geschehen werde, und in der nächsten Woche hätten die Eltern, alle Eltern von Personen mit rotem Stempel auf dem Ausweis, ohne Ausnahme das Lager verlassen müssen. Und Mischa hatte schon beschlossen, freiwillig mit seinen Eltern zu gehen. Er war bereit und fest entschlossen, für seine Eltern auf alle persönlichen Vorrechte zu verzichten. Und jetzt kam es nur eine Woche früher, zwar etwas abrupt, aber ... doch nur ein zeitlicher Unterschied. Für Etty hingegen war es eine unvorhergesehene Tatsache, da sie nicht mit den Eltern fahren, sondern sich lieber frei vom Druck der Familienbindungen den neuen Erfahrungen überlassen wollte. Für sie war es wie ein Schlag ins Gesicht, der sie für kurze Zeit buchstäblich niederwarf. Innerhalb einer Stunde hatte sie sich jedoch wieder gefangen und stellte sich nun bewundernswert rasch auf die neue Situation ein. Wir gingen zusammen in die Baracke 62 und hatten stundenlang alle Hände voll zu tun mit dem Aussuchen, Einpacken, Auftreiben und Aussondern aller möglichen Kleidungsstücke und Lebensmittel.

Ettys Vater äußerte seine Nervosität in humorvollen Bemerkungen, über die Mischa jedes Mal in Zorn geriet, weil er meinte, sein Vater nehme die Sache nicht ernst genug. Mischa konnte nicht begreifen, warum die als so sicher erscheinende Zurückstellung nun plötzlich ungültig geworden war, und wollte mich ständig zu allerlei mehr oder minder wichtigen *»Beziehungen«* schicken. Er begriff nicht, dass eine Anordnung aus dem *»Haus«*[33] hier nicht mehr zu ändern ist und dass die Bemühungen in solchen Fällen ergebnislos bleiben müssen. Aber er blieb ruhig und nahm die Sache vernünftig auf. Es fiel ihm sehr schwer, dass er seine viele Musik hier zurücklassen musste. Vier Werke habe ich in seinen Rucksack hineingestopft, und der Rest (samt dem soeben eingetroffenen Paket mit neuem Vorrat) füllt nun einen Koffer, der bei der ersten Gelegenheit nach Amsterdam zurückgeschickt werden soll.

---

[33] Das Haus des Lagerkommandanten wurde »das Haus« genannt.

Mutter A., rührig wie immer, sorgte hervorragend für alles Nötige und legte eine bewundernswerte Ruhe an den Tag. In früheren Transportnächten war die gesamte Familie oft die ganze Nacht hindurch wach wegen des Lärms und der Aufregung, die so eine Transportvorbereitung in einer großen Baracke mit sich bringt. Nun schliefen alle ruhig, als Etty und ich um 3 Uhr nochmals nachschauen gingen, ob man mit dem Packen weitermachen könne. Wir haben uns deshalb erst einmal erkundigt, ob eine Chance bestünde, dass Etty zurückgestellt werden könne. Zu unserer Verwunderung merkten wir erst da, dass die Chancen für Etty sehr schlecht standen. Die Freundinnen in Ettys Baracke haben in der Zeit, als sie selbst für ihre Eltern und ihren Bruder sorgte, alles ordentlich für sie gepackt, alles war in Ordnung bis auf die kleinsten Einzelheiten.

Nachdem die Leitung des Jüdischen Rates erklärt hatte, nichts für sie tun zu können, wurde als letzte Chance ein Brief an den 1. Dienstleiter geschrieben mit dem Ersuchen, in ihrem Fall zu intervenieren.

Möglicherweise ließ sich am Zug noch etwas erreichen. Aber dann musste alles für die Abfahrt vorbereitet werden, und so gingen zuerst die Eltern und Mischa zum Zug. Und zum Schluss schleppte ich einen gut gefüllten Rucksack und einen Reisekorb mit einem daran baumelnden Essnapf und Trinkbecher zum Zug. Und dort betrat sie den Transportboulevard, den sie erst vor 14 Tagen in der ihr eigenen unvergesslichen Weise beschrieben hatte. Fröhlich redend, lachend, ein liebes Wort für jeden, der ihr über den Weg lief, voll funkelnden Humors, vielleicht auch einer Spur wehmütigen Humors, aber ganz unsere Etty, wie ihr sie alle kennt. »Ich habe meine Tagebücher, meine kleine Bibel, meine russische Grammatik und Tolstoi bei mir und habe keine Ahnung, was sonst noch alles in meinem Gepäck ist.« Einer unserer Leiter kam sich noch rasch verabschieden und erklärte, er habe alle Argumente vorgebracht, jedoch vergebens. Etty dankte ihm »auf jeden Fall für das Vorbringen der Argumente«. Und ob ich euch erzählen wolle, wie alles verlaufen sei und wie gut sie und ihre Familie abgefahren wären.

Und da sitze ich nun, zwar ein wenig traurig, aber auch wiederum nicht, als ob etwas verloren sei, denn eine Freundschaft wie die ihre kann nicht verloren gehen, sie i s t und bleibt bestehen.

Das schrieb ich auch auf einen Zettel, den ich ihr zuletzt in die Hand drückte. Ich verliere sie aus den Augen und irre noch ein wenig herum. Versuche noch jemand zu finden, der daran etwas ändern könnte, aber alles misslingt. Ich sehe Mutter und Vater H. und Mischa in Waggon Nr. 1 einsteigen. Etty kommt in den Waggon Nr. 12, nachdem sie eine gute Bekannte in Waggon Nr. 14 besucht hatte, die zuletzt noch herausgeholt wurde. Da fährt der Zug an, ein schriller Pfiff und die 1000 *»Transportfähigen«* setzen sich in Bewegung. Noch ein Blick auf Mischa, der … aus einem Spalt des Güterwaggons Nr. 1 winkt und dann bei Nr. 12 ein fröhliches »Tschüüüß« von Etty, und fort sind sie.

Fort ist sie. Da stehen wir, beraubt, aber nicht mit leeren Händen. Wir werden einander bald wiederfinden.

Es war für alle ein schwerer Tag. Für Kooiman, für Mech und für alle diejenigen, die so lange und ständig direkten Kontakt mit ihr hatten. Es ist doch nicht dasselbe, ob man jemand fühlbar in seiner Nähe weiß oder ob er im Geist bei einem bleibt. Das erste Gefühl ist doch das einer Leere. Aber wir machen weiter; während ich dies schreibe, geht alles weiter seinen

Gang, und sie selbst fährt weiter und weiter in den Osten, in den sie immer so gern reisen wollte. Irgendwie war sie auch ein bisschen froh darüber, glaube ich, dass sie diese Erfahrungen nun machen dürfe, dass sie nun auch alles und alles miterleben werde, was uns auferlegt ist. Und wir werden sie wiedersehen. Darüber sind wir (ihre engsten Freunde hier) uns einig. Nach der Abfahrt sprach ich mit ihrer kleinen Russin und einigen ihrer anderen Schützlinge. Und schon allein die Art, wie diese auf ihr Fortgehen reagierten, sprach Bände über die Liebe und Treue, die sie diesen Menschen gegeben hat.

Verzeiht mir, dass ich auf meine unbeholfene Weise diesen Bericht schreibe. Ihr, die ihr so verwöhnt seid mit besseren Berichten, die besser formuliert sind. Ich weiß, dass viele Fragen offen bleiben, vor allem die Frage, hätte es sich nicht vermeiden lassen? Darauf kann ich nur antworten: Nein! Es hat anscheinend so sein müssen. Ich werde versuchen, einige Bücher von Etty an euch zu schicken, wenn sich eine Gelegenheit bietet. Ihre Schreibmaschine hätte ich gern an Maria geschickt, sie hatte mir letzte Woche noch gesagt, dass sie das gern möchte. Aber ich weiß nicht, ob dies möglich sein wird.

Ab und zu werde ich Nachricht geben. Anbei noch ein paar von der Zensur geöffnete Briefe, die für Etty kamen. Schickt sie bitte an den Absender zurück.

Ich wünsche euch allen Kraft. Wir kommen alle zurück, und Menschen wie Etty behaupten sich auch in den schwierigsten Dingen. Meine Gedanken gehen oft zu euch.

Jopie Vleeschouwer[34]

---

[34] Jopie Vleeschouwer verstarb als Internierter des Lagers Westerbork während eines Gefangenentransports.